U0917393

一本足以帮你重生的奇书

爱上自己的疾病

西涅里尼科夫（В. Синельников）著
容之　译

求真出版社

图书在版编目（CIP）数据

爱上自己的疾病/（乌克兰）西涅里尼科夫 著；容之 译．—北京：求真出版社，2011.1
ISBN 978－7－80258－076－3

Ⅰ．①爱… Ⅱ．①西…②容… Ⅲ．①疾病—防治—通俗读物
Ⅳ．①R4－49

中国版本图书馆 CIP 数据核字（2010）第 208891 号

Возлюби болезнь свою. Как стать здоровым, познав радость жизни В. Синельникова

著作权合同登记号：图字 01－2010－3289 号

爱上自己的疾病

著　　者：西涅里尼科夫
译　　者：容　之
版权联络：包国红
责任编辑：包国红　戴皓宁
出版发行：求真出版社
社　　址：北京市丰台区卢沟桥城内街 39 号
邮政编码：100165
印　　刷：北京东君印刷有限公司
经　　销：新华书店
开　　本：700×1000　1/16
字　　数：300 千字
印　　张：17
版　　次：2011 年 1 月第 1 版　2011 年 1 月第 1 次印刷
书　　号：ISBN 978－7－80258－076－3/R·21
定　　价：29.80 元
编辑热线：（010）83891765
销售服务热线：（010）83892478　83895215　83895438

献　辞

谨以此书献给我的父母——弗拉基米尔·伊万诺维奇·西涅里尼科夫和瓦连金娜·叶梅里扬诺夫娜·西涅里尼科娃以及我的岳父岳母——阿纳托利·阿里克谢耶维奇·科尔巴科夫和丽迪亚·斯捷潘诺夫娜·科尔巴科娃。你们赠与我们生命中的一切，我们爱你们。

鸣　谢

我想向所有帮助我完成此书的人表示感谢。首先是我的患者。感谢他们的信任。在他们改变的同时，我也在改变。他们向我提供了充足的研究材料。没有他们我无法写成此书。

我还特别想向我的妻子表示感谢。感谢她的爱与宽容，感谢她对我的帮助，感谢她对疾病潜意识成因所具有的独特的洞察力。

我还要向为此书的策划、出版出谋献策的阿纳托利·奥列伊尼科夫、安东·申卡连科、尤里·拉普捷夫以及奥列格·伊万诺夫表示诚挚的谢意。

前　言

尊敬的读者！这本书是我的研究成果。当我还是一名医学专业的学生时，就开始了这项研究。它将向您揭示人生病的深层原因，帮助您自己找到病因，战胜并预防疾病。

医学院告诉我这个未来的医生：治病就是要找到病因并将其消除。然而，我在医学院学习了6年，临床实习2年，却始终没有人告诉我生病的原因是什么。我意识到，正统的医学根本不了解致病的原因。它一直在寻找着，找了很久却一无所获。于是出现了一种奇怪的现象：一方面，为了治愈病人，需要了解病因并将其消除；另一方面，医学却对此无能无力。结果是，正统的医学并不能消除疾病，只能减轻病人的痛苦。

为了了解致病的原因，我沿着正统医学已经走过千百年的道路前进。渐渐地我发现，现代医学几个世纪以来的医治效果少有进展，在某些方面甚至有所退步。我慢慢领悟到，正统医学走错了路。它对待病人与疾病的态度是有问题的。如果胃溃疡在医院得到了医治，可是几年后又复发了，这说明疾病只是被压制了若干时间。如果在药膏的作用下皮疹消失了，但后来又重新出现，这就不算真正的治愈。且不说还有那么多所谓的“不治之症”（癌症、牛皮癣、糖尿病、缺血性心脏病、动脉硬化、癫痫等）。

我开始寻找新的途径。我曾热衷于研究草药，收集民间药方以及与疾病有关的谚语，和著名的民间郎中工作过一段时间，还研究过“场”的作用。但是这些也没能最终让我满足。我感到这一切还不是最主要的。应该有某种普遍的模式，可以涵盖现存所有对人体与疾病起作用的方法。于是我开始研究顺势疗法，医学院毕业后不久我就成为一名顺势疗法医生。

顺势疗法吸引我的地方在于它的针对性。它的一个原则是不压制疾病，而要恢复机体内的动态平衡。顺势疗法对于疾病和患者都有一套独特的方法。此外，所有的药物都取自天然材料（草、矿物、毒物、昆虫、动物分泌物及人体疾病的产物）。顺势疗法药物的制作和服用方法不会产生副作用和抗药性。顺势疗法的创始人塞缪尔·哈尼曼整整走在时代前面

200 年。

作为一名顺势疗法的医生，我为在治疗中取得的效果感到高兴，对顺势疗法的模式深为叹服。我可以治疗那些正统医学无能为力的疾病，这也使我感到非常欣慰。但也有不成功的情况。我开始留意患者的行为，终于明白，有的时候疾病对于人是有某种作用的。有的时候这些作用很明显，有的时候则是秘而不露的。我又开始研究心理学和心理疗法，掌握了催眠术，非常谨慎地研究人的潜意识，严格遵从“不要使病情恶化”的训诫。

我逐渐意识到，致病的原因并不在身外，而是隐藏在人自身内部。每个病人都是自己造就了自己的病。我千百次地思考我在行医生涯中所遇到的各种各样的情况，每一次都确信，像饮食、传染、天气状况之类的外部条件只是为各种疾病提供了背景。在人内部更深层，一定有决定某种疾病（不管是身体的还是精神的）得以滋长的真正原因。

此时出现了理查德·班德勒和约翰·葛林德关于神经语言编程以及催眠术的书，它们为我的猜想提供了支持，并为我提供了更有效地研究和治疗病人的具体工具。露易丝·海、C. 格罗夫、C. 拉扎列夫、B. 日卡连采夫、Г. 沙达洛娃、K. 卡斯塔尼达等人的书和关于佛教禅宗、伊斯兰教苏非派、瑜伽和道家思想的书对我的影响也举足轻重。

在我的意识中开始描绘出某种模式，我称之为“人的新意识模式与潜意识程序”。这个模式之所以“新”，只是因为它与现存的人们对于贡献与索取的概念不同。其实它完全不是新的，因为它植根于人所共知的、和世界一样古老的规律。为什么称之为“程序”呢？大概是因为从童年时代起，我们的大脑和潜意识就一直在编写程序，为自己设定某种生活态度和处世原则。然后我们生活在这一程序中，并给自己造成大量的疾病和问题。我们想改变，却无从入手。

起初，我在自己身上检验这一模式的作用：效果非常惊人！我的生活开始出现惊人的变化。这些变化不仅是身体方面的，而且包括我个人生活的所有方面。我的感觉非常之好，我从未如此健康平和。我对周围世界的看法发生了根本的变化，生活变得有滋有味。

在给患者治病时我开始使用模式原则，取得了很好的效果。模式很管用，掌握了这个模式的人，许多疾病都能痊愈，包括所谓“不治之症”。我在工作中遇到了一个问题：如何将自己的经验和知识传达到人的意识中？我知道每个人都是与众不同的，都有已经成型的世界观，试图将自己的原则强加给他是徒劳的，也是不必要的。不错，我的模式的确很简单，但为了让它被每个人所了解，我还必须不断加以完善。正因为如此，我决定写一套书，来揭示潜意识的秘密，以此将我的知识与本领传达给读者。

我利用积累的材料，研究出了新的有趣的治疗模式。千万不要以为这是一般的治疗方法。这其实是对人、对人的生命、对疾病的全新的态度。模式中有许多方法，其中之一就是冥想和潜意识程序控制，借助这种方法，我已经帮助了几千名病人痊愈，让他们生活得更幸福。后来我开始用这种方法调整生活的各个方面：工作、家庭、人际关系及理财。

我想强调，我的方法并不是灵丹妙药和绝对真理。它只是顺利解决各种问题的许多方法的总和。每个人都可以掌握和利用这个模式。如果您正面临着选择治疗方法的问题，或者已经试过多种治疗方法而没有得到满意的效果，不妨使用这一模式以及冥想和潜意识程序控制的方法。

第二版序

《爱上自己的疾病》第一版问世已经几年了，在此期间我收到了来自世界各地许多读者的来信。

我非常感谢他们对我的理念的理解和支持，并很高兴得知我的书已经成为很多人的案头常用书。

大部分读者来信都是因为他们痊愈而表示感谢的。也就是说，很多人在读了我的书以后，摆脱了痛苦，解决了个人生活中的一些问题。

这样，我的读者们接受了函授的治疗，我的书成为他们的忠实助手。我想，正是因为我不仅在书中讲述了丰富的知识，而且倾注了我的情感和真心，它才能取得这种效果。这本书具有治疗的神奇力量，因为我们大家之间都经由看不见的线彼此连在一起，是同一生命体的细胞。我亲爱的朋友们，这本书是为你们而写的。我通过它走进你们的家庭，走进你们的心灵。

以下是读者来信的摘录：

尊敬的瓦列里·弗拉基米罗维奇！我认为我的女友把您的书借给我读的那一天是我的第二个生日。这本书改变了我的整个生活，我的生活发生了天翻地覆的变化。我不仅摆脱了一大堆疾病，而且个人生活也走上了正轨。整个生活变得有意义、充满了乐趣。

您知道，当我的女友要求把书还给她时我的表现吗？我简直是赖着不还。

“你怎么了？”我的女友吃惊地说，“我也需要这本书。它是我的枕边书。你给医生写封信，他会把书寄给你的。”

所以我请求您，瓦列里·弗拉基米罗维奇，给我寄两册：一册我自己留着，一册寄给我的父母。

有时读者虽然从没见过我，但他们会详细描写我的外貌。他们说，在他们困难的时候我给他们提供了解决问题的方法。我还进入了某些人的梦中（这一点我自己也没有料到），为他们做催眠治疗。

瓦列里·弗拉基米罗维奇！昨天晚上我做了一个神奇的梦。我梦见您来到我身边为我治病。我不记得您跟我说的话，但记得您做了复杂的按摩，并用古老的语言为我祈祷。早上我惊讶地，当然也非常高兴地发现，多年来折磨我的小腹疼痛完全消失了……

这件神秘的事情已经过去半年了。从那时起，我在经期的感觉都很舒服。在此期间我们家庭内的关系发生了根本的改变，增进了爱和理解。

我丈夫也先后读了您的《爱上自己的疾病》和《意图的力量》。此后他的生意经营得很顺利。谢谢您，我们急切地期待着您的下一本书问世。

这里还有一个借助于本书治愈疾病的不平常的例子。

尊敬的瓦列里·弗拉基米罗维奇！几年来我的腰部和左腿一直受到慢性疼痛的折磨。我试过多种治疗方法，有正统的方法，也有民间的方法，全都没有效果。所以当我妻子把您的书拿给我读的时候，我对她发了脾气。

“你自己读去吧。”我说。

然后我看了看书名，又加了几句：

“我应该爱我的病吗？真有意思！它让我活不下去！”

妻子想做些解释，可是我不想听。

有一天，我腿疼得特别厉害。此时妻子正好叫我吃饭。我走到厨房，在桌旁坐下。当我们吃了晚饭、喝了茶，准备起身离开时，我惊讶地发现，腿疼消失了。

“奇怪，”我想，“以前傍晚时分腿总是疼得更厉害。”

我站起来后发现我坐的椅子上放着您的书。原来妻子把它忘在那里了。我满心疑惑：“难道是书的作用吗？”

我是双学士，不相信这一套。所以我的脑子里立刻试图找到某种合乎逻辑的解释，却一无所获。我想，这是一个巧合，以后不必注意。

第二天我的心脏疼起来。

“这是一个检验的好时机。”我想。

我把书拿起来放在胸口，几分钟后疼痛消失了。

“有意思，”我想，“也许这本书值得一读。”

我打开书读了起来。从第一页起它就把我深深吸引住了。我有在页边做批注的习惯。现在书页上已经写满了纵横交错的批注。我多想跟您见面，跟您聊一聊，切磋切磋。

最后，我想说，研读了您的书以后，我意识到了我的病的根源，并彻底摆脱了它。现在我甚至帮妻子寻找她的病因，尽管是她先读了这本书并且推荐给我的。这是一本非常有用的书。如果所有人都按照这个模式生活，世界将变成另一个样子。

有的读者还表示我的书使得水具备了治疗严重病痛的神效。

我举这些例子不是为了让您现在就把书放到疼痛的地方或把一杯水放在书上。人需要信仰，但不是盲目的信仰。因此，请先把书读完，好好思考一下生命，思考一下自己在这个世界上的位置。好好想一想。

我相信，在读书的过程中您的生活就会发生期待已久的变化。

祝您成功。

怎样使用本书

不要指望像读小说一样轻松地读这本书。它更接近一本教材，是用来学习的。所以，读了一遍以后还要反复地读，每一次都要在实践中对新的知识加以检验。这就像学开车，先学理论，然后要坐到方向盘前试一试。以前尝试过开车的人会学得比较快，其他人则需要更多的时间和练习。有些读者可能觉得书中的某些观点似曾相识，他们可以更快地掌握整个模式。而另一些人觉得书中的内容是全新的，这部分人需要花更多的时间和力气。无论如何，对书中所述内容应当加以研究，并贯彻到生活中。

本书是关于潜意识秘密的系列丛书中的第一本，内容是描写解决各种问题的行之有效的模式。它不仅可以用来治疗多种疾病，而且有助于调整个人生活的方方面面，如工作、人际关系、家庭、经济。这个模式简单易行，只要愿意，人人都可掌握。但是我要预先提出警告，不要把本书当做医治一切不幸的灵丹妙药。要把它仅仅当做您的求知道路中的一小步。要在生活中使用它，当您感到已经完全掌握了书中内容之后，就应该为自己寻找新的知识。

在第一部第一章里我概括地介绍了人如何感知和塑造周围的世界，意识与潜意识在他的生活中占有什么位置，支配宇宙的规律是什么。您对于这部分信息的理解越深入，越容易快速掌握整个模式。当您读完全书之后，应再回来重读这一章。

当进入描写如何与潜意识沟通那部分时，可以放慢速度。请尝试完全照这里讲的方法去做。

第二章讲的是人如何造成自己的疾病。这一章也要读得仔细些，边读边想。

第三章讲的是对宇宙那些破坏力量的正面认识。自古以来人们就认为这种力量很凶险，它们造成了疾病和个人生活的诸多问题。读完本章后要把自己的破坏性意念和情绪列一个清单。

第四章要读得非常认真。本章讲的是康复方法的具体实施方案步骤。

但是要掌握这一方法，就必须要实践它。我在行医中遇到的病例将为您提供帮助。您应该尝试和练习，一切都在您的掌握中。您拥有康复的一切可能。

书的第二部列出了各种疾病及其可能的病因。它将帮助您找到痛苦的根源，并借助于潜意识程序控制的方法将其消除。

在书中我会多次使用“上帝”、“宇宙”、“最高理性”、“现实性”、“力量”、“世界”这样的字眼，它们全都是同一种东西的不同名称——那就是支配整个宇宙并存在于我们每个人身上的神秘力量。如果您是一个信教的人，您可以称之为“神”。但是首先请想一想，对您来说这个词代表一个怎样的形象。也许这是一种孩子式的概念——一个智慧的长须老者，他坐在云端，伸出手指吓唬人。请记住，这只是您心目中的形象。如果您是无神论者，对您来说“力量”、“能量”、“现实性”这样的概念更为合适。总之，任何代表宇宙起源的同一理性的概念都是可以的。如果上述字眼对您都不合适，那么请找一个能够反映您对周围世界概念的最佳名词。

我想再次强调——不要将本书当做真理。也许您不同意某种想法，那么您可以在书上画个问号，然后继续读下去。应该把这一方法当做一个模式，一套自助的工具。因为没有谁比您自己更清楚您的问题。

目　录

前　言 …… ii
第二版序 …… v
怎样使用本书 …… viii

第一部　破坏性的意念及潜意识编程法

第一章　非现实的现实性 …… 2
有多少人就有多少（甚至更多的）世界 …… 5
潜意识程序 …… 8
对自己的潜意识应该了解些什么 …… 12
如何与潜意识直接接触 …… 16
第二章　人如何造成自己的病 …… 21
病是什么？ …… 21
医学中的主导模式 …… 28
西涅里尼科夫医生的新模式 …… 28
第三章　破坏性的思想 …… 39
骄傲，自私 …… 40
批评、要求和不满 …… 45
谴责 …… 49
蔑视 …… 54
厌恶 …… 56
憎恨 …… 57
气愤 …… 60
愤怒，凶恶 …… 62
怨恨 …… 65
懊丧 …… 69
失望 …… 69
恶言恶念 …… 71

吹嘘 …… 72
负罪感与惩罚 …… 73
批评自己，鞭挞自己，对自己不满，谴责自己，
苛求自己，憎恨自己 …… 79
恐惧，忧虑，担心 …… 83
怀疑和犹豫 …… 89
怜悯 …… 91
同情 …… 94
忧愁，消沉，忧郁 …… 94
饮食无度 …… 98
贪婪和吝啬 …… 99
嫉妒 …… 103
虚伪 …… 104
谎言，欺骗 …… 105
阿谀 …… 107
吃醋 …… 108
淫荡和通奸 …… 111
总结 …… 113
第四章　冥想和潜意识编程法 …… 115
重新编程的步骤 …… 123
重新审视和改变个人的历史 …… 124
附　言 …… 130
后　记 …… 134

第二部　疾病及导致疾病的心理原因

前　言 …… 136
头部疾病 …… 137
大脑疾病 …… 140
神经系统疾病 …… 141
精神、心理疾病 …… 145
耳朵疾病 …… 149
眼睛疾病 …… 151
心血管系统、血液疾病 …… 154

淋巴系统疾病 …… 162
肺部疾病 …… 162
喉咙疾病 …… 168
鼻子疾病 …… 170
消化器官疾病 …… 173
嘴的问题 …… 173
胃部疾病 …… 175
肝脏疾病 …… 177
胰腺疾病 …… 179
肠道疾病 …… 180
肛门、直肠疾病 …… 182
肾脏疾病 …… 183
妇科疾病 …… 185
妊娠问题 …… 194
乳腺问题 …… 198
男性疾病 …… 202
性病 …… 206
身体问题 …… 209
关节问题 …… 214
颈部问题 …… 215
背部问题 …… 215
下肢问题 …… 217
皮肤疾病 …… 218
指甲疾病 …… 227
头发问题 …… 228
传染病、炎症 …… 229
外伤和不幸事件 …… 230
甲状腺问题 …… 233
肿瘤、癌症 …… 235
酒精中毒 …… 241
吸烟问题 …… 247
儿童疾病 …… 249
出版后记 …… 254

第一部

破坏性的意念及潜意识编程法

第一章 非现实的现实性

约翰·贝尔定理让物理学家处于尴尬的两难处境：世界或者不是客观现实的，或者有某种超光速的联系作用其中。贝尔定理证明一个深刻的真理，那就是宇宙或者完全无强大的规律可言，或者是密不可分地联系在一起的。

C. 格罗福《大脑之外》

近几十年来，科学家们普遍相信宇宙是某种具有自主意识的不可思议的能量。在基督教中以各种名义称之为“上帝”，在伊斯兰教中称之为“安拉”，在东方称之为“理”。科学家们称之为物理的真空。还有其他的称呼。但不管怎样称呼这个“某种东西”——这只是同一所指的不同隐喻，不同言说方式。这是一切存在的源泉，这种力量将这个世界上一切生命与存在连成一体，是生命的基础。我们的智慧祖先、那些巫师了解这一点，而现在正统的科学也已经了解这一点，即这种神秘的力量会受到人的意图的影响。就是说，我们对某些事物的期待本身会作用于其他能量体系并生成符合我们期待的事件。由此可见，那种一切存在的最初本源，那种造就我们命运的力量就在我们自己身上。

但这本是自古以来人们就了解了的。在斯拉夫—雅利安的《吠陀经》中写道：“在认识周围现实的过程中，我们早晚会明白，我们是在认识自己，因为我们在现实世界中的存在是我们自身不可分割的部分。”在《圣经》中写道：“不要在天上，也不要在地上的乐园寻找天国，天国就在我们每个人内心。”而在希腊一座著名的神庙中镌刻着一条千百年的古训：“认识你自己”。佛教禅宗有一条精彩的格言：“一个人在身外求禅理就是践踏禅理。”

那么人为什么对于古老的智慧和现代科学的结论充耳不闻呢？面对同样的世界，为什么不同人的感知方式是如此不同？原因还是在于人本身，在于人的世界观，在于人对其感知的世界的态度。因此，面对丰富多彩的大千世界，人们建立起了贫弱的世界模式，并因此生病和痛苦。

让我们来看一看《催眠天书》① 中描述的经典心理实验，它非常简单地反映了意识的实质。

在这个实验中被测者要辨认一些标准的牌，其中夹杂着一些非标准的牌，如红色的黑桃六或黑色的红桃四。在每个单独的实验中，相同的牌每隔一段时间会重复拿给受测者看，受测者的目光停留在牌上的时间逐渐加长。每张牌出现以后，受测者应该说出他看到了什么。如果受测者连续两次答对了，实验就结束。即使在出现时间最短的情况下，大多数受测者也可以正确地辨认大部分的牌。他们一般都可以辨别标准的牌。至于非标准的牌，他们几乎总是毫不犹豫地认定为标准的牌，例如黑桃四或红桃四。他们完全没有意识到不同之处，就凭经验将它归入已知的类型。随着非标准牌出示给受测者的时间加长，被测者开始犹豫，说明他们意识到了异常现象。当它们，例如红色的黑桃六出现时，他们通常会说："这是一张黑桃六，可是它有点不一样——是黑心红边的。"随着看牌时间的进一步加长，被测者的犹豫和困惑进一步加剧。最后，几个被测者突然开始毫不犹豫地正确地说出非标准的牌。而且，当他们可以正确地说出三四张异常的牌以后，他们便可以毫不困难地说出其他的牌。但是，少数的被测者最终跳不出已有的框架、模式，没能通过测试。甚至当异常牌在他们面前停留很长一段时间时，仍然有10%的异常牌没被分辨出。正是这些不能通过测试的受测者在个人性格方面有严重的问题。其中一个人在实验过程中喊道："我分不出来那是什么！它甚至不像牌。我不知道它是什么颜色的，也不知道是黑桃还是红桃。我现在搞不清黑桃是什么样子的了。我的天！"

通过研究意识与潜意识，我确信人们与周围世界的交流至少有两个层面：意识层面和潜意识层面。我们每个人在意识层不是直接与"世界"打交道，而是与"世界"的某种模式打交道。而潜意识则了解"现实"的真相。

我们的潜意识是个了不起的魔术师，根据一定的规则给我们制造一种神奇的幻觉魔术，它从大千世界的一片混沌中为我们的知觉选择被认定为有用、安全的东西，创造了我们的世界（确切地说，是"小世界"），使

---

① 约翰·葛瑞德，理查·班德勒著．催眠天书．俄罗斯：阿里维斯出版社，1996年

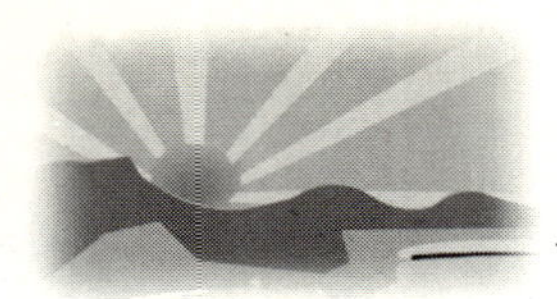

我们的意识免于混乱。但是对许多人来说，潜意识在承担创造与保护功能的同时，也不知不觉地成为一个狱卒。因为正是我们的理性不允许我们走出这个被造就的世界。它总是想出各种花招，经常恐吓我们，让我们相信，它为我们建造的幻象就是“现实”。

首都的一家大动物园送来了一只白熊，由于它的笼舍还没有造好，于是在建造熊舍期间，它就被关在一个不大的兽笼里。白熊在里面住了几个月，向左走三步，再向右走三步……当熊舍造好了，笼子打开了，熊依然一如既往地先向左走三步，再向右走三步。

世界上没有两个人的指纹是完全一样的，同样也没有两个人的生活经验是完全一样的。甚至同卵双胞胎的生活也会彼此有所不同。

换言之，每个人都生活在自己的世界中，并创造着自己独一无二的世界。我们每个人自出生开始，就在父母、成年人、老师及周围环境的影响下建构自己的现实，自己的世界。如果您有孩子，可以回想一下，您是如何向他们推荐自己描绘的世界；如何跟他们讲解什么是坏的，什么是好的；什么可以做，什么不可以做。爷爷、奶奶、老师和其他成年人也对他们做着同样的事。

最后，您的孩子形成了自己的“对世界的描绘”，它有的地方和您的相同，有的地方不同。您的家长对您也是如此。所有的人都无一例外地被纳入了这一过程。我们从小就被教导以某种特定的、“人为”的方式认知现实，很难说这是好还是不好。这个过程却是必须的，因为我们只有被纳入其中才觉得比较安心。但是我们太过沉溺于这种学习，而忘记了一条显而易见的真理——在“现实本身”与“我们的世界”之间存在着巨大的差异。

我们从童年时期就开始建造世界的模式，现实的模式。我们一生都生活在这一模式中，并试图对其加以完善。模式没有好坏，问题在于模式的生存能力如何和是否有益。一方面，我们的模式帮助我们利用人类文明几千年来积累的全部财富；另一方面却造成局限，让我们更加确信这种远不够完善的模式就是现实本身。这种自我欺骗引导我们远离真相，产生不满足的情绪。

于是有了一种自相矛盾的情况：我们的确生活在现实中并下意识地接受它的本来面目——美好，不可思议，不可认知，但我们的意识能够关注的却只是这个现实的模式，我们为这个模式花掉了全部的生命和精力。这种现象有很多表现。但我们先来做几项结论：

1. 宇宙（或现实、真相、上帝、世界）是拥有意识、不可思议的力量和能量。

2. 人的意识只是宇宙、神的意识的一部分。

3. 世界是不可知的，神秘的，人应当把世界和自己当做谜一样看待。

4. 我们的潜意识建造世界模式，我们的意识寄寓其中。换言之，我们的意识充当我们的潜意识造成的那些事件的观察者和评判者。

有多少人就有多少（甚至更多的）世界

世界是个谜。你眼下所看到的，还远远不是这里存在的一切。世界上还存在着那么多的一切……它的任何一点都的的确确是无穷无尽的。所以试图为自己搞清楚什么，实际上只不过是试图利用某种熟悉的、习惯的东西来建立对它的某种看法。我和你身在此处，置身于世界，你把它叫做现实，只是因为我们两人都知道它。你不知道力的世界，所以你不能将它变为熟悉的图景。

卡洛斯·卡斯塔尼达《前往伊斯特兰的旅程》

正如我已经指出的，我们对现实的认识有两个层面，潜意识层面和意识层面。我们的潜意识与整个宇宙、现实联系在一起，其中有关于宇宙中任何事件的信息。

所以说，我们的世界和现实的真正缔造者是潜意识，它与宇宙、上帝的不可名状的力量联系在一起，而我们的意识则是片刻之前发生过的事件的观察者和评判者。意识永远落后于潜意识短短一瞬。但正是这种机制使得人可以成为创造者和魔术师。正如尼采所说："我们所有人都是比我们自认为的更有本领的艺术家。"

每时每刻都有巨大的信息流向我们人类倾泻过来。我们的潜意识要从中做出选择，然后呈现给我们以及我们的意识。这些被选择的信息是已经被编入我们潜意识程序中的，而后又构成了我们的宇宙模式。它将这些信息有的加以扭曲，有的加以综合，有的干脆忽略掉了。

这里又有一个心理实验：

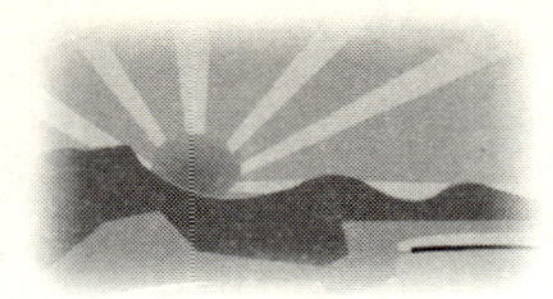

两个演员闯入心理学课堂。其中一个手持香蕉在门口向另一个猛刺过去，另一个应声倒下。可是差不多所有的学员都说“看见”进攻者手中拿着一把刀。

这种对感知的歪曲是因为我们的潜意识中记录着：猛刺的动作跟刀子是一回事。因为没有人用香蕉刺人。

潜意识通过独特的过滤程序——神经的，社会的，个人的——过滤信息。我们的意识得到的只是总的信息流中很小的一股。结果，在“世界”上真正发生的事件和我们对这个“世界”的理解（也就是我们的世界模式）之间，存在着巨大的差异。

让我们来看看每一个过滤器。

神经过滤器

神经过滤器就是视觉、听觉、触觉、嗅觉和味觉——这五个众所周知的感觉器官帮助我们分辨物理现象的信息。例如，我们知道，人的耳朵能够接收频率为20~20000赫兹之间的声波。振动频率在这个范围之外的声波，人的耳朵是听不到的，尽管很多动物可以接收次声波和超声波。不能说我们根本不能接收其他的频率，因为超声波或次声波对人体有益的或有害的影响已经得到了证明。更确切的说法应该是，人**有意识地**不接收超过生理极限的声波。

人的视力可以分辨380~680纳米范围内的光波。在此范围之外，更大或更小的光波，人的眼睛就有意识地不接收。

人的触觉也有界限。此外，敏感度还和接触的部位有关。

我想强调，只是人的意识有接收极限，这极限由他在日常生活中使用的感觉器官制约。而在潜意识层，感知周围世界的能力是无限的。

很多人都知道B. M. 布伦尼科夫的研究。他帮助一些失明的孩子恢复了看的能力，但不是用眼睛，而是用“脑子”。他为他们开发了另外一些接收通道，它们是人们在一般条件下所不用的。他不仅辅导生病的孩子，还辅导完全健康的孩子。此人及其学生们创造的奇迹让人难以置信。孩子们用黑布蒙住眼睛，却可以读出任何文章、下象棋、骑自行车、自由行动。同时他们还开发出了许多其他能力。

我认为，人不仅用自己的感觉器官感知物质世界，而且将不可思议的现实能量，即纯粹能量转化为某种熟悉的东西，也就是在创造着这个物质世界。

这第一层的过滤器是我们与生俱来的，是感知与创造物质世界的遗传程序。这个过滤器将全人类作为一种特有物种的成员联系在一起。

社会过滤器

社会过滤器是那些将人组成一些社会团体的因素之总和。这些因素有：语言、民族、风俗、礼仪、人民和国家的历史等等。

社会指令有助于我们利用我们所属社会团体积累的所有经验，但这些规则也造成局限，使我们难以理解其他社会团体的人。

经验表明，社会的局限容易克服。有一个很好的证明，就是我们可以讲好几种语言。

个人过滤器

这个过滤器是随着人格的发展和确立逐渐形成的，也就是从出生开始的。这包括我们的思想，感情，性格特点，习惯，兴趣，好恶，行为特点，对各种事件的反应，对自己、亲友、一般人以及这个世界很多东西的态度。

我们的经历堆砌成为独特的个人历史，它们决定着我们的生活。个人属性正是我们将首先研究的潜意识程序概念。

现实

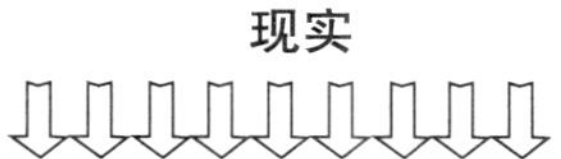

第一层过滤：神经生理器官（视觉、听觉、触觉、嗅觉和味觉）

第二层过滤：社会指令（家庭、民族、宗教、历史、风俗）。

第三层过滤：个人指令（思想、信念、感情、情绪）。

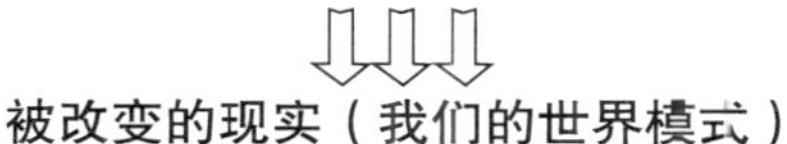

被改变的现实（我们的世界模式）

神经生理器官、社会和个人指令综合在一起，形成潜意识程序并借助

它构建每个人与众不同的现实世界。而这个程序中最简单、最容易改变的部分，就是我们个体的历史及其个人指令。

所以：

1. **我们自己创造着我们生活其间的世界；**

2. **我们应当对自己的世界负责；**

3. **在现实本身和我们的世界**（对现实的描述）**之间，不可避免地存在着很大差异；**

4. **我们每个人创造的世界模式各不相同。换言之，每个人生活在与其他人不同的世界中；**

5. **我们自己创造我们生活其间的世界**（我们创造世界模式、现实模式）。我们自己制造了自己的疾病以及人际关系、工作、金钱等方面的状况。既然我们自己创造了世界，那么我们自然可以改变它。换言之，如果我们觉得生活中的某种东西不合适，那么我们就可以找到各种问题的原因并将其消除，创造某种新的东西，从而改变我们的生活；可以活得更加充实和快乐（本书及以后的系列讲的就是如何做到这一点）。

潜意识程序

我学习《魔鬼草》的时候太贪心太急躁了。我好像孩子大把大把地抓糖果那样抓住一切知识。《魔鬼草》只是无数途径中的一条。而且任何东西也都只是沧海一粟。因此你应该永远记住，道路只是道路，如果你觉得它不适合你，那就应该不惜一切代价放弃它。为了能够做到如此干脆，你应当过有节制的生活。只有在这样的前提下你才会明白，任何道路只是道路而已，如果你的心要求你放弃它，就没有什么可以妨碍你或其他任何人这样做。但我要先提醒一点：你的决定不应该是出于恐惧和虚荣。不管选择哪条道路，你都应该毫不犹豫地直面它。你认为需要尝试它多少次，就尝试多少次。然后问自己，而且只问自己一个问题。只有很老的人才会问这个问题。我年轻的时候，有一次，我的恩人对我提出了这个问题，可是当时我头脑发热，无法正确理解这个问题。现在我理解它了。我把这个问题提给你：你的道路有心吗？所有的道路都是一样的：它们都通向虚无。它们从荆棘走向荆棘。我可以说，我一生走过了漫长的道路，但我在任何地方都没找到什么。这就是恩人问我的问题的意思。这条路有没有心？如果有，那么这是一条好的路；如果没有，那么此路不通。两条道路都通向虚无，但第一条路有心，第二条路没有。第一条路让旅行很快乐，不管走多远，你都不会跟你的路分离；另一条路却让你诅咒自己的生活。一条路给你力量，另一条路则能毁掉你。

卡洛斯·卡斯塔尼达《巫士唐望的教诲》

那么这个程序是如何建立的？由谁建立的？它执行着哪些功能？

程序员在建立程序的时候应当先确定程序要完成哪些功能，然后选择编写程序的语言。还应该有实现这一程序的动力装置。对我们来说，这种装置就是人——独一无二的、可以自己编写程序的生物。

当婴儿降生的时候，他已经在潜意识中具有程序的第一元素——借以接收真实的神经生理器官。

程序的第二元素——社会元素——取决于孩子的出生地（家庭和国家）。

程序的前两个元素，也就是人出生的时间和地点，是由潜意识深层的命运固有的结构决定的。

第三个元素——个人元素，是在学习过程中逐渐形成的。

襁褓中的婴儿用视力感知周围世界，他们对世界的感知是一种非常神奇的图像组合：色块大小不同，亮度强弱不等，能量流时缓时急。孩子有很多互不相同的活动胳膊、腿、脑袋和躯干的方法，而成年人从孩子一出生就教他们用严格限定的形式（即符合自己的程序的方式）认识周围的世界。婴儿先是学习使用身体，然后开始借助语言认识周围世界。同时成年人不断地为自己的孩子描述周围环境。这成为幼儿与成人之间一个不断的交往过程。孩子不知不觉地学会了对世界的描述。此后人便开始进行不断的内心对话来支持对世界的描述。在通常条件下，一个普通人潜意识的内心对话是一刻不停的。对话的内容不是别的，正是在历数人在日常生活中遇到的一切。对话无所谓好坏。这只是一个清单，帮助支撑着一个一成不变的、停滞不前的世界，一个他已经习惯了的世界，这样我们可以多多少少地觉得比较安心。

这就是那最大的谎言！

我们从小就学着将对世界的描述当做**真实**！

这样，成年人为孩子规定了方向，然后他自己加以若干改造，在行为程序中加入某些新的东西。这些新思想可能丰富他的人生经验，使他的生

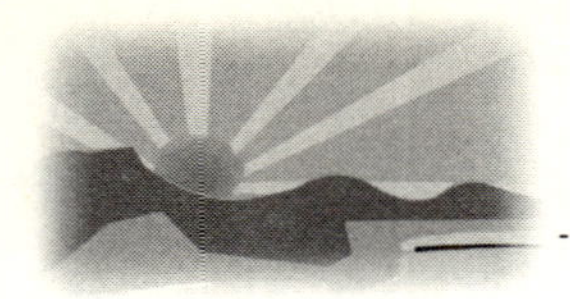

活更加有趣、更加充实，也可能使其生活黯然失色，使其有效行动的能力受到限制。但我们的父母是他们的父母教出来的，我们又这样教我们的孩子，所以这个过程会无穷无尽地持续下去。这就使我们产生这样的想法，人的生命仅是丰富得多的宇宙程序的一部分。

像一切程序一样，人的潜意识程序会替他完成一些功能，其中之一就是建构和支持现实模式。也就是说，每个人活在这个世界上主要的或最大的意图，就是试图使现实模式与现实本身相吻合。教士将此称为灵魂对上帝、造物主的向往。在东方，这是通向自由的道路或对真理的寻求。我不想引进宗教的或神秘主义的观念。我作为医生和心理学家将这种功能解释为“人的潜意识”，作为一种信息—能量结构，向往与宇宙理性相融合。部分趋向于整体。不了解这一规律并不能免于责任。这条规律是在潜意识层发挥作用的，与之对抗是很愚蠢的。要知道不管我们知道不知道牛顿定律，它都在起作用。顺便说一下，万有引力定律是宇宙最高规律的表现之一。牛顿定律描述了物体之间的相互作用，但物质只不过是各种能量形式中的一种。

人的潜意识程序有自身的结构元素：神经生理器官、社会的和个体的指令，它们构成人的个体历史。

程序的语言是人的语言——各种符号的集合。

而使这个程序以一定方式工作的不是别的，正是我们的意图，我们的意念。它们裹着词语、形象、声音、感觉和行动的外衣。意念是一种特殊的、包罗万象的工具。正是借助于意念，我们建构我们独一无二的世界，这是很显然的。钱、房子、道路、人际关系——这一切最初都是意念。当意念出现以后，它会形成人的某种行为方式，随后体现在物质世界中。

我们的意念就是我们的命运！

因此，我们的世界就是我们自己意念的反映。但是在意念物化为某种具体的东西之前，它会经历一定的变化。

国内正在进行经济和政治改革，很多企业倒闭了，人们到处找工作。他们的意念是——要找到一个工作，而且是他们喜欢的和收入较高的工作。一个男人找工作时人家认为他的年龄不适合（因为招聘启事上写着要40岁以下的）；而且他已经求职失败好几次了；他多次从他的朋友们那里听说现在新工作很难找；而电视上总是报道关于失业的可怕消息，以及几乎到处都发不出工资。最终他真的找不到一个合适的工作，或是一个能按时领工资的工作。

另一个男人尽管年纪也挺大，但他相信一定有什么地方，有什么人需要他的知识和能力。他拿起一支笔和一张纸，计算出他为了满足自己的一切需要应该挣多少钱：付房租、吃好穿好、休闲等等。开始他被得数吓坏了。然后他想："为什么不行？要知道有的人挣得多得多，这说明我值这么多钱。"第二天这个人在城里遇到了自己多年不见的朋友。当朋友了解到他的问题以后，说他有个熟人开了一家新公司，正好需要他那个专业的人。一个星期后，这个人已经开始了新的工作，工资正好是他算出来的数。

这不是童话——这是生活中的实例。是偶然的吗？但偶然正是潜意识的必然！第一个人怀疑的想法干扰了他找一个理想工作的愿望，而这些想法正是相应的程序的产物。第二个人坚定地相信自己，对自己的知识与经验充满信心。两个人都得到了与其想法和预期相同的结果。要知道正是我们自己创造自己的生活！

"你们只要信，就必得着！"《圣经》中写道。

但是关于如何找到收入满意的工作，如何和人们建立良好的关系，我们在下本书中再讲。在本书中我想讲的是健康和人们如何使自己生病以及如何可以医治这些病，甚至包括那些被认为是无法治愈的病。您会明白，自己可以做到这一点。为此只需要反观自己，研究自己的潜意识程序、自己的想法，并把它们做出相应的改变。

所以：

1. 我们生活其中的现实模式，是与我们自幼形成的潜意识程序相适应的。因此，**外在的东西反映我们的内在。**

2. 每个人都下意识地完成着生命的主要功能和主要目的——活在这个世界中并使他的现实模式与现实本身相符。

3. 我们的世界是我们自己意念的外部反映。我们生活中的一切都是自己造成的。

4. 要想在生活中改变什么（如健康状况、人际关系、工作、物质状况等等），一定要反省自己，改变自己潜意识的行为程序，改变自己的意念，也就是自我改造。

那么如何抵达人最神圣的地方——他的潜意识程序，他与宇宙直接相通的内在理性？这是否可以做到？是不是有危险？

我现在就告诉您，所有人无一例外地都已经在做这件事，只是他们是不假思索地、自发地、不负责任地做着这件事，使得自己的世界充满问题并在其中迷失。

我认为，学会和自己的潜意识相处确实是必须的，且应该在童年时教给人们，就像读和写的能力一样。而这是绝对安全的（当然，要遵守一定的规则），而且很有趣。难道您不想了解关于自己的全部真实情况吗？难道不想知道您如何以及为何造成了自己的疾病和痛苦吗？难道您不想解开自己问题的症结吗？

那么就向下读吧！要知道我们是自己造就我们的世界，我们的生活。那么让我们创造一个美好的世界吧！

对自己的潜意识应该了解些什么

心理学出现之前很久，古希腊伟大的医生埃斯库拉皮俄斯和希波克拉底就了解所谓的“潜意识”的存在。巴拉赛尔苏斯①也谈到过这个问题。西格蒙德·弗洛伊德将人的心理结构分为若干“层”：自我、本我、超我，并指出每一层都有一定的功能。弗洛伊德的模式在心理疗法和心理学的发展中发挥了重要的作用。此后开始出现另外一些模式：荣格的心理分析、梅里医生的自动书写、维纳的控制论模式、行为模式、格式塔疗法、分析、神经语言学、埃里克松的催眠术等等。目前，心理医生和心理学家认为，人的意识可以大致分为两部分：显意识（自觉）和潜意识（不自觉），它们都可以各自独立思考。自然，这种分割是大概的，人是完整的个体。我认为，潜意识正是人身上尚不明了、尚未被完全认识，因而有待我们努力破解的那个部分。

例如，当您读这些文字的时候，您看到了书页和上面的字，理解词义，同时可以听到周围的声音，感受空气的温度，感受到自己的手和身体其他部分的感觉。您可以发现呼吸和肌肉感觉发生了变化。发生什么事了？在我没有指出所有这些感觉和声音之前，您无意识地感受它们。但是您的潜意识却在感受它们和许多其他的东西。显然，潜意识的感知范围要深广得多，要知道潜意识所感知的是现实本身。不仅如此，我们的潜意识

① 医师和博物学家，生于1493年，卒于1541年。

作为信息—能量体系，包含宇宙任何一点上任何事件的信息。正如在每个细胞中都有着整个机体的遗传编码信息一样，在每个人身上也有着整个宇宙的信息，因为他正是宇宙的一部分。宇宙或上帝，这是一个有机的整体，我们每一个人都为其执行着特定的功能。

潜意识就像冰山的水下部分，它具有比上层多得多的意识，同时不为我们所见。潜意识中包含着用“五种感官”记录下的我们生命的一切信息。记忆的机制，通过神经中枢系统支配机体的所有功能，反射和本能，无意识行为和习惯，意念和行为的产生，这还远远不能穷尽潜意识为我们所做的一切。那么让我们停止与它斗争，把它当做一个忠实的盟友来接受吧。

为了更好地与潜意识合作，必须了解它的一些“特性”。

第一点（也是最重要的）——**创造和支撑世界模式**。正是我们的潜意识运用一定的程序创造了每个人独一无二的现实模式，明了这一功能以后，其他的特性也就容易理解了。

自我保护功能

现在，当我们的世界建立起来以后，必须支撑和保卫它。不管您在哪里，做什么，潜意识时时刻刻不会放松警惕，它是我们忠实的保护者。但是我们经常让它成为我们的狱卒，于是它不让我们走出它所创建的世界，但这是出于最良好的目的，即保护我们的安宁。

控制机体的生命活动

潜意识通过大脑，通过中枢神经与交感神经系统对我们机体上发生的一切进行监视。因此在催眠状态下，通过暗示可以改变体温、脉搏、血压，加快新陈代谢。

很多人曾经见证催眠师在将某人催眠后，让这个人从台上掉下去，或针刺他的皮肤而不会影响他的健康，或使他完成在清醒状态下不可能完成的行为。

但是催眠和自我催眠还可以带来更大的益处。如果在手术过程中给处于麻醉状态的病人进行某种必要的暗示，就可大大避免术后的并发症，而且恢复过程也可缩短。

另一个功能是**造就个人的历史**（命运）。从我们出生之日起，潜意识就开始做这件事。潜意识中保存着我们生命和我们祖先生命的全部信息。

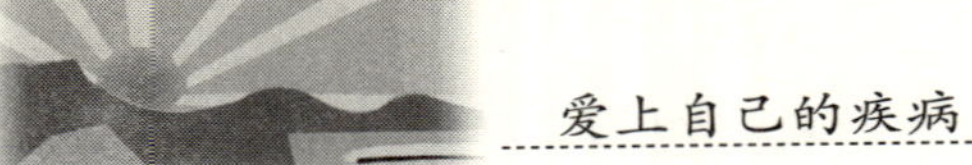

出生时我们已经获得了对自己及周围世界的某种态度，它是由我们的父母下意识地传递给我们的。然后我们长大，积累经验，我的意识对周围世界的态度不断改变，但潜意识却可以仍然遵循我们在生命之初就已形成的看法。如果在童年发生过使我们印象深刻的事件，那么您应该明白，您的潜意识的某一部分依然会以孩子的眼光看见那件事并影响您的生活。因此，回顾个人的历史和改变潜意识对过去很多事件的态度是很重要的。

我在临床工作中遇到过这样一个例子。一个 17 岁的青年来就诊。他害怕乘无轨电车、公共汽车、地铁和电梯。他一进交通工具就觉得不自在，而且他自己想不出这种行为的原因。我教会他跟潜意识交流。他提了第一个问题：他生活中是否发生过造成这种行为的事件。回答是肯定的。接着我们用一系列问题搞清楚了事件的具体过程。这件事发生在他 8 岁的时候。父母因为什么事惩罚他，把他关在黑暗的储藏室很长时间。几年后，因为某种轻微的流氓行为，他被抓进警察局，一个人在拘留室过了一夜。从此他出现了恐惧，因为他的潜意识将这两件事联系起来，得出了一定的结论：封闭的空间可能对他的自由形成威胁。搞清楚原因之后，我们就可以很容易地解决问题了。有趣的是，咨询后他很享受地坐了很长时间无轨电车，直到坐腻了为止。

记忆

记忆机制也属于潜意识管辖范围。我们的生活由五官记录之后，正是在这里拍成电影保存下来的。利用催眠或自我催眠，很容易复制这个电影的一些片段。某些疾病或问题的根源常常要到往事中去寻找，因为过去我们自己把精神上的痛苦赶到内心深处，以便尽可能忘记伤痛的原因，这样一来我们就失去了有意识的监视。于是这根“刺”在潜意识中蛰伏很多年，一遇适当的条件就钻出来，造成疾病和痛苦。

潜意识不折不扣地接收所有外部信息

例如：一个无法治愈病人或根本不了解其他治疗方法的医生可能说：“对不起，但我觉得，医学对此无能为力。”于是病人可能相信他的病无法治愈而停止治疗。在现代医学中，很多病属于“不治之症”，但您应该知道，只是正统医学尝试用来治疗的方法治不了这些病。而只要人决心为病的出现负责，病是可以治好的。

可是您却经常说这样的话：“我一看到这个就恶心……”“别往心里去……”“这个我根本吃不消……”等等。下面是一个病例：

一个妇女来看病，她说口中总是有很多口水和摆脱不掉的异味。她做过各种化验，找了各种专家做检查，没有发现任何异常。她绝望地来找我。这位患者学会了与潜意识交流以后，给我讲了她半年前跟最要好的女友争吵的事。原来，她做了很对不起女友的事又不愿意认错。这确实是件不愉快的事。患者讲完这件事之后说了一句：“这件事搞得我很不是滋味。”她惊奇地看了看我，叫道：“医生！莫非是因为这个?”她自己回答了我的问题。我建议她去找过去的女友，把一切告诉她并求得原谅。过了一段时间这位妇女又来找我，和我分享她的喜悦。她又可以享受美味了，并恢复了和女友的亲密关系。她希望着手解决其他问题。

我经常听到患者说：“医生！我有一大把的病!”在这种情况下我会问他们是不是喜欢花。“当然，医生，我们很喜欢花!”他们回答说。那么是不是正因为如此你们一辈子都把自己的病汇集成一大把，因为你们喜欢这个？因为你们喜欢娇纵自己，怜惜自己。正因为如此，当跟熟人见面的时候，你们喜欢谈论自己那些病痛的“花朵”。因此这个“花坛”的盛开和每年都出现一些新的“花朵”就不足为奇了。

独立思考

潜意识能够自主决定为我们输送什么信息，并对不同的信息加以省略、曲解或概括，但它这样做是符合我们的行为程序以及我们的积极意图。

例如，一个3岁的小女孩在婴儿椅上摇摆身体，不慎摔了下来。此后她不仅害怕坐婴儿椅，而且害怕坐一般的椅子。幼儿的潜意识还分辨不出婴儿椅和一般的椅子，它只知道它们都是坐的东西。在这种情况下潜意识通过引起对椅子的恐惧完成保护孩子的功能。过一段时间，当孩子明白婴儿椅和一般椅子的区别以后，对椅子的恐惧就会过去。

还有一个成年人的例子。一个被亲近的男人欺骗或伤害的女人会得出

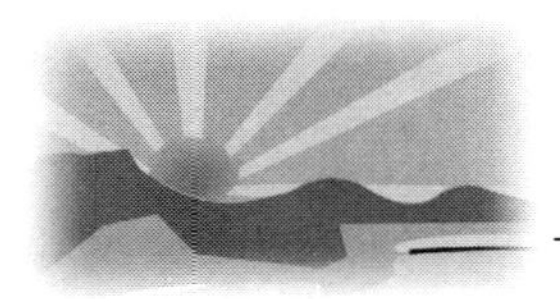

结论说“男人全是混蛋”或“男人没有一个好东西”。于是她在生活中遇到的正是这样的男人，因为简直可以说是这样的想法把那样的男人引来的。甚至当某个男人尊重她、表示出关心的意思时，她的潜意识还是会对外部信息加以歪曲。

一对夫妻找到我。丈夫坚信自己不能赢得他人的关心，抱怨他的妻子对他没有一点关心的意思。我跟他们谈了很长时间，认定恰好相反，他的妻子对他是关心、体贴、尊重的，也用一定的方式表达了这些。但由于这与他的自我价值观相抵触，所以他完全听不见妻子说的话。当我提到他妻子说过的一些话时，他说他没听到过。当我强迫他看到妻子关心他的表现时，他马上歪曲这些信息，说：“她那么说是为了从我这里得到什么。”

“也许我们内心有个外人？”您会问。当然没有。人的个性是完整的。意识与潜意识的分隔是相对的。这种区分只是用来阐述人的个性隐蔽方面的方法。我们每个人都有隐蔽的、无法完全认识的方面，它们使得我们人成为一个谜。我们应当想方设法努力破解这个谜，特别是因为我们的生活与此密切相关。

人的一切问题（疾病、精神压力）都是显意识的愿望与潜意识的意图不协调所致。全部问题在于，我们的潜意识对我们自己和我们生命的重要意图的了解要多得多。此外请记住，潜意识与现实是直接相通的。我们的潜意识为宇宙的进化做着自己的贡献。

因此，保持意识与潜意识的协调与和谐是非常重要的。

如何与潜意识直接接触

在您对潜意识通过执行行为程序来工作的方式有了一般的了解之后，现在只剩下与它进行直接接触了。那样就可以揭示疾病和问题产生的直接原因，使我们的大脑参与保健工作。可以采用几种方法做到这一点。

但首先我希望您思考一下以下问题。您跟自己的疾病斗争了很长时间，您把它看做某种异己的、干扰您的东西。现在您已经知道，生活中的一切都是我们自己、我们的意念和行为造成的。因此在与自己的潜意识接触之前，请先改变对自己和自己的病的态度。要知道病是“您的”，是您在自己的身体里“培育”了它。

人们习惯于一种固定的想法：认为病是一个敌人，要不计后果地想尽一切办法跟它斗争。但是跟疾病斗争就是跟自己斗争。因此请接受它，也就是不要再和自己斗争。**宇宙中任何一种力量都可以积极利用，您的病也一样。请利用它作为一种发展自我的方法。**

与自己的潜意识交流是件非常神圣的事。这是与巨大的、难以描述的宇宙力量进行接触。如果您已经准备好去了解这些力量，那么一定要抱着纯洁的想法去做这件事。

交流的方法

为了顺利地与潜意识交流，必须与它确定固定的信号，或符号语言。最好不要把某种交流方式强加给潜意识，而是让它自行决定回应时发出什么信号。

现在请调整身体，舒服地躺好，准备向自己的潜意识提一个问题。在您提出这个问题之后，您的任务是非常专注而敏锐地感受您身体的反应。关注您身体某部分的感觉，关注心目中的形象和内心的声音。不要试图影响潜意识的回答，它会自己选择回答的方式。您应该非常敏锐地将其回答捕捉住。

这个问题是："我的潜意识准备好与我在意识层交流了吗?"

回答可能各种各样——这取决于您的潜意识。例如，过一会儿，胃里出现了灼痛。您还不知道这个回答是什么意思——"是"或"否"。因此您要感谢潜意识作出了回答，然后说："潜意识，我想搞明白你的信息。如果胃部的灼痛感表示'是，我想交流'，就让这种感觉重新出现，或是更明显。相反，如果灼痛感表示'不，我没准备好交流'，则让这种感觉变得很轻，直到彻底消失。"

如果信号重复出现并变强，这意味着回答是肯定的，也就是说，潜意识表示准备好与您在意识层面交流了。您要再次感谢它（注意，每次回答后都不要忘记这样做）。现在您已经有了与您的潜意识交流的渠道了。您可以向它提问，而它将回答"是"或"否"。

万一您得到"否"的回答，也不要垂头丧气，因为您毕竟得到了回答。这种情况通常是因为潜意识由于这样或那样的原因（如疲倦、情绪不佳、外部环境恶劣、喧闹等等）没有准备好交流。或者您必须改变对自己潜意识的态度，对它（也就是对自己）更加尊重。您要跟它道歉，请它原谅您对自己不够信任，原谅你和疾病的斗争。要尊重它，温柔地对待它。

也许潜意识只是受到了惊吓，那就要安抚它。也许只是因为您不相信可能进行这种交流。您可以等一段时间，待消除了可能的障碍以后再重新尝试。

除了身体的感觉，潜意识还可能以视觉形象或某种头脑中的画面来回答。“是”和“否”会显示不同的形象。您可以把比较鲜艳的画面当做“是”，比较暗淡的画面当做“否”。如果回答是发自心底的声音，可以把比较响的当做“是”，把比较轻的当做“否”。

有时可以借助于“内心的声音”与潜意识交流，也就是在心里得到具体的回答。

这里还有几个例子。一位妇女将心脏收缩加快当做“是”，将心脏收缩放慢当做“否”。我的另一个患者喜欢把手臂的抬起当做回答。一位男子得到“是”的回答时会肠鸣，另一位男子的回答显现为可以读出的霓虹灯字样。

总的来说，交流方式因人而异。每个人会选择对自己最合适的方式。我自己最喜欢手指信号，在想象中进行形象的交流方式。这些方式使我甚至在乘坐交通工具时也可以与潜意识交流，旁人一点都看不出来。

人让自己生病，让自己和旁人痛苦，仅仅因为不愿意对自己的生活负起责任便长期忍受这一切，难道这正常吗?

我希望您明白，潜意识无所谓好坏。它随时准备和您交流，如果您真的愿意的话。潜意识永远关心着您，不过是以一种特殊的方式，依托您的全部个人历史经验，也就是您所教它的样子。因此请相信自己的潜意识，而它会以最佳方式处理一切。

所有人的潜意识起作用的方式都是一样的，无论教育程度与教养水平有多大差别，不管是科学家还是锅炉工。我甚至可以说，后者做到与潜意识交流要容易得多，因为丰富的知识经常会助长人的自以为是的心态，妨碍他认识简单而惊人的事物。

我要再次提醒，人是完整的个体。当您与潜意识交流的时候，您不过是力图破解人自身这个难解的谜。

手指信号

上述方法的基础是，您让自己的潜意识选择交流的方式。但有的时候给潜意识推荐符号语言更加简单：例如用手指的运动或摇摆。

最简单的符号语言是某个手指微微抬起：例如，右手食指的微微抬起代表“是”（如果您是用右手的），左手食指的微微抬起代表“否”。您当然明白，这种区分是很相对的，您可以自行建立符号语言。手指的抬起应该是无意识的，自动的。不要试图有意识地抬起手指。不要打扰潜意识，要完全信任它。提出的问题应该简明准确而没有歧义——因为潜意识对一切的理解都是按照字面的意思。我想马上说一下，没有不能和潜意识交流的人，也没有不好的潜意识。如果您用一种方法不成功，请尝试使用另一种。我建议您尝试所有的方法。也许某种方法您更喜欢些。只要您想从自己的意识深处得到答案，就一定会有结果。

现在让我们来试一试。请坐在柔软、舒适的沙发上或躺在长沙发上。双手自然摆放，不要让任何东西干扰它们。马上与潜意识约定好，用什么信号表示不同的答案。现在心中默念或出声地与自己的内心交谈，提出一个问题：“我的潜意识是否准备好了与我交流？如果‘是’，就以无意识的动作抬起右手的食指；如果‘否’，就抬起左手的食指。”不要试图猜测答案——只要耐心地等待。几秒钟后您会感到某个部位微微发痒、刺痛或麻木。这说明肌肉接收到了潜意识的信号，变得紧张，马上就要将手指抬起了。再过一秒钟，手指尖会慢慢地轻轻抖动，向上抬起。手指可能在抬起足够的高度以后，或只是微微翘起之后停止运动。您意识到得到回答后，要感谢自己的潜意识并放下手指。

如果您得到的回答是“否”，这只是说明存在着某种我已经提到过的交流障碍：不舒服、情绪不好、外部环境不佳、害怕交流、不信任自己。请将这些障碍克服后再行尝试。

摇晃法

为了掌握这种方法您需要一个小荧光球，拴在一根20厘米长的线上。也可以用一个订婚戒指或普通的螺钉。

现在将胳膊肘放在桌子上，用食指和拇指夹住线的一头。这样小球开始自由地摆动。将它前后左右，顺时针和逆时针摇摆，这是为了让潜意识明白哪些肌肉参与了这些动作。然后让球停下来，开始跟潜意识对话：“潜意识，请从四种可能的摇摆中选择一种表示‘是’，把它展示给我。”等待回答时，球摇摆时您要目不转睛地盯着它，尽量给小球“催眠”。

几秒种后小球就会开始摇晃。有的时候需要多摇动一会儿，运动幅度的大小会有不同，一般摇晃的程度足以让我们看懂回答。

得到回答后要使小球停下来，感谢潜意识，请它从剩下的三种运动方

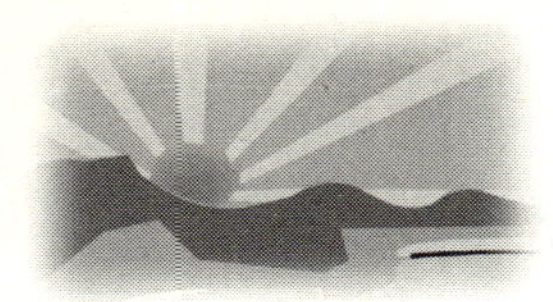

向中选择一种作为“否”。

这是一种可靠的老办法，总是被赋予某种神秘主义的色彩。小球会对问题做出反应并“活生生地”摆动，简直令人感到迷惑。但是这里没有任何超自然的东西。只不过是因为潜意识可以自主作出决定，思考和监督某些肌肉群。重要的只是相信自己的潜意识。

如何提问

提出问题的方式对交流的过程至关重要。您需要一定的知识和经验才能在这方面臻于完善。我在行医中的一些实例以及您自己的尝试可以帮助您获得这方面的知识和经验。

因为潜意识对一切都是从字面上理解的，所以问题应该清楚、简单，没有歧义。您应该说出您真正想说的内容。在开始阶段，我建议您把问题和答案记在一张纸上。

如果您得到了某种异常的答案，那么这可能说明您提出的问题不适当。请用其他方法表达问题。

潜意识的回答总是真实的（当然，如果您不是一个十足的说谎者）。

我特别想预先提醒您的是，不要试图预知未来。这是必须非常小心对待的部分，这是我们将要自己创造的东西。我会在以后的书中谈这个问题。

与潜意识交流不危险吗？不！不仅不危险，而且效果极好。应当从很小就学习这样做。如今，在现代化的条件下，巨大的信息流倾泻于人的意识，令人很难整理辨认。不管我们愿意不愿意，它们反正会对你我的意识与潜意识产生影响，从我们出生之时起就开始将我们编程。只有当我们认清自己并对自己的生活负起责任的时候，才能利用信息流收到正面效果。

第二章　人如何造成自己的病

病是什么？

生命的基本原则是保持动态平衡。每个活的有机体都根据生命的内在规律力求达到平衡。从任何一个生命诞生之时起，这一规律便开始发挥作用。在任何条件下都应该一直保持这些生命过程的平衡。

客观现实会外在地作用于机体，而机体则会对这种作用作出反馈（这正是有机体与无机体的区别）。健康的机体是保持内部和谐与动态平衡的机体。

当然，在现代的生活条件下保持和谐并非易事。不过，如果和谐被破坏了，它还可以恢复，何况机体本身总是力图达到平衡。

疾病是平衡被破坏的信号。神经末梢告诉我们，在我们机体的某个部位正发生着某种异常的情况。疼痛不过是正当的神经反应，它想告诉我们“喂，亲爱的，有情况，你该注意了”。如果一个人对此没有给予应有的重视，或用药片压制病痛，那么人的潜意识就会使病更重。这样，潜意识借助于病痛这样的信号表现出对我们的关心，并达到某种积极的目的——告诉我们出了什么问题。所以要尊重自己的疾病。

总之，在开始治病之前，要改变自己对病的态度。无论如何不要把病当做坏东西，哪怕这是致命的疾病。不要忘记，是您的潜意识制造了这个病，而它是无时无刻不在关怀着您的。也就是说，病有着重大的原因。不要急于责骂自己的身体和自己的疾病，要放弃同疾病斗争。相反，要因为得了这个病而感谢上帝，感谢自己的潜意识，也要感谢疾病本身。哪怕听起来很荒谬，但也要这样做。

现代的正统医学之所以无法治愈人的疾病，正是因为它与疾病斗争，也就是力图压制它，或消除它的痕迹。而病因却深深地藏身于潜意识中，并继续进行着破坏活动。

于是出现了这样的局面：潜意识为了向我们的意识发信号而制造了病，也就是试图用它自己的语言通知我们某种信息，而我们去看医生，用

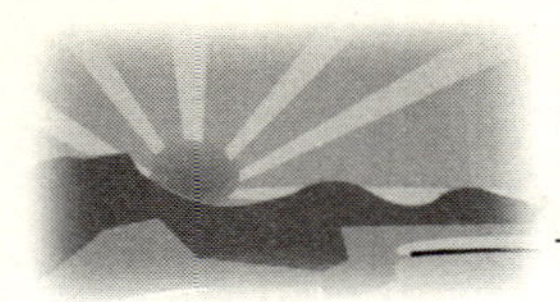

药片将这个信号抹掉。结果成了我们自己跟自己斗争，而且总是为这个斗争选择更加强大和昂贵的手段。这难道不荒诞吗？

医生的任务不是干扰机体，压制它的反应，而是帮助“内在的医生”。一个用心的医生将会促进自愈。请好好想想——自愈。您机体本身就是趋向平衡的，只需要为它提供帮助。那么您何不充当这个助手？我们每个人都拥有“内在的医生”。

我们习惯于将疾病看做恶，看做不受我们支配的东西，总是在外部寻找病因。这样我们就可以心安理得地认为：“我对自己的病没有责任。让医生来解决问题吧。”

如果一个人不想对自己的疾病负责，疾病或者无法治愈，或者从一种病转化为另一种病。于是，他便会归咎于环境：坏天气、亲人、他人、工作、医生，而不是关注自己的内心，帮助自己。

现在我们从现代医学的角度来看看对于疾病和病人的态度。医生先是做出诊断，也就是说，给病命名，贴标签。然后用药来压制疾病。当然，他们可以减轻病痛，但是病因并没有就此消除，疾病变成了慢性的，或从一个器官转移到另一个器官。也就是医生把药当做拐杖送给病人，叫他们与之相伴。概括起来说，现代医学好像一出荒诞剧！医生的作用简化为将人赶入某个诊断模子，然后发给他们与此模子相应的药品拐杖！

但是医生并没有任何过错。因为他们在6～8年的医学院学习中经过训练接受了某种行为模式，在正统医学中占主导地位的是牛顿—笛卡儿模式，训练未来的医生以一定的方式看待病人和疾病。现代科学的发现和研究证明，这一模式早已过时，必须改变。

总之，在正统医学中形成了很有意思的局面：大量资金用于研制新药和新的检查手段，而疾病不但没有减少，很多甚至变成了慢性病，而且不断出现新病。病没有治好，只是被压制了。连作用于人体动力结构的最新现代化仪器也不能消除病因。它们将疾病排挤到潜意识更为敏感的层面。时至今日，科学研究与发现仍然局限在旧的模式框架中，治疗的状况不仅没有改观，而且每况愈下。

以化学药品作为治疗手段的现代医学越来越远离人的内在本质，缺少个性化的治疗方法。过度的专业化（一个医生似乎只负责一个器官或系统）也助长了这种倾向。第二个因素是医学受到制药工业的左右，为了从成功营销的平庸药品中追求利润而忘记了人。很多医生变成了某个制药厂的产品推销员。此外，药品虽然经过动物实验，但它们对人会发生什么作用却并不清楚，因此经常出现副作用。最后，那些对抗疗法的医生总是竭力把病人的状况归入一定的套路，把这叫做诊断。由此便不难理解，对抗疗法为何自希波克拉底时代起就面临危机。所有这一切都是因为它所使用的世界观模式已经过时。

C. H. 拉扎列夫在他的一本书中写下了这样一个绝妙的寓言：

真主把人们聚在一起，根据他们对宇宙秩序的破坏分别给予惩罚。医生得到的惩罚最重。

医生很生气："为什么？我是医生，我帮助人，我帮他们摆脱痛苦！"

真主回答："因为人们有罪，我为了教训他们而让他们生病，而你妨碍了他们的觉悟。"

我一点也不想贬低医学的贡献，也不是鼓动大家拒绝现代的科学成就。医学会减轻痛苦，这已经很好了。如果人得了心肌梗塞或受了脑外伤，一定要急救，而不是进行拯救心灵的对话。但对待疾病与病人的新方法将有助于避免这一类严重危及生命的疾病或状况的出现。也就是说，运用新的世界观模式，不仅可以治愈已有的疾病，而且可以使人一直保持健康。

这是一种全新的意识状态：**一直保持健康**。

我建议尊重并利用医学的一些成果，并在新的框架内开始行动。在这种框架内，病人不再是消极等待的一方，他被赋予重要的角色；医生也不再只起到医士的作用，而是扮演一个深思熟虑的、富有创造性的角色。成为一个神医！古人说一位医生—哲学家就像神一样，这是有道理的。

现代医学只是反映人们的意识层并尽量去迎合他们。常言道："有需求就有供给"，人有什么样的模式，医学就会有相应的模式。我在行医中确信，很多患者对自己内在的病因毫无意识。他们希望得到"神奇的药片"或"独一无二的仪器"，通过一次或几次治疗就能把病治好。人们自己造成了自己的病，然后指望别人代替他们解决问题。当药不起作用的时候，他们便开始指责医生，尽管这不关医生的事。一位伟人说过："大自然将人治愈，而医生不过是掠人之美。"我认为，医生应该帮助有病的人成为健康的人，或教会他们保持一定的健康水平。他首先应该是一个将病治好的人。

病人应该认识到，现代医学仅仅是减轻病痛、压制疾病或消除其症

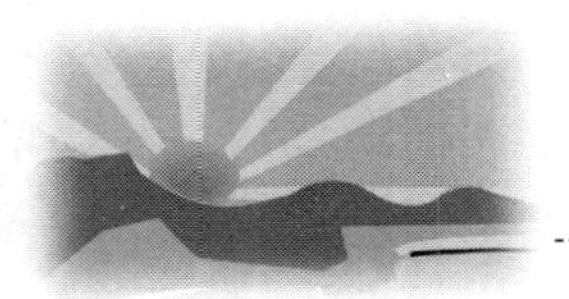

状。现代医学的哲学很简单：不问病因，只求治表。

特异功能者和新机器通过作用于人的动力结构做着同样的事。在很多情况下其效果非常明显。但它们也不能消除病因，只是把疾病驱赶到敏感的信息—能量层。于是疾病开始不再破坏个别的器官，而是破坏整个机体，破坏免疫系统，并影响后代。也就是说，为了人一时的健康和活力而毁掉了他的将来，他的战略储备。所以，没有文化的特异功能者或现代化仪器所起的作用要比阿司匹林药片危险得多。医学在继续发明压制疾病的更强更有效的方法，这其实是在使人类陷入慢性的、痛苦的灭顶之灾。

我不想吓唬你们。我只是想指出，几百年前医学所创造的那种治病模式已经明显地过时了，该改变了，该去寻找真正的致病原因并对其施加影响了。

我建议从另外的观点来看待疾病。如果认为我们自己创造了自己的世界和自己的生活，那么疾病也是我们自己造成的。如果说我们生命中拥有的东西与我们的潜意识行为程序及我们的思想是相符的，那么我们的疾病也反映着我们的某种思想和行为方法。也就是说疾病的原因隐藏在我们自己身上。

另一方面，可以把疾病看做一种防护装置，防止我们做出错误行为，防止我们对世界规律产生错误的理解。

“那么环境呢？”您会问，“还有饮食对健康的影响呢？”

环境只是疾病的特殊背景，它对于病的发展变化会起作用。

请想象一下人的机体。它包括身体、意识和潜意识，它们构成一个统一的整体。我们了解身体的某些功能和能力，我们也知道意识的某些功能。对于潜意识我们实际上一无所知。这个题目在很长时间内是被禁止涉及的。而这是很有好处的，因为人最宝贵的东西因此被保存了下来。最近，人们开始积极地研究开发潜意识，出现了各种治疗疾病、戒除坏习惯的方法，途径也是五花八门，通过报纸、广播电视节目以及特异功能等等。

可是人们对于这些问题的潜意识原因却完全不予考虑。此外，从事这一类治疗的医生自身的状况也远不够理想。例如，有的心理医生给酗酒者进行催眠治疗，可是他自己就饮酒过度；或医生试图为别人治疗某种器官的疾病，可他自己就有同样的或其他的疾病；眼科医生戴眼镜；心理医生找其他心理医生咨询。很多特异功能者自身有病而无法自医。这真是匪夷所思！看来，他们采用的方法并不具有真正的疗效，否则他们早就把自己的病治好了。

如上所述，疾病是向我们意识发出的信号，显示平衡遭到了破坏。可以尝试在身体层面恢复这种平衡。例如，为糖尿病人注射胰岛素或给心脏病人服用强心苷。但这只能暂时地缓解症状。可以尝试膳食平衡、运动、物理疗法、饥饿疗法、调节呼吸、耐寒锻炼等等。方法五花八门，确实有效，但不是可以治疗所有疾病。而且这同样只能对机体发生表面的影响。尽管现代医学在化学新药与高效能仪器的帮助下疗效有了很大进展，其实质依然如故：用压制疾病的方法缓解痛苦。病因仍然无法消除，疾病被赶到人的比较敏感的深层，乃至他们的孩子身上。

有一些病因处于比物理、化学层更深、更脆弱的层面。这是信息—能量层面。简而言之，这就是我们的想法、情绪、感情、我们的行为、我们的世界观。

人的意识与身体仅仅负载着1% ~5%的信息。我们一直认为，人只是使用了其能力的一小部分。人的主要信息存在于其信息—能量结构中，这就是所谓的“潜意识”。

在人的潜意识中有着其行为的全部程序，这是他从其父母那里继承而来的。换言之，关于祖先与后代的信息都在他的潜意识中被编码了。这些结构创造着一个人的未来。这就解释了占卜未来的现象。算命者或术士可以用一定的方法，经常是通过某种仪式（纸牌、掌纹、滚动的鸡蛋和蜡、油的流动等）从人的潜意识结构中“读”信息，并将得到的信息带给意识。但是这其中没有任何命中注定的东西，因为命运是我们自己造就的。

于是出现了如下的情况：人的行为的潜意识程序和宇宙的信息能量结构并存。如果一个人的想法和行为与统一的宇宙机体不和谐，就会导致人体内平衡与和谐的破坏。这同样会反映在他的命运与健康状况中。请想一想，如果机体内的一个细胞不再按照机体的规则生活将会出现什么情况。对于机体来说，它将成为一个生病的细胞，机体先是力图将它治好，如果做不到的话，就将它消灭。

所以，生病就是潜意识在告诉您，您的行为、您的某些思想感情与宇宙的法则相冲突了。也就是说，要治愈疾病，就必须让自己的思想情绪与宇宙规律协调起来。

有一位患者在肺炎之后发生了严重的并发症，病情非常严重。他的身体已经不能接受抗生素了。经过对潜意识的测试，我了解到在病情恶化之

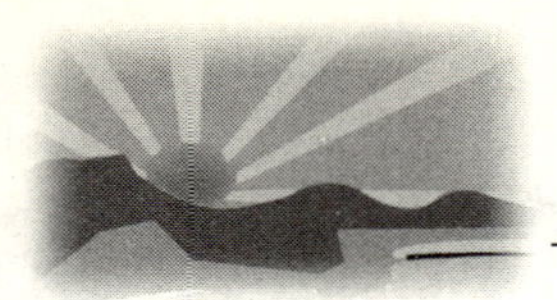

前不久，这位患者和他的上司在工作中发生了严重的冲突，并由此在心中留下了强烈的怨恨，这种怨恨随后扩展到针对整个世界。

“您知道吗，”我跟他解释说，“怨恨这种情绪就是暗暗地希望对方死，而且不是他一个人，还有他的所有同类。这个毁灭性的程序后来以疾病的形式转向其制造者，也就是您。”

“作为一种惩罚吗?”患者问。

“完全不是。疾病不是惩罚，只是您的思想情绪在身体层面的反映结果。思想是一种特殊的能量，是被编码的信息，它一定会在身体方面有某种相应的表现。如果思想是破坏性的，例如怨恨、责难和仇恨，那么就会以疾病的形式在身体方面反映出来。”

“我现在该怎么办呢?”

“消除这种程序的唯一方法是原谅您的上司，甚至为了现在的境遇感激他。”

“他做得不对，我怎么能感激他呢? 原谅就算了，怎么能感激呢?”

“您应该首先感谢最高理性，感谢上帝带给您这种境遇。另外，您应当懂得，怨恨情绪的来源并不在您的上司那里，而在您自己心里。是您自己造成了这种境遇。现在让我们直接找一找，您是因为什么将这个冲突拖入了您的生活。”

接着我们继续探索患者的潜意识，并找到了冲突的根源。这是他多年来对上司的积怨，对工作的不满和不自信。当这位患者通过忏悔、原谅和感激消除了负面的潜意识程序之后，他改变了对自己、对工作、对上司的态度，疾病也消失得无影无踪了。

所以，对于这位患者来说，疾病成了他内心成长的推动力。而如果他继续压制疾病，那么随后他的怨恨所发射的这个自我毁灭程序将难以控制。它不仅将伤害他自己，还将伤害他的孩子。就在这位患者生病以后一段时间，他的儿子就出了荨麻疹。

他完全没有把这两件事联系在一起。可是当父亲的内心归于平静以后，孩子皮肤上的疹子也立刻消失了。

我们早就应该认识到，疾病和痛苦的原因不是外在的，它就在我们内心，其根源就在我们不健康的世界观中。要得到痊愈，就要修正自己的世界观。每个人都是宇宙的一部分，所以应当顺应宇宙的规律生活。如果内心和谐，外部也将和谐。

自古以来人们就试图解释宇宙的规律。在不同的宗教派别中这些规律被以各种宗教、经书、戒律的形式表达出来。我们每个人只需要尽力理解它。过去人们比较相信宗教，并努力遵守圣书的戒律。在“文明世界”的现代化条件下，物质成为主要的支撑，人们很少关注精神的发展。人类的能量和本领大大提高了，却一如既往地缺少爱与善，以及对最高规律的认识。这对人类和世界将会带来什么危险？会带来灾难，先知所预言的灾难指的就是这个。

意念是由人生成的，它具有巨大的能量。意念的力量是巨大的。科学家们大致估算，人的信息场的能量要超过核裂变所释放的能量无数倍，这一倍数超过百位，大得没有相称的名称。人们想不到每个人所蕴藏的潜力有多大。这些力量可以创造，也可以毁灭。如果一个人心里气愤，向另一个人发出毁灭性的意念，这个意念会反过来使他自己生病或痛苦。如果他表达爱，就是在发送创造的感情，那么它也会返回，带给他快乐和成功。结果，人们在潜意识层面互相伤害，却不明白为什么疾病没有变少，为什么世界上有那么多的暴力。

我在行医中认识到，人的世界观的改变会带来惊人的效果——可以治愈现代医学早已归入“不治之症”的疾病，建立和谐的个人生活。消除负面的潜意识程序不仅可以治愈疾病，而且可以改变人的命运，甚至他的子女的命运和健康状况（孩子们的病因很有意思，关于这个问题我将在本书第二部以专章讲述）。

我甚至发现了这样一种有趣的特点。如果一个人的内心开始改变，他会自愈，并在其周围形成一个特别的空间，对周围产生有益的影响。

总结

如果您生了病，这说明您的潜意识在向您发出信号：您的潜意识中有某些行为和意念与宇宙的规律相违背。为了治愈，首先应该弄清这些行为和想法是什么；其次应该了解宇宙规律本身，也就是像古人所说的，认识真理。

疾病以及个人生活中的痛苦产生的原因基本上可以归结为三点：

1. 不了解自己生活的目的、意义和使命；
2. 不了解、不遵从宇宙规律；
3. 在意识或潜意识中有着某种极其有害的意念、感情或情绪。

现在让我们对两种医学模式——主导模式和新模式——进行一番比较分析。

医学中的主导模式

基本假设：

1. 人与环境是相分离的。

2. 周围世界是由各种敌对力量或同盟的力量组成的世界，是善与恶组成的世界。

3. 某些敌对力量（微生物、物理与化学因素、人的行为）对我们的机体进行攻击。我们总是处于斗争状态。

4. 只要杀死致病微生物，我们就可以胜利。战斗结束后机体应当恢复被破坏的健康。

5. 有的病比较“弱”，容易与之斗争（如感冒）；有的病比较“强”（所谓“不治之症”），无法战胜；有的病可以通过机体的保护力量预防（如接种疫苗、锻炼身体）。

6. 保持健康是一场斗争。

7. 疾病是恶，应当竭尽全力地与之斗争。

8. 医生的任务是帮助病人战胜疾病。为此需要诊断，也就是给作为疾病的敌人命名，然后确定斗争的武器。

9. 制药业制造出与疾病斗争的较有力的武器。医学的进步取决于创造更完善的与疾病斗争的武器。

10. 有时候我们战胜疾病，有时候它赢得战斗。即使我们可以学会战胜某些疾病，我们最终还是会输掉战争，因为我们会死去。

西涅里尼科夫医生的新模式

基本假设：

1. 我们与周围世界不是相互隔绝的，我们是它的一部分。周围世界是我们的世界。

2. 健康是我们的生存方式与周围世界的平衡，是与我们自己及环境的和谐。

3. 我们的身体总是与自然的各种力量（微生物、物理因素与化学因素、人的行为）接触。所有这些都是环境的不可分割的组成部分。这些力量都可以对我们有益。

4. 疾病是平衡遭到破坏的信号。我们应该认真对待自己身体发出的信号。

5. 我们以自己的行为、意念和情绪破坏平衡并造成自己的疾病。

6. 我们可以对我们的意念、情绪和行为发生影响。我们可以对周围世界发生影响。我们应该通过净化自己的意念来关怀自己的健康。

7. 疾病是机体健康的征候，是人与自然的成就。它恢复被我们破坏的平衡。疾病是自然的健康力量的表现。

8. 疼痛是机体的正当反应，其主要功能是自我保护。

9. 机体本身总是尽力恢复被破坏的平衡。康复是一个自然的过程。有时，如果我们偏离平衡太严重的话，需要外来的帮助。

10. 医生的任务是协助自然的治病力量发挥功效以恢复平衡。医生的任务是教人懂得如何保持健康。

我想再次强调：我不想否定旧的模式和医学科学所取得的全部成就。它们在某些情况下可以起作用。我只是推荐一种新的模式，它不是在与疾病的斗争中发挥作用，而是对于造就以及保持健康、和谐与幸福的状态非常有效。我本人一直受益于这种模式，成千上万的病人也从这种模式中受益匪浅。

此外，我在书中还将向您介绍潜意识编程方法以及其他一些独特的体系，可以借助它们搞清楚那些负面的潜意识程序，将它们消除，代之以新的模式。我还试图解释宇宙规律的概念（我在本书的开头已经谈到了其中部分内容）。这只是我对一些东西的观念和看法。这只是各种工具的集合。我建议您使用这些工具——结果将非常理想。这个方法已经得到实践的检验，并帮助许多人康复。

走上康复之路

如果您准备好了走上康复之路，那么首先需要做的一件事（也是最重要的一件事）是担负起对自己疾病的责任并改变对它的态度。这意味着什么？这意味着，**生病不是任何人的错，也不是您的错**。疾病是您的意念和行为的外部表现。生病是您的潜意识发出的信号，表示您的行为以及您对事情的反应对于您和周围的人是有害的。生病是实现您的正面意图的方法。生病是潜意识在阻止您做出某些破坏性的行为。说到底，这是上帝、宇宙、您的潜意识在跟您交谈。

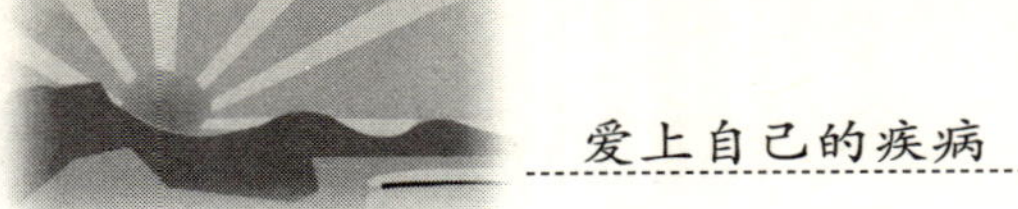

您的病想要告诉您什么呢?

我在行医过程中看到，很多人很难接受关于责任的观念。因为承担责任就意味着抛弃针对别人和自己的怨恨、指责、责难，这要求作出一定的改变和相应的努力。但是责备别人比改变自己要容易得多。有的病人甚至知道自己问题的原因，但却宁可受罪，就是不想改变。没办法，这是他们的选择。每个人自己创造自己的世界!

我在行医中看到，对自己的病负责的想法是走上康复之路的第一步。如果没有这种想法，任何努力都无济于事，多么昂贵的药也救不了您。您只能有病乱投医。只有自己承担起责任，才能治愈疾病，包括正统医学认为无法医治的疾病。

现在让我们仔细看看潜意识制造疾病时使用了哪些机制。

隐蔽的正面意图

我深信，人是一种非常复杂的平衡机制。因此他身上不可能无缘无故地出现某种现象。而且，人的任何行为（包括生病）都在一定的情况下发挥着正面功能。因此，搞清楚病因就必须找到潜意识试图通过生病实现的正面意图。

通过研究人们的潜意识，我得到一个结论，他们的疾病经常完成着某种不为患者所知或没有明确意识到的功能。举几个例子就可以说明这一点。

一个上年纪的妇女来找我看病。丈夫去世一段时间后，她开始出现头晕、走路不稳等脑循环方面的障碍。她认为她的病是对亲人去世的反应。的确如此。但她没想到，潜意识还借助疾病使她得到了孩子们的关注。这是怎么回事呢?

原来，她有三个成年的儿子，全都不和她住在一起，各自有妻子儿女，很少来看望她。丈夫去世以后，她觉得十分孤独。自然，这段时间她需要很多的关心和支持，可是却没有得到。

病帮她得到了需要的关心——现在至少每天有一个儿子来看她。

每个人都希望别人对自己表示关心。这是很自然和必需的。但是当对周围人的关注、关心、爱抚的要求特别强烈时，健康就会出现问题，因为生病是满足这种要求的最简单的方法。

我们从小就懂得了这个窍门。当孩子生病的时候，他就会得到许许多多的关注、关心和爱抚。父母会提前下班，买回些好吃的东西。而且可以一个星期不用上学！

潜意识可能利用生病完成的第二个功能是**自我保护**。有些人不自觉地利用生病来对付某些具体的问题，有些人则索性用生病逃避现实。

让我们以头痛这种症状为例。请想想，您对不喜欢的人或情况是如何作出反应的——经常是头痛。

当您疲倦了，需要休息时，潜意识立刻释放头部不舒服的信号。

很多女人和男人在不想做爱的时候，经常推说头痛。

当您不喜欢您的工作，不想上班的时候，急性呼吸道感染是可以让您在家躺三五天、顺便休息休息的最有效的办法。

我的一个女病人子宫出血不断，虽然出血量很少，但却使她疲乏不堪。医生发现她有子宫肌瘤，立刻建议她手术。幸好她偶然来到了我这里。她是一个很容易接受催眠的人，所以很容易与自己的潜意识交流。原来潜意识借助子宫出血使她免于和丈夫做爱，因为她不爱他，甚至蔑视他。这个信息使她吃惊。但是随后，当她把与丈夫的关系理清以后，出血便停止了。再过一个月，体检中发现她的子宫肌瘤也消散了。

疾病还经常是阻止不良行为的最后一个办法。例如，咽炎阻止说出不妥的话，关节炎为采取狂暴失控行为设置身体障碍。

我的一个女病人经常犯偏头痛。通过与潜意识交流了解到，她的头痛是为了让她丈夫"着陆"。原来她的丈夫不仅是一位医生，还是教研室主任、教授，习惯于盛气凌人，颐指气使。下班以后，他在家里对妻子的态度与上班时对其他人的态度一样。于是，妻子的头痛很快地打掉了他的傲气，因为作为一个医生，他对妻子的头痛束手无策，连教授的名分也不管用。这样，妻子的头痛就可以让他很快从一种现实转到另一种现实。

人借助自己的病达到目的并没有什么不好。他只是在一定的情况下没有更好的选择，不管是有意识的还是无意识的选择。所以，认识潜意识的

动机并创造一些新的、比生病更好的行为方式就很重要了。

我们的病是我们的意念造成的

每个人都是宇宙的一部分。作为宇宙的一部分，他在这个世界上要完成一定的功能。正是宇宙的最高力量给了我们人（像其他有生命的以及“没有生命”的万物一样）意识，我们用自己的生命过程充实它，而后它被收回。也就是人会以自己的生命为宇宙过程的进化发展作出贡献。

让我们用片刻时间想象一下：人是宇宙这个统一的有机体的一个小细胞。机体中的每个细胞都完成着某种功能，并从机体中得到为此所需要的一切：营养物质及能量。每个细胞都有自己的寿命，逐渐衰老死亡，被新的细胞代替。

与所有的有机体一样，在宇宙中不断发生着两个过程：同化和异化，或曰创造与破坏。健康取决于这二者的动态平衡。平衡一旦破坏，就会出现疾病，这是一种信号，显示什么地方的平衡因为什么被破坏了。

那么意念如何影响这些过程呢?

意念是能量的综合形式，既具有创造力也具有破坏力。

每个人都知道爱、善意、关怀、夸奖和关注对人产生的作用。它们会使人感到幸福、安宁、快乐和健康。

如果一个人总是受到威胁、恐吓和辱骂，如果他自己在头脑中有破坏性的意念，那么他的健康很快就会出问题。

几百年前曾有人做过这样一个实验：

将一只羊拴在一个关着狼的笼子旁边，几天以后羊生病而死。

人们对于自己的意念的重要性估计不足，所以当他们身体出现问题的时候总是吃惊，不知道这些问题从何而来。

那么您经常出现的破坏性意念有哪些呢?

您骂人和生别人气的情况出现频率如何？您希望什么人倒霉？又怜悯哪些人?

人创造了自己的世界，应该对自己的生活负起责任。但他们习惯于把自己的问题归咎于别人，或为自己从未犯下的罪过而内疚。

意念如何发挥破坏性的作用呢？

让我们再次想象一个有机体。如果一个细胞开始对自己或其他细胞或整个机体起破坏作用，那么它马上会生病，或变成癌细胞。

同样，如果您不善待自己，如果有负罪感，责骂自己，您就启动了自我毁灭的程序。如果您将破坏性的意念投向他人，您还是会毁了自己，不过是以间接的方式。因为您是宇宙的一部分，他人也是这个宇宙的一部分。当您将负面意念向他人投射的时候，您同时也否定了自己的存在。

现在讲一个我行医中遇到的具体例子。一个患子宫肌瘤的40岁妇女来看病，肿块是在5年前出现的，以后逐年增大。人们建议她手术，以防肿瘤从良性转为恶性。但她决定尝试一下我的治疗方法。在与潜意识建立联系以后，潜意识向她“揭示”了出现肿瘤的原因。原来肿瘤的出现是因为她对丈夫积蓄已久的怨气。

5年前，在一场严重的家庭纷争后，她的丈夫开始酗酒，而且一年比一年厉害。家中总是冲突不断：骂人、争吵、打架、互相侮辱和指责。她的肿瘤就是积攒了5年的怨气。为什么长在子宫呢？因为怨气是针对丈夫的。

也就是说，这个女人的女性特质受到了伤害，而子宫正是象征其女性特质的器官。经过更深入地“挖掘”，我们发现，在结婚之前她的月经就不规律。而月经紊乱的原因是她对自己作为女性的负面态度，而这种态度是母亲传给她的。另外，她母亲与她父亲的关系就不是太好。

这位妇女意识到，她的病和丈夫的行为与她对自己、对男人的态度有关。她用一些方法（这会在后面谈到）改变了态度。她开始爱和尊重作为女性的自己，爱护自己。她对男人的态度改变了，对人、对世界的态度也发生了很多改变。她接受了顺势疗法。于是她的肿瘤在一年时间内消失了。此外，她与丈夫的关系也正常了，而他也不再酗酒。

应当指出，出现这样的结果完全是因为那位妇女对自己下了很大工夫。

她有着很强的康复愿望。她没有去找外科医生和吃药。她转向自己的内心，消灭了疾病的根源。

过去的痛苦经验

您大概已经注意到，我举的大部分例子，都需要在过去的经历中寻找

病因。因为在潜意识中保存着我们生活的所有信息。几年前经历的事件和当时形成的对其负面的态度，会影响我们现在的生活，造成个人问题或疾病。

潜意识具有惊人的学习能力。它可以一下子学会某种东西。这种情况可能出现在因为恐惧、震惊、失去亲近的人、遭到背叛、被人欺骗而使情绪发生剧烈波动的时候。然后潜意识会在某些情形下一再回味这些事件。例如，由于某个行为产生的负罪感可能改变人的一生。

一位妇女带着一个14岁的女孩来看病。女孩总是洗手，每天好几次，一洗就是20~30分钟。精神医生诊断她患有“精神分裂症”，已经开始使用强力的精神药物，实行“胰岛素休克”治疗。

女孩很容易催眠。我没有浪费时间，马上让她进入深度催眠状态。潜意识告诉我这样一段往事：

在她9岁的时候，她得到一个生日礼物——有波浪纹的小鹦鹉。因为还没有笼子，鹦鹉在房子里自由自在地飞来飞去或到处溜达。有一次，小女孩跑进厨房时没看到地上的鹦鹉，踩到了它。小女孩把鹦鹉捧在手里——它已经死了，小女孩的手沾上了血。这个孩子觉得鹦鹉很可怜，可是她更怕妈妈对这件事的反应。因此她把鹦鹉埋在房子旁边的灌木丛中，而对妈妈说，鹦鹉从窗子飞出去了。

一方面想承认，一方面怕父母，所以负罪感成为女孩这种奇怪举动的原因。潜意识其实是试图将手上的血点洗掉，同时洗掉负罪感。

当女孩子从负罪感中得到解脱之后，她的行为就完全正常了。

可是这件事中还有一点很有意思。当我将女孩子催眠之后，她妈妈坐在旁边，也自动地被催眠了。母亲也有毛病——她一坐下就忍不住晃腿。而在这次和女儿一起被催眠之后，她也改掉了这个奇怪的行为。也许她的潜意识也在这个过程中经历了过去的某件事，并改变了对它的态度。

还有一个例子。

一个17岁的少年来找我看病。开始他很长时间说不出自己有什么问题，因为非常害羞。但是后来，他终于红着脸支支吾吾地说出，他在与女孩子交往方面有问题。而且不是这个年龄的每个男孩子都有的那种问题。他可以跟她们正常交往，但对她们没有性要求。而且，一年前他开始对男性产生了性要求。他对此很害怕，不敢跟人说。他在叙述中不断说："医生！我不想当同性恋。我想当一个真正的男人。我想对女人感兴趣。"

当他到潜意识中找答案时，他想起了一件导致他性向倒错的事。

12岁时，他理所当然地对女孩子的身体结构发生了兴趣。他们班有一个发育很好的女孩子，第二性征全都出现了。有一次他和一个朋友决定亲自动手认识女孩子的身体。他们趁她上厕所的时候，把她挤到墙角，动手验证了丰满的胸脯、有弹性的屁股等特征。他们的兴趣得到了满足，但事情远没有到此结束。那个女孩子当天就跟妈妈告了状。女孩的妈妈找到我的患者的妈妈，把事情描述得好像他们几乎强奸了她。妈妈把儿子痛打一顿，边打边说："再也不许对女孩子做这种事，记住了吗？永远不许！"

随着时间的推移，这件事被淡忘了。但潜意识在那个时候做出结论，既然不能对女孩子感兴趣，那么可以对男孩子感兴趣——因为对男孩子的关系中没有禁忌。

我的患者很容易地搞明白了自己的病因，然后他的行为就完全正常了。

如果有什么事情让一个人难过，而他又无力解决，他就会尽力压抑痛苦，也就是将痛苦赶到潜意识的更深处。但是这些情绪会在一定的情况下冲破意识显露出来。在这种情况下，我们的任务就是仔细地研究病灶，然后消除。

一个7岁的小女孩鼻子过敏，流很多鼻涕，每月发作一次，这是半年前开始的，其原因是小女孩的叔叔（一个17岁的小伙子）应征入伍了。当时正在进行车臣战争，而他的部队驻扎在与车臣交接的达吉斯坦。此外，年轻人最近一段时间住在小女孩家，她对他产生了依恋，特别是因为她的父亲整天忙于工作。

所以，鼻涕不是别的，而是潜意识的眼泪，是由小女孩的恐惧、怜悯和悲伤等情绪造成的。

灌输的力量

我认为，我们的很多思想是在我们生活的某一时期、某一刻被灌输的。而有些看法是我们经过逻辑推理独立获得的，但在这个过程中要依靠已有的经验。因此，我们的潜意识程序是他人或我们自己通过灌输和说教

建立起来的。最初是我们的父母通过多次重复将一些观念灌输给我们，然后是老师和同龄人，最后我们自己已经不断地在脑子里叨念了。

但并非总是要经过多次重复才可以植入某种思想。传递这样或那样信息的不仅仅是语言。孩子经常复制父母的行为，也和他们得同样的病。例如女孩子患痛经可能只是因为她看到母亲一辈子被痛经所折磨。

有的时候一个想法可能瞬间植入潜意识，例如在情绪剧烈波动的时候。我已经举过这方面的例子。而在某些情况下，外科医生或麻醉师的一句不经意的话也可能植入负面的思想。

有一个右侧腹股沟疼痛的年轻妇女来找我。医生的诊断是慢性子宫附件炎。疼痛是3年前忽然出现的。当时，医生根据各种症状，断定是阑尾炎并做了手术。盲肠确实发炎了，可是手术后疼痛并未消失。于是外科医生让她去看妇科。妇科医生也做了诊断，开了药，可是没有用。还请了特异功能者作法祛邪，但也没有结果。她走投无路，决定试试顺势疗法，便来请我帮助。顺势疗法使她的情况明显改善，可是过了一段时间疼痛又开始了。这时患者对我说，她怀疑问题不在于卵巢，而是另有原因。我们决定到潜意识去弄清楚病因。

做到这一点并不容易。我们先与潜意识建立了正式的联系，然后慢慢“摸索”出成为病因的事件。虽然非常奇怪，但是这个事件原来就是手术。我给病人催眠，把她带到过去，带到手术进行的时刻。手术采用的是静脉注射麻醉的方式。

“我听见医生们在谈论什么问题。”被催眠的病人说，“对了！这是麻醉师。他在我的右面正在摸脉搏。现在他在说话，他的声音直接冲着我：‘没用。肯定一切还是老样子。’”

我让病人回到更早的时间，仔细听听医生们在说什么。

“有空调的声音，我听不清楚。哦，他们在谈论他们的主治医生。他们说他不给他们发工资，而他自己却按时拿工资。有一个人建议大家一起去找他。麻醉师说，肯定一切还是老样子。我明白了，他说的不是我。”

病人醒来后很高兴地说，她知道了自己弄错了。第二天她给我打电话说，她全好了，感觉好极了。

一些病人可以不用催眠就回忆起手术时发生的一切。很多医生根本没有意识到，他们拥有多么“强大”的帮助病人的工具，其强度不亚于麻醉。好的医生在手术时不仅会说话谨慎，而且会做一系列有助于加快恢复、痊愈及伤口愈合的积极暗示。

注意您说的话

如上所述，潜意识对一切信息的接收都取其字面意义，也就是说，如果一个词或一句话有双重含义，那么潜意识会对两种含义都加以处理。

要注意您在日常生活中说的词和句子，如果您的语言中充满了类似“我简直疯了……”“这些孩子真让人头痛……”“头都晕了……”等等，就要注意了。

现在让我们把具有双重含义，并可能引发某种疾病的句子列张单子。您自己可以把这个单子继续列下去：

——这让我恶心

——这简直让我吃不消

——是一块心病

——这件事让人感到不是滋味

——看着心疼

——眼不见为净

——不想看见你

——不想听见你说话

——这些孩子真让人头痛

——头都晕了

——搁在心里

——心疼人的（好心的）

——心里压了一块石头

——我对这事提不起兴趣来

——豁出命去

——我简直要疯了

——腰都要断了

——这一切都横在我的喉咙里（让我厌恶）

——没有出声的权利

——气得喘不上气

——一大把病

——攒下了一堆不愉快

现在请想一想，您在交流中使用的是些什么句子？

这些语义双关的句子反映出您对某种东西的态度，因此必须首先改变态度，与此同时在您的语言中就会出现新的词汇。

一位年轻的女教师说她经常哑嗓子。我仔细询问了她的工作后，明白她根本不喜欢这个工作，最后她说："这些孩子已经横在我的喉咙里了。"说话时她还将手掌横搁在甲状软骨的位置。

我建议她换个工作，或是改变对孩子们的态度。

产生疾病的主要机制

1. 隐蔽的动机，也就是潜意识借助疾病实现某种正面的意图；
2. 破坏性意念的影响：疾病是我们意念和行为的外部反映；
3. 过去的痛苦经验——经历过的情绪波动；
4. 灌输效应——通过灌输造成疾病；
5. 使用双关语。

因此：

1. 人们自己造成了自己的病，也就可以通过去除病因自己治愈它们；
2. 病因在我们自己的内部，而不是外部，包括如下几种：
   a. 不了解自己生活的目的、意义和使命；
   b. 不了解和不顺应宇宙的规律；
   c. 在意识和潜意识中有不良的意念、感情和情绪。

3. 疾病是平衡以及与宇宙的和谐遭到破坏的信号。要抱着尊敬的态度对待自己的病，要接受和感谢自己的病；

4. 疾病是我们不良的意念、行为和意图的反映，是潜意识对我们的保护，保护我们免受自己的破坏性行为或意念的伤害。

第三章 破坏性的思想

我再说一遍，我们的病是我们的意念和情绪的外在表现。您已经明白，意念是能量的综合形式，既具有创造力，又有破坏力。我们应该时刻记得，我们的意念一定要物化，要反映在物理世界中。正是我们（而不是别人）的破坏性意念造成了疾病和个人问题，它是一个信号，提醒我们，潜意识已经启动了自我毁灭机制。

很多人根本没有想到，我们那些说出和没有说出的话中蕴藏着多么巨大的力量。我们不会小心地选择语言，我们总是不经考虑，下意识地脱口而出。我们早年学会了语法规则，而现在我们利用这些规则来表达自己的感情、情绪。但是没有人告诉我们，我们赋予语言何种形式，而后这种形式就将变成相应的生活经验回到我们的生活中。请记住这句谚语：“种瓜得瓜，种豆得豆。”

大家都知道自然界的能量规律——能量不灭，它会转化为其他形式。因此，如果您对某人某事发出了所谓否定的或破坏性的意念，那么应该有另一个人接收了它。您的愤怒和仇恨最终会重新回到您身上（物以类聚），但力量更大，携带着更多的恐惧、悲哀、忧郁和各种令人压抑的状况，而这将更加难以承受。于是您会一再地试图通过将这些意念发送给别人来摆脱它们。于是这种情况会一直循环往复，直到这个循环被疾病或创伤乃至死亡打破。

下面我想指出，所谓不良的意念其实并非不良，因为潜意识试图借助于它们实现正面的意图。例如，像怨恨、仇恨、愤怒、贪婪、醋意、嫉妒等感情和情绪，都是为实现某种正面意图服务的。而一个具有这些情绪的人并不比正人君子差。也就是说恶人并不比善人差。圣人也不比杀人犯强。在上帝面前人人平等！只是这些攻击性的意念本质上是破坏性的，如果一个人在生活中有这些东西，那么他就应该为这些情绪可能带来的后果负责。因此选择权在您的手中。

那么，这是些什么意念，它们又会造成哪些疾病呢？

骄傲，自私

“你太把自己当回事了，”唐望缓缓地说，“你把自己当成了不起的大人物。这必须改正！你太骄傲了。你认为自己有权利因为任何理由发怒。你太骄傲了，当遇到不顺心的事情时，你可以允许自己拂袖而去。也许你认为那样可以显示你的性格。但这是扯淡！你是一个又软弱又妄自尊大的家伙！”

我想反驳，但唐望不让我说话。他说，由于过度膨胀的傲慢，今生我将一事无成。

我被他的笃定镇住了。但他说的一切全是真的，这不仅使我恼怒，也使我害怕。

“自傲就像一个人的历史，是那种应该摆脱的东西。”他一字一顿地说。

卡洛斯·卡斯塔尼达《前往伊斯特兰的旅程》

在基督教中这属于一种最严重的罪孽。应当说，这是不无道理的。很多痛苦和疾病，而且往往是无法治愈的致命的疾病，正是由于骄傲自大导致的。一切致命的意念和情绪的根源正是骄傲。

当一个人认为自己高于或低于某人的时候，他便开始谴责、轻蔑、仇恨、愤怒，自以为是。高人一等的自大心理可以产生傲慢和（用语言、思想、行动）贬低别人的意图。自大会派生出许多下意识的敌对情绪，而它们早晚会反过来危害这个心怀敌意的人本身。

这种感情意味着一个人想将自己、自己的理性和智慧置于宇宙、上帝以及世界上任何人与物之上。一个骄傲的人无论如何不能也不愿意接受自己生活中受挫的情形，也就是那些与其期待不符的情形。他对周围世界有自己的理解，他认为只有这种理解是最正确和最好的。他想征服周围世界，为此经常采取强制的手段。因此，任何不符合他的世界观的情形都会在他心中引起敌对情绪：暴怒、怨愤、仇恨、蔑视、嫉妒、怜悯等等。而这些也会导致各种疾病和死亡。

骄傲是感觉自己的内在价值高于其他人。这首先是因为不懂得自己在宇宙中的正确位置，自己的使命，缺少对生活目的与意义的认识。于是，所有的能量都被用来证明自己的正确以及与周围的世界做斗争。请想一想，一个细胞与整个机体作斗争，不考虑整个机体的利益，只维护自己的利益。机体会需要一个这样的细胞吗？细胞可以把自己的要求强加给机体吗？不，机体将尽力摆脱它，否则这样的细胞会变成癌细胞。

《圣经》中有很多关于骄傲的至理名言：

骄傲来，羞耻也来，谦逊人却有智慧。
骄傲在败坏之先，狂心在跌倒之前。
心里谦卑与穷乏人往来，强如将掳物与骄傲人同分。
败坏是果，人心骄傲；尊荣以前，必有谦卑。
恶人发达，眼高心傲，这乃是罪。
敬畏耶和华心存谦卑，就得富有、尊荣、生命为赏赐。
人的骄傲，必使他卑下；心里谦逊的，必得尊荣。

那么如何摆脱这种致命的感情呢？

我已经说过，人的任何行为都有其正面意图。骄傲作为一种思考和理解周围世界的方式，也有其正面的意图。这种意图是多方面的，包括追求完美，希望感觉安心和舒适，向全世界展示自己。

行为方式：	**正面意图：**
骄傲	感觉自己与众不同，极具价值，出类拔萃。意识到自己的使命。追求自我和周围世界的完美。

每个人都想感觉自己不是白白地生活在这个世界上的，感觉自己的生命被赋予某种意义。但是用对他人的傲慢来感觉自己的价值和出色，这意味着在潜意识中写下了消灭其他人的世界的程序。因为如果我是高级的和优秀的，那么他人就是比较劣等和比较低下的。但是实际上，我们都是同等水平的。骄傲造成了最严重的潜意识敌意，然后以最强大的自我毁灭程序，以创伤、不幸事件、不治之症，最后以死亡的形式返回来。

重要的是要明白，人没有好坏，也没有优劣。人只是人而已，只不过我们将其塑造成了我们希望看到的样子。人把自己抬得越高，就摔得越重。他越想在别人面前炫耀，别人对他的看法越差。

骄傲的人是封闭的。他不愿意接受他人的世界，因而使得自己的世界苍白而贫乏。最终这会导致孤独和死亡。

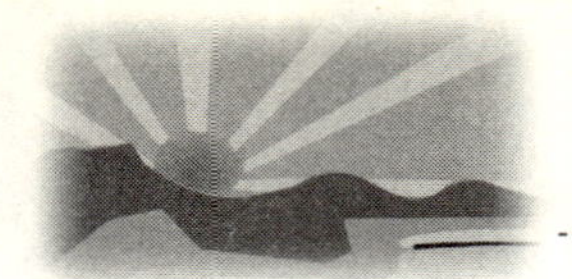

我从自己的行医生涯中看到，很多疾病都是因为骄傲导致的，可见摆脱骄傲又是何其重要。

一个患有严重抑郁症的中年妇女来我这里就诊。她的整个病程伴随着剧烈的头痛和身体的不适。实际上她已经试过所有的方法了。那些有特异功能的人或巫婆神医也无能为力。

在被催眠的状态下，她转向自己的潜意识，以便搞清楚病因。得到的回答出乎她的预料。

“我引起疾病是为了让你痛苦，”潜意识回答说，“我希望通过痛苦让你摆脱骄傲、吹牛、傲慢以及对他人的怜悯。那样人们就不会再嫉妒你。只有摆脱了这些感情，你才能获得安宁。”

请为自己编写摆脱骄傲的程序。为此首先要对自己的生活和命运负起责任。那样您马上就再也不需要责备别人和自己了。

要学会接受自己生活中的任何境遇——不要心怀不满与怨愤。不仅要接受，还要为这些事件感谢上帝，感谢自己的潜意识，不管乍看起来这些事件有多么糟糕。大家都知道一个谚语：“上帝所给的一切都是为我们好。”应该学会在任何的境遇中找到好的方面。有的时候它很明显，有的时候则是隐藏的，不容易被意识发现，而且我们经常事后才意识到我们从中汲取的教益。

我在中学毕业后马上来到彼得堡考军医大学。我父母很希望我成为一名军医，我自己也不反对穿军装。可是我的军医梦破灭了，因为没有通过医学委员会的考试。但我并没有懊恼沮丧，当年就考入了一所医学院。几年以后当我想到那些不让我及格的军医时，心里充满感激。

什么是接受？这就是深深地认同我们生活的世界是和谐公平的，我们对生活中发生的一切都应该没有怨言、没有不满与怨恨地接受。不管您的生活中有什么遭遇，都把它当做上帝的礼物来接受。要平静地经历这种境遇，让思维驻足片刻，想想，您是怎样造成这个局面的。要在实践中运用您已经了解的规律：“外在反映内在”和“物以类聚”。想一想，您应该从这一遭遇中汲取哪些教益？

学会接受境遇是一种艺术。在基督教中这叫做恭顺。“打你的左脸，就把右脸伸过去”。我很长时间都不明白这句话的含义。很多人都不能接受它，因为他们是从表面上理解它，没有看到它隐含的涵义。现在我懂得了：在表面上，在意识层可以表达对境遇不妥协的态度，可以力图改变它；但是在内心，在潜意识层面，也就是在心灵里，则要心悦诚服地接受它。

意识的功能是对潜意识呈现给我们的生活事件进行观察和评判。因此意识可以表达不满，但潜意识必须接受现实。我们自己造成自己生活中的所有事件，只有我们改变内在以后，外在的改变才有可能。

要学会原谅别人，全盘接受他们。事实上，原谅别人就是原谅自己。请记住，每个人都生活在自己的世界中并创造自己独一无二的世界。正因如此，每个人都是独特的、与众不同的。

请想象一下人的机体。其中有亿万个细胞，各种各样的。是什么把它们连为一体？是生命！顾全整体就是服务于完整的机体。在这个层面上，所有的细胞都是平等的。细胞没有好坏。心脏细胞或脑细胞一点也不比直肠细胞优越。它们不能离开彼此而存在。任何机体都是一个深度平衡的系统，所有的细胞都彼此联系。

与此同时，每个细胞又是独一无二的，因为都为整个机体的顺利运转发挥着其独特的功能。如果一个细胞能很好地完成自己的责任，就可以从机体得到它需要的一切。

在敏感的潜意识层面，每个人都是宇宙的一部分。不仅是人，任何生物、任何物体都是如此。在此我们都是平等的。一个共同的目标把这个世界上的一切连为一体：对于整体，也就是对上帝、宇宙、最高理性的向往。每个细胞都为共同的宇宙发展过程作出独一无二的贡献。我们的方向一致，但途径不同。一个人感觉到自己在世界上的价值、重要性与独特性是很重要的，但不能采取蔑视别人的方式，因为所有人与物都各有其重要性。

当我在海边休假的时候，特别喜欢迎接早上的第一缕阳光，在傍晚送

别落日。这似乎循环往复的过程，每次却都可以带来新的感受。

有一次，我站在水边迎接黎明，久久地注视着那条从太阳一直延伸到我脚边的金光闪闪的路。那是一种具有魔力的景象。太阳的反光和大海的涛声令人迷幻。很想沿着这条路走向太阳。只有内心的一个东西在阻止这样做。也许那是对这个世界的留恋和对失去什么东西的恐惧。

然后我沿着海岸走出几米，又停下来看太阳。我的脚下依然有一条阳光铺就的道路。

离我不远还有几个人，也在迎接黎明。我看着他们，想到，每个人都有一条阳光之路，而每个人对它的感受却各不相同。

生活中也是一样。每个人都走自己的道路。而每个人最终都会得到他寻找的。每个人的寻找各不相同，这是潜意识的寻找，通过一定的生活经历进行。而在这条路上，与一个人共始终的只有他个人的历史和命运。

我想，如果人们学会毫不反抗地接收生活中的一切境遇，将所有的事件看做学习的课程而非压力，从中学习，也就是在任何的境遇中都能得出积极的结论，那么生活便会非常美好。

有一种很好的练习，我推荐大家经常做一做。

调整姿势，舒服地坐好，放松。让自己的理性及内心对话停下来。想象眼前有一片闪亮的淡蓝色。现在想象这片淡蓝色自内部向您全身蔓延，变得越来越明亮。这时将思想转向上帝。您信仰的是上帝或宇宙的理性都没关系，您想象的任何作为宇宙之源的理性都可以。您向这宇宙间最高的存在提出一个不寻常的请求。不要为自己求任何福祉，哪怕不是物质方面而是精神方面的也不要求。您只请求这种力量进入您内心，控制您，跟您一起做对您自己和宇宙来说都和谐的事情。您提出一个请求——帮您在宇宙间找到您命中注定的和谐之所。让您进入融入世界体系的最佳状态，达到一种完善、平静与安宁的状态，从而感受到真正的幸福与自由。

如果在做这番祷告之时或其后您想立刻活动或换一种不习惯的坐姿，或许只是走动走动，用特别的方式呼吸，甚至跳舞——都听其自然。这是您的冥想的延续，是其动态的一部分。宇宙可能回应您身体发出的准备合作的信号。

用专家的话来说，经常做类似冥想的人可以准确地模仿不同修行体系的练习与要点——通过完善身体来完善心灵的一切灵修方法，这是长期以来人类智慧的结晶。

骄傲还有一个经常被忽视的方面，甚至神职人员也是如此。其实骄傲不只是对周围世界高傲的态度，产生对外部世界的攻击性，还包括对自己的贬低，这种针对自我的骄傲也会产生敌意。各种宗教派别都教人们如何正确对待他人，对待周围世界，但很少关注正确对待自己的问题。其中很多派别的基础是负罪感、恐惧以及因罪过而遭到惩罚。这些教派教人们尊敬上帝，尊敬造物主，而对上帝的爱其实起源于对自己——上帝的一部分——的爱。因为上帝在我们每个人的心中。例如，如果一个人因为某个行为而骂自己，那么他就是在骂上帝，而这已经是骄傲的表现了。耶稣基督教导人们说："要像爱自己一样爱亲人。"

因此，理解周围世界与宇宙规律要从改变对自己的态度开始，而通过自我改造和自我完善可以达到改变周围世界的目的。

批评、要求和不满

先去掉自己眼中的梁木，然后才能看得清如何去掉你兄弟眼中的刺。

《马太福音》

批评是对一些缺欠的评价和揭露，是对某人某事的负面评价。批评是骄傲的一种派生物。

经常批评或训斥别人的人希望他人符合他们对于世界、对于生活的想象。他们认为自己的意见是最正确的。但是他们错了。他们用批判性思维表达出与他人的分歧。他们在敏感的潜意识层面或能量层面攻击他人，也就是攻击其他的世界。

可以针对任何对象表示不满：亲友、政府、过去、命运、上帝。对谁，对什么不满，就启动了对他（它）们的毁灭程序，相应地，您的潜意识中也启动了反向的自我毁灭程序。

但是请问，谁给了他们那个权利——干涉别人的生活，别人的世界？

对周围世界的不满和苛求可能导致严重的疾病。

我们发现，具有批评倾向的人经常患关节和喉部疾病。经常表现不满与苛求，批评自己和周围人的人易患风湿病。这是因为他们固执己见，不善变通，听不进别人的意见。他们的自傲膨胀到了极点。

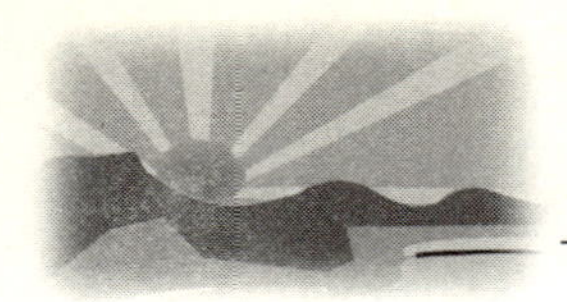

我接待过一个重病男子。在我们的谈话过程中，他不止一次地骂政府、骂法律。他的话语和语气中充满着怨怒和愤恨。而他的病因正是这些情绪。

人们就是这样唾沫飞溅地在指摘和咒骂一切的过程中维护其贫弱的世界模式。同时他们制造了自己的疾病和生活中的问题，但很多人甚至在面临死亡的时候也不想改变其根深蒂固的原则。在别人眼中可以发现一根刺，而在自己的眼中呢……难道抱怨和不满能改变什么吗？“先去掉自己眼中的梁木，然后才能看得清如何去掉你弟兄眼中的刺。”

和其他任何行为一样，批评也有其正面意图。当我们批评某人的时候，我们是希望他更好，希望他改变自己的行为。当我们批评政府的时候，我们希望它变得更加完善。我们的意图是非常好的。

行为方式：	**正面意图：**
批评，不满，要求	希望改变（某人、国家、世界）；使某人某事变得更好；追求完美。也就是说，最终目标是与美好的人生活在一个和谐的世界上。

意图是好的，但实现意图的方式好不好呢？

首先，您生活在自己的独一无二的世界中，而他人的世界也是独一无二的。当您试图改变别人的时候，就是在信息—能量层面侵犯他。您对他的行为表示不满就是在攻击他。事实上，您以自己的进攻在能量层面破坏着别人的世界，而进攻必然引起反攻。

我们来看一个例子。如果您不喜欢另一个人的某些方面（例如妻子或丈夫的行为），您就会力图改变现状。您就会表达自己的意见或不满，提出批评，也就是试图对这个人产生影响。在潜意识层面便产生了侵略性。于是开始发起进攻。对方则被迫自卫——发起反击。

一个女人的丈夫酗酒，她瞒着丈夫在他的酒或食物中加入了戒酒的药。没有人想过他酗酒的原因是什么。不仅如此，这个女人自己也不想对自己的生活负起责任，也就是说，她不想弄清楚，是自己的什么行为将这样的男人吸引到自己的生活中来。于是她便对另一个人的世界公开施以暴力。然后，当丈夫打她的时候，她又感到震惊。

还有一个例子。一个姑娘爱上了一个男人，她找一个巫婆求了“爱情咒语”或“魔草”，以便迷住所爱的人。她念了几遍咒语，又做了别的一些法事，果然“得到”了心爱的人。但过了一段时间以后，和他在一起的生活变得无法忍受。此后这位姑娘无论如何也无法使自己的个人生活步入正轨。这全都是因为她开始的时候对另一个人的世界施行了暴力，这当然不会带来任何好结果。这样做带来的后果显而易见，所以我奇怪的是，为何至今仍有人用这一类的旁门左道。要知道这早晚会导致疾病、不幸和痛苦。

再说，我们自己造就自己的世界，也就是说，是我们自己将某类人与某种境遇拉入自己的生活。我们有什么权利批评别人呢？如果您不喜欢别人的某些方面，那么反省一下自己——您也有这样的行为。因为同质相吸。外部的境遇都是我们的观念、意念的反映。因此，当您不认同某人时，您就是在跟自己作对。

如果您想不改变自己只改变别人，您不会得到任何结果。不要试图改变自己的亲友。如果您不喜欢他的某些方面，那就要在自己身上找原因。

一切都很简单。当您对周围世界（而周围世界就是您的世界）表示不满的时候，您就是在对自己表示不满。当您向周围世界挑衅的时候，您就是在挑衅自己，同时启动自我毁灭的机制。

如果您想改变别人，就先从自己做起。

你改变了自己的行为，那样别人就不得不以新的方式应对你。如果您希望您生活的国家和世界更加美好，那么应该停止批评和表达不满。您应该明白，这不会带来任何好处，而且常常恰恰相反。如果您批评某人，就不要指望他会变好。

那么在这种情况下也要从自己做起。要在自己身边建立爱与和谐的氛围。您通过改变自己的世界、自己的思维方式，可以对普遍模式、对宇宙作出积极的贡献。因为您就是宇宙的一部分。

如何避免那些毁灭性的行为呢？

承担责任！您的世界在您的掌握中。把错误归咎于别人并指责别人是愚蠢、无益甚至危险的。从自己做起。改变自己的思想和行为，那么周围

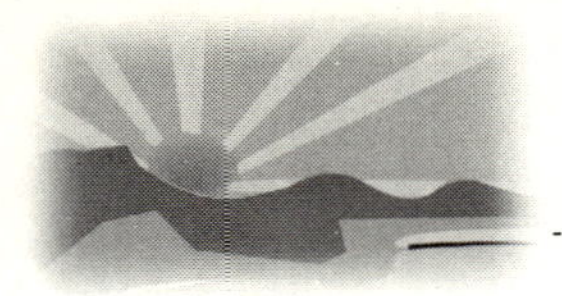

的世界也会改变。新的思想会造就新的境遇。

学会接受！接受其他人、其他的世界、其他的体系和其他的模式。无论是思想还是行为，都要善于变通。考虑方方面面的观点和见解。因为不只您一个人的世界是独一无二的，其他人的世界也同样如此。大家都朝着同一个目标。只是每个人的生活轨迹不同而已。

尊重别人！要学会尊重和您一起工作、生活的人；尊重您所处的政治体制、法律和国家。

请记住，他人及其情感世界是神圣不可侵犯的。永远不要试图改变别人。对周围世界的尊重是您康乐的保证。

学会赞扬和称赞！尽量在人们身上只看到好的、正面的、有益的东西。请记住，每个人都有好的和坏的品质。如果您的意念纯洁，那么人们就会向您展示其好的一面。

要赞美！赞美人，赞美周围的世界。记住，不仅您是与众不同的，他人也是与众不同的。

由此我想起了和我的一个病人的谈话。她和她的上司关系不好，他总是批评她，对她的工作百般挑剔，让她做额外的工作，克扣她的工资。

我问她，现在她对他的看法如何。

“我受不了他。”女士回答。

“您是怎么走到这一步的？”

“他一开始就对我不好，以后越来越坏。”

“您什么时候第一次发现他‘坏’？”我问道，“也许还是在跟他打交道之前吧？”

“是的。我第一次上班的时候，一个跟我很熟的女同事就告诉我他们的领导很可怕。我马上相信了她。”

“也就是在见面之前，您对他的看法已经形成了？”我问道。

“当然。”患者表示同意，“您是想说，我自己造成了他对我的负面态度。”

“正是。”

“也许您是对的，医生。我们的一个女同事跟他的关系特别好。当我们问她是如何做到的，她回答说，她喜欢他这样的男人和上司。我们当时还笑话她，因为他又矮又胖，还谢顶。这可不是我理想的男人。”

“那么您从今天就开始在他身上寻找优秀的品质。我相信，一定有很多。每个人都有好的品质。要开始尊重他，爱他。把他当成一个好领导和好人。和同事们交流的时候一定要赞扬他，一定要让他知道为何赞扬他。在这样做的时候不能有任何虚情假意，要真心实意地表达。”

一个月以后，我再次和她见面。她在工作中的改变非常惊人：与上司、同事关系良好，工资提高，并且升了职。

谴责

你们不要论断人，免得你们被论断。因为你们怎样论断人，也必怎样被论断；你们用什么量器量给人，也必用什么量器量给你们。

《马太福音》

当您批评某人某事的时候，只是表示对某人某事的不满或不认可，您认为您的世界观是最正确的。谴责却危险得多。它更深入潜意识，会导致更严重的疾病。

一个男患者罹患性病。

原因在他自己身上。如果某个女人拒绝与他同房，他就用这样的想法安慰自己：“如果她不想和我睡觉，就说明上帝在保护我，不让我和她约会。她可能有病。”他从未想过，女子不想和他来往可能仅仅是因为他不合她的口味——他把自己看做非常有魅力的男人。可是他的想法已经发向宇宙。如果那位女子是健康的，他的想法就会以病的形式返回他自身。

“勿谴责别人，那么你们也不会受到谴责。”

我们在谴责别人的时候会把我们自身的一些东西安在对方身上。因为我们所交往的并不是那个人自身，而是我们在潜意识中已经塑造好的形象。

让我们来设想这样的情形。一位很久不见的朋友，他在这些过去的岁月中可能已经发生了很大变化，可是他在我们脑海中还是过去的样子。这个形象会占据支配地位。

近来我得到一个结论：人，无所谓好人坏人，人就是人，只不过形形色色。是我们用意念将他们变成好人和坏人，然后为此买单。每个人造就自己的世界。我们将自己想象出来的东西拉进自己的世界。当我开始改变

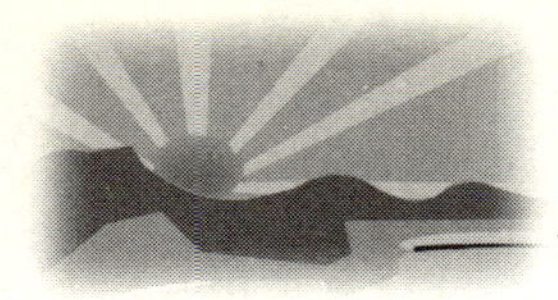

自己的意念，我在生活中就开始处处遇到善良的人，在公交车上、在市场、在国家机关。

如果我们谴责什么人，我们自己很快就会变得和他一样。

我和妻子都喜欢克里米亚半岛南岸一小片僻静的海滨浴场。

我们经常去那里。有一天我们决定清理这片地方。我们收了两大筐垃圾。当我们把垃圾搬走的时候，妻子失手把筐掉落在地上，垃圾撒了一地，瓶子摔得粉碎，玻璃碴迸得到处都是。

“你老实告诉我，”我问她，“收垃圾的时候你在想什么？”

“我很愤恨，我谴责那些在自己休息的地方扔垃圾的人。现在我全明白了。不能谴责别人。有些人就是喜欢在肮脏的地方休息，所以他们会把周围弄脏。我喜欢在干净的地方休息，因此我清理这个地方，做这件事不应该带着情绪。”

我可以说出我对他人的看法或判断。这只是我的意见。可是我不应该谴责他。应该把周围世界和每一个人看做无限的秘密和谜来接受。而对自己也应持同样的态度。然后努力破解这个谜。

谴责来自骄傲和自私。它与批评具有同样的正面意图。人们互相谴责并谴责社会，是希望变得更好。

行为方式：	**正面意图：**
谴责	希望改变（某人，国家，世界），使某人某事变得更好，追求完美。归根结底也是希望和一些好人生活在和谐、公平的世界中。

意图是好的，但方式不好。在谴责别人之前，应该想一想您的内心是否和谐？将一些不快和疾病带给自己和自己的孩子是否值得？

谴责有什么作用？它会带来什么后果？如果我们谴责一个人，就意味着潜意识启动了消灭这个人的程序，然后自己承受反攻和破坏的程序。我们在信息—能量层面将承受“反击”，因而遭遇一些不顺遂的事情以及疾病。

有一个男人来看病，他说他抑郁、不安、恐惧，不想活下去。其原因是对别墅的两位邻居怀着强烈的仇恨和谴责。在他病情加重的几个月前，他曾与他们因为几米的地方发生了严重的冲突。

一个人越是重精神，他的谴责情绪越是危险，而这种危险首先是针对他本人的。

如果您谴责一群人，那么强大的反攻力量便向您袭来，而且将攻击您的孩子。因为孩子们不仅要为父母的行为承担报应，而且也会因为他们的意念遭报应。成年人要为自己的孩子负责。

有些人谴责吸毒者和罪犯，有些人谴责同性恋者，很多人谴责某些民族和国家的全体成员。就在不久以前，我们国家的人民从小就被教育谴责和仇恨资本主义。而现在需要花好几代人的时间来抛弃父辈和祖辈的这种观念。而老一辈还经常谴责政府，却没有意识到，我们的政府正是我们自己的反映，是我们的集体潜意识，也就是对我们最好的。

在一辆无轨电车上，一个男人正慷慨激昂地向坐在他对面的女人大声抱怨：

“我的一个熟人，退休以后去了德国。他来信说，他在那儿可以领到很体面的退休金，还免费做了眼睛的手术。”

“那么您有什么想法？”女士问道。

“什么想法？我觉得冤枉。”男子愤愤不平地说，“您想想，他一辈子为在第二次世界大战中战胜德国的苏联工作，可是在这儿他的退休金却不能按时发放。可是到了德国——在那里又给他发退休金，还给他免费治病。请问，这合乎逻辑吗？合乎逻辑吗？难道在这样的国家跟这样的政府可以正常相处吗？”

其实逻辑很简单。任何的意念都会起作用，好的意念给您带来好处，坏的意念给您带来危害。我甚至要说，任何意念——无论好坏——都会作用于您。只是好的、创造性的意念带来愉快的感受，而负面的意念带来那种你必须学会从正面看待的境遇。

有的人谴责全人类，认为人类不完美，罪孽深重。这些人的孩子简直没有生存能力，因为在他们身上毁灭全人类的程序放大数倍。父母的敌意反映在孩子身上。这样的父母甚至从未想过自己的谴责正在毁掉孩子，摧残他的心灵。

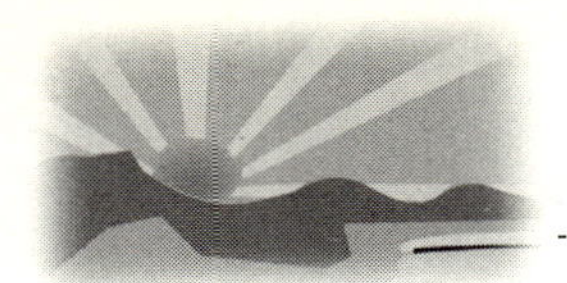

“医生，”我的培训班的一个女学员对我说，“我读了您的书以后开始改变，我发现，我的亲友也开始发生变化。但只有我妈妈的情况还不太好。不久前，”她继续说道，“我妈妈带着我弟弟来到我家。我无法跟她长时间相处。她的敌意很深，看谁都不顺眼！您想想，她看某个电视节目的时候一直在生气：‘嘿，看看这个傻瓜，谁让他上电视的。蠢货！’这还不是最难听的，”她接着说，“您还没听到她用的其他词儿。现在我明白了，为什么我的弟弟得了脑瘫。”

还有其他一些例子。谴责酗酒的女人的儿子反而成为酒鬼。父母谴责和仇视道德败坏、不正直的人，儿子成了吸毒者、酗酒者、罪犯。蔑视妇女的男子容易阳痿，蔑视男子的妇女易患子宫疾病或不孕。

在潜意识层，谴责的作用是缓慢但却是实实在在的，所以会造成严重的疾病，即“不治之症”。最常见的是肿瘤、毒瘾和酗酒。

原来，疾病在阻挡潜意识的毁灭程序。但并非宇宙或上帝给我们这些病作为惩罚，而是我们自己用思想、语言和行动造成了它们。当您改变了自己的思想，病也就不再需要了。

经常听到患者说：“医生，请您给我解释解释这件事。我的女邻居是个酒鬼，每天喝酒、抽烟，带各种男人回家，可是什么病也没有，又强壮又健康。而我不喝酒，不抽烟，一辈子没有一次对妻子不忠——我为什么会得这么重的病？”

“那么您谴责这个女邻居吗？”

“当然了。因为她的生活方式是那么下流。她对社会有什么益处？只有祸害。”

“所以，您正是因为自己的谴责而受苦。像您这样对所有不道德的行为都要谴责的人才是最大的祸害，不仅对社会，而且对宇宙都是祸害。所以您的病才特别严重并且有生命危险——为的是不让您的潜意识毁灭程序继续起作用。您的女邻居也有病，她的病是酗酒。这个病破坏神经系统。她也在受她的罪。可是她喝下一杯伏特加就可以忘掉自己的痛苦。而您要用自己的意念消灭一群人。您记得吗，在苏联时代消灭了成千上万的人，仅仅因为他们不符合某些思想，而现在在这个国家这些思想已经毁灭了。每个人都是宇宙的微粒，都在这里，在地球上完成着自己的功能。那么，谁对于宇宙更加危险呢？”

“那么，您是建议爱所有的坏蛋了？”

“我不赞成他们的行为，但是也不谴责。任何一个罪犯、下流家伙，他们首先是一个人，也就是宇宙、上帝的一部分。既然他们存在在世界上，就是有什么用处的。您谴责他们就是反对上帝、宇宙本身。您要学会接受任何现状。您要学会尊敬他人，不管他们是什么样的人。您根本没有权利谴责别人。让有关的国家机构去审判吧。在谴责别人之前，先要调整好自己的世界，自己的生活。”

“……因为你们怎样论断人，也必怎样被论断；你们用什么量器量给人，也必用什么量器量给你们。”

一个患重病的男子来找我看病。

他的病因是骄傲及其派生物——对他人的谴责和蔑视。

“我不明白，医生，”他气愤地说，“怎么可以不谴责某些人。比如说罪犯、杀人犯。怎么，难道应该爱他们吗？”

“您知道吗，”我解释说，“所有罪犯都是病人。他们的理智不健康。他们没有意识到，在给别人带来痛苦的同时，他们得到的痛苦要强于百倍。一个小偷偷了别人的钱，其实他是偷了自己的钱，因为外部世界是个统一的有机体。既然他们是病人，就要以相应的方式对待他们，心平气和，并对他们的行为表示理解。无需谴责他们，也无需为他们辩护，应该努力帮助他们。”

“对！那我如何才能帮助他们呢？”

“只要祝福他们就行了。”

患者不解地望着我。

“没错，”我说，“不要这样看着我。确实应该祝福他们。不过你知道对他们来说最大的幸福是什么？”

“什么？”

“悔过自新。犯人在哪里可以较快地悔过自新？”

“在监狱吗？”

“完全正确。所以进监狱对犯人来说是最大的幸福。首先，这会阻止他在犯罪的道路上越走越远。其次，他很可能在苦难中更快地悔过自新。”

顺便说一下，法官、刑警和检察官应当秉公执法，不过，他们应该只

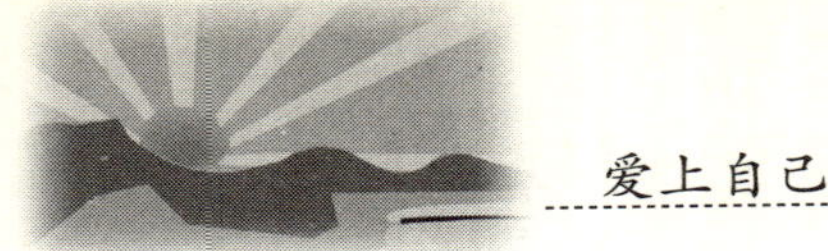

是照着法律条文行事，而在内心，无论如何不可谴责与宣判。

蔑视

如果我们不自私，那么大门就会为我们打开，秘密就将大白于天下。

巴拉赛尔苏斯《神秘哲学》

蔑视是对某人某物的极为轻视和冷淡的态度。像批评与谴责一样，它也隐含着正面的意图。

行为方式：	正面意图：
蔑视	希望改变周围的世界和他人。希望摆脱无道德的和不正派的人，摆脱贫穷的和丑陋的人。希望世界更加美丽、清洁、完善、和谐。希望和完美的人生活在美好、纯洁、.和谐的世界中。

蔑视总是与谴责相伴。开始是批评和不满，然后是谴责，其后是蔑视。极端的形式是仇恨，随之而来的是冷漠。于是形成了这样的链条：

批评和不满——谴责——蔑视——仇恨——冷漠。

如果在您的潜意识中有蔑视与谴责，那么您的这些感情与情绪将把一些不正派的、卑劣的人引入您的生活。因此您的世界中便会有这一类人存在。您不仅是把他们引来，您是不折不扣地造就了他们。人无所谓好坏，无所谓崇高与卑劣，是我们把他们造就成那样。蔑视是人的一种最危险的情绪。

当我们蔑视一个人的时候，我们是希望他永远离开我们的生活。我们不接受他。但要知道这是我们的世界。这个人是我们的感情和情绪的反映。我们在蔑视他的同时，也在毁掉自己。如果蔑视的对象是一群人，那么受害的将不仅是我们自己，还有我们的孩子。

人们可能因为任何理由蔑视任何人。

道德高尚的、正直的人蔑视行径卑劣的人。这种人把自己的正直和高尚看得高于一切。

聪明人蔑视蠢人，反之亦然。
道学家蔑视妓女。
富人蔑视穷人。
长得美的人蔑视长得丑的人。
干净的人蔑视肮脏的人。
健康人蔑视病人，反之亦然。

请不要忘记，我们的世界是双重的（矛盾的）。有正人君子就有无耻小人，有清教徒就有妓女，有富人就有穷人，如果您一心求美，您就会把丑引进自己的生活。

记得《干草上的狗》这个寓言中是怎么说的吗？

美总是骄傲的！
不错！可是骄傲是美的吗？

宇宙赋予您某些素质供一段时间之用。之所以给了您这些东西，是因为它们对您是必不可少的。如果上帝赋予您美貌，那请您善用，您需要它。您获得了智慧，就要用来为自己和他人造福。如果您被赋予了什么，而别人却没有，那么这意味着上帝给了他们其他的东西，而您却没有。每个人都生活在自己的世界中。每个人都要走过自己的生活道路。而每个人尽管各具特点，却是同样美好的。

如果您想摆脱不正直、不讲道德的人，请您改变自己的想法。不要再谴责与蔑视，不要将世界分成好的和坏的。

人就是人，是我们将他们塑造成我们希望看到的样子。如果您在生活中总是遇到卑鄙的人，那么原因隐藏在您自己的身上。您认定这个世界是不公平、不和谐的。但要知道这是您的世界和您的生活。请开始尝试将您喜欢的那些人引入自己的生活。

要学着首先在每个人身上看到他本身，而不是您先入为主的形象。把人分成好人和坏人只会给您带来困扰。

要做到不热衷于批评、谴责与蔑视别人其实很简单。你需要明白，宇宙是非常和谐公平的。每个人都根据其信仰与意念得到各自的果报。不要试图改变宇宙，只改变自己的世界就好。不要让您的世界中没有公正与和

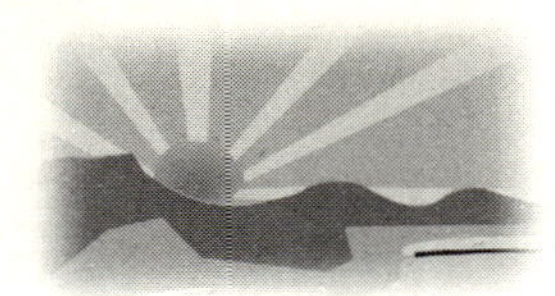

谐。如果您改变了自己的世界，就为整个机体作出了积极贡献。

人们希望在自己的生活中获得安宁、幸福与和谐。这是至高无上的、神圣的情感。每个人都在追求，然而每个人都有自己的道路。

我们自己造就自己的世界，自己的生活。您一旦开始批评和表达不满，就要小心了！您的生活正失去和谐与安宁。如果您开始谴责和蔑视——您已身处险境！您谴责和蔑视的人越多，您面对的威胁越大。而且危险不仅仅针对您，还有您的孩子。而这常常是致命的危险。

厌恶

生活中谁都不能只选好的，而远离所有不好的。

米南德

厌恶是针对某人某事的不友好、敌对的态度。请想象一个有洁癖的人。他很讨厌肮脏，处处疑心。他爱干净。他想生活在一个无论从直义还是转义来说都是干干净净的世界。

行为方式：	**正面意图：**
厌恶	生活在清洁、美好的世界上。

但是对清洁世界的向往却往往通过对某种东西——肮脏、某些行为、关系、法律、国家——的厌恶乃至毁灭来体现。对外部世界强烈的敌意被反射与反馈回来，往往造成严重的疾病：肿瘤、皮肤病（经常是牛皮癣）、酗酒、吸毒、胃溃疡。

一个中年男子来看病。他同时有两个问题：牛皮癣和酗酒。我们通过与潜意识建立联系，弄清楚了两个问题是出于同样的原因：厌恶。他向我列举了一大堆在生活中他不喜欢的东西。首先是女人。

“您知道，医生，”他带着明显的厌恶说道，“我不喜欢肥胖的流汗的女人。不喜欢热乎乎的啤酒。不喜欢我们肮脏的街道。不喜欢背叛和粗野，不喜欢卑鄙行为和阿谀奉承……我不喜欢的东西还有很多。”

“那么您喜欢什么呢？”我问。

“我喜欢一切都很‘干净’。可不知为什么总是碰到‘肮脏’。”

“也就是说，您要求外部的清洁，可是您的内部是否完全‘清洁’呢？既然您总是把一些‘肮脏’的东西吸引到自己的生活中，就说明您有某些内在的‘肮脏’。首先您的意念是不干净的。您有很多负面的意念，它们造成那些肮脏的情况和您的病。您喝酒是为了能感觉世界比较干净，为了哪怕只是在醉酒的短暂时间内觉得世界可以接受。”

“是的，的确如此。”他表示同意，“我喝高了的时候，皮肤上的癣就轻些。”

其实这个世界上的一切本来就是美好和清洁的，认识到这一点很重要。世界上没有不洁与肮脏。上帝创造的一切都是圣洁的。如果您感到什么是“肮脏”的，那是因为您的意念是肮脏的。宇宙与现实是完美的。不完美的是您对这个现实的接受方式。每个人自己造就自己的世界。外界的“肮脏”是内在的“肮脏”的反映。

请将周围的世界看做干净的世界来接受。在这个世界上生活着纯洁的人，因为每个人都是与众不同的。每个人有自己的世界观，自己的世界，而我们没有权利谴责他人的世界观。请接受这个星球上每一个人的本来状态，因为他们是上帝的一部分。

如果您想生活在一个清洁美好的世界上，请从自己开始，让自己的世界变干净。清洁自己的意念、自己的潜意识行为程序，消除敌意。请将外部的清洁（清洁的身体、衣服、被褥、屋子，纯洁的人际关系等）同内部的清洁（纯洁的意念）结合起来。与他人交往的时候要怀着清洁的思想，接受他人的世界观。每个人都生活在自己的世界中。要接受其他人的世界。

憎恨

在力量的首次较量中，我在大雾中与敌人相遇。但是你没有敌人，你不会恨别人，而我却会。对我来说，那时对别人的恨是纵容自己弱点的一种方式。现在我不再这样了。我战胜了自己的仇恨。但是在那初次的力量较量中它几乎将我摧毁……力量是一种很奇怪、很神奇的东西，要完全掌控它，需要先积蓄某些素质，才能着手。不过，也可以采用另一种方式：力量积攒起来不要消耗，直到足够在较量中支撑下来。

卡洛斯·卡斯塔尼达《前往伊斯特兰的旅程》

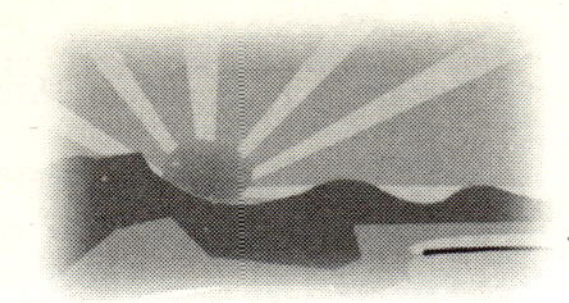

憎恨是厌恶的极端表现。让我们把“憎恨”这个词①拆开来：“不—在—视野”。也就是说，当我们憎恨的时候，意念上是想避开某人：“我已经看不见你了。”也就是你已经不在了。我们经常说：“我最好不要看到你”，“我看都不想看你”。也就是说，不想看到某人，也是一种憎恨。憎恨还有另外一种形式——冷漠和麻木。这也同样是憎恨，不过是被压抑的憎恨。如果我们对某人感情很麻木，这说明我们曾经恨这个人，但至今没有原谅，也没有感谢他，也没有反省，是什么把他引入了我们的生活。而现在这种恨以麻木的形式深藏于潜意识中并毒害着您的生活。

在能量层，憎恨不仅是希望对方死，简直是谋杀。《约翰书》中说道：“所有憎恨自己兄弟的人都是杀人犯……”而这样的毁灭程序一定会反过来攻击程序的制造者，变成自我毁灭程序。

憎恨会导致严重的疾病，它首先“打击”头部和眼睛。像癫痫、帕金森症、瘫痪、头外伤与其他外伤、偏头痛、眼病、肿瘤、严重的皮肤病都可能是仇恨所致。事实上，人们总是在潜意识层互相伤害，同时又对世界上存在着如此多的暴力感到吃惊。

问题与疾病的性质取决于仇恨的力度与指向。

例如，如果丈夫憎恨妻子，那么他的“男性的尊严”就会受损。道理很简单：每个人身上都有宇宙的阳性因素和阴性因素，如果男人将仇恨投向女人，那么他也就毁了自己。

一个男人患前列腺炎好几年了。已经出现了性功能衰退。任何药物和疗法都无济于事。而他的病因是对妻子的憎恨与蔑视以及想对其不忠进行报复的想法。

如果女人蔑视和憎恨男人，其性器官就会遭到“打击”。

一个妻子长期对丈夫心怀怨恨与憎恨，因为他的行为很卑鄙，常常欺负她。一段时间后就被发现患上了子宫肌瘤。

---

① 俄文单词“憎恨”词根由三部分组成：“不—在—视野”。编注。

憎恨父母的人自己的生活总是不顺心，他们的子女与他们的关系也同样不好。

一个女儿憎恨酗酒的父亲。而对于女儿来说，父亲就是宇宙阳性特征的体现。因此，在她的潜意识中毁灭男性的程序从童年起已经开始运行。

她长大了，结了婚。第一次婚姻失败了，以离婚告终。这次婚姻中生了一个女孩（男孩根本没有存活的机会）。第二次婚姻也不成功。她和第二个丈夫也生了一个女儿。其后她试图与另一个男人建立家庭，甚至跟他生活了一段时间，但后来他们的关系还是破裂了。

而她的两个女儿渐渐长大，她们结婚的对象正是那种酗酒、欺负她们、殴打她们的男人。母亲所建立的仇视男人的程序在其后代的潜意识中运行，并反过来伤害她们。

如果一个人仇视一群人、一个社会或国家，那么不仅他自己，而且他的孩子也会身受其害。憎恨是对其所指对象有很大杀伤力的程序。在孩子们身上，这一程序会扩大很多倍。

一个仇视恶棍的男人，其儿子成了吸毒者。

仇视他人的女人，其儿子成了杀人犯。

仇视作为一种行为方式，也有其正面意图。如果您憎恨政府的所作所为，那么您是想用自己的仇恨消灭这个政府，以一个符合您的要求的政府取代它。因为您想生活在一个公正、高尚、尊重您的国家。

如果您憎恨卑鄙的邻居，那么您是想消灭他，以匡扶正义。

如果有人想抢您的钱，您便会开始恨他，因为您想保住您的钱。

如果有人要“抢走”您的爱人，您会恨这个人，想消灭他。

如果您恨一个亲友，那么这说明他严重地侮辱、欺负、委屈了您，以至您想杀死他。您确实在杀死他，不过是用意念。

行为方式：	**正面意图：**
憎恨	想改变周围世界和他人，以匡扶正义，使别人正直、诚实、公正地对待自己。想与美好的人一起

生活在美好、和谐的世界上。

仇恨来自骄傲。它希望将自己的感情、道德标准、公正与正直置于至高无上的地位。但是您爬得越高，摔得越重。而且，您凭什么认定您的思想模式、您的世界观代表真理呢？您的世界观只是您个人对现实世界的看法，只是无数观点中的一种。要知道每种观点都值得尊重。况且，怎么可以用仇恨引起的杀气来使世界变得更美好，更干净呢？多么荒谬！这个世界上没有什么坏的、肮脏的东西。上帝创造的是清洁而美好的世界。

一定要接受这样的想法：这个世界非常和谐与公正。实际上也的确如此。因为每个人都会因其思想与行为，因其信仰得到果报。每个人自己创造自己的世界。根据经验我知道，有些人很难接受这种思想。他们很难摆脱其旧有的观念与原则。

如果您想活得健康并得到健康的后代，就要摆脱仇恨。

为此要担负起对世界的责任！从自己做起，改变自己的思想和行为——周围的世界就会随之改变。新的思想会造成新的局面。

要学会接受！接受自己，接受他人，接受自己的生活和命运。

要尊重自己和他人！要对别人表现出尊重，首先要尊重自己。

学会赞美和夸奖！努力只看到别人身上好的、正面的、有益的东西。要记住，每个人身上都有各种品质。如果您的思想是纯洁的，那么他人便会对您表现出美好的一面。

如果您想改变周围世界和他人，就可能运用暴力。确实有那样的方法，它很“好用”——这种方法一定会给自己和孩子的生活带来不幸。如果您愿意为使用这种方法负责任，那么请记住随后将产生的后果。按照一条宇宙法则——同质相吸——您的仇恨将把反向的暴力引入您的生活。

我建议您采用另一种做法。因为外部世界就是我的世界，是我把它创造出来的，所以我改变自己的世界观就是在改变自己的世界——也就是周围的世界。这可以更简单地表述为：要想改变周围的世界就要先改变自己。那样您就不会有求于什么人——因为一切都取决于您自己。

气愤

“每个行为都应该以战士的情绪来完成，”唐望说道，“否则一个人就会毁损自己的形象，让自己不成样子。一个人的生命中如果缺少战士的情绪，就会贫弱无力。看看你自己吧。事实上什么都妨碍你生活，欺压你，让你失去心理平衡。你痛哭哀怨，抱怨你遇到的每个人都在任意摆布你。你好像一片风中的落叶！你的生活贫弱无力！你感觉一定糟透了！”

卡洛斯·卡斯塔尼达《前往伊斯特兰的旅程》

当什么事情不顺心的时候，就会出现气愤的情绪：家里乱七八糟，餐具肮脏，被子没有叠，东西乱丢，客人迟到，孩子做出坏行为等等。每个人对周围世界都有自己的要求，如果周围有什么不符合这些要求，就会出现气愤情绪。

如果在生活中气愤的情绪持续时间很长，就会引起某些疾病。肝脏、皮肤、肠胃、关节及其他器官都会对气愤作出反应。

气愤作为一种行为方式，有其正面意图。

行为方式：	**正面意图：**
气愤	希望周围世界符合自己的要求和期待。希望改变周围世界。

是的，每个人都希望周围世界符合他的要求和期待。可症结就在这儿！我们自己创造自己生活的世界。也就是说，我们在生活中所看到的，正是我们期待看到的。也就是，周围世界已经符合我们的期待——潜意识期待的。因为我们外部的什么事没有安顿好而生气是很蠢的。**一定要反躬自问，改变某些意念，那样周围世界就会发生改变。**

自觉的愿望与潜意识的意图是有区别的。学会信任自己的潜意识很重要。因为我们的内在理性总是趋向于平衡、和平与安宁。它力图在宇宙中占据一个独一无二的、对我们每个人都非常和谐的位置。

我自己身上发生过一件事，它与气愤有关，我想用它来说明宇宙的法则是如何发挥作用的：同质相吸，外在反映内在。

这件事发生在我的一个工作日。我在接诊。患者的情况都很棘手。在工作快要结束的时候，我接待了一名女患者。她一直反驳我。我试图向她解释她的病因，可是她无论如何也不能或不想接受我的解释。最后我终于开始气愤，一句话也不容她说。我在她身上花了两个小时的时间，最后弄得一肚子气。

接诊结束了。当我走出办公室的时候，对面的女邻居直接向我冲过来。她咆哮着向我指出电梯出口处的卫生状况太差（这个星期我的门口挂着“值日”的牌子）。我先是分辩说已经清理打扫过了，可是女邻居却不让我开口。她的叫喊使我异常愤怒，于是产生了一个不好的念头：“怎么才能让她安静下来？”但我马上意识到，我是个和善的医生。

我不再试图向她证明什么，很快地反省自己，要弄明白：我的什么行为造成了这个局面？

用不着多想，我马上想起了刚才对那位女患者的气愤情绪，以及我不让她开口的做法。在我意识到这件事的原因的同时，外部的情况也开始发生变化。女邻居平静下来，然后离开了。我祝福她，并暗暗感谢她帮我上了一课。最后我给自己做出一个正面的结论：在和患者打交道的时候，内心和表现都要十分平静；让他们有机会说出自己的思想和感情；尊重每个患者的独特性；在解释病因的时候表达方式要更加委婉。

这样一来，这件事不仅没有给我带来任何伤害，反而成为一件好事。我只是运用了自己所了解的那些规则。因为我们是自己造就了自己的处境。

此外，这件事发生以后，见面时那位女邻居开始主动跟我打招呼。

愤怒，凶恶

“你没生我的气吧，唐望？”他回来后我问道。

他露出吃惊的样子。

“没有。我从来不生任何人的气。没有人可以做出值得我生气的事。只有当你觉得一个人做的事很重要的时候，你才会生他的气。我早就没有这种感觉了。”

卡洛斯·卡斯塔尼达《前往伊斯特兰的旅程》

愤怒和凶恶是非常气愤，是气愤之极。这种情绪产生在局面失控的情况下。每个人都想控制局面——那样他觉得比较安心。可是这并不是总能做到。当做不到的时候，就会怒火中烧，为了扭转局面，有时可能发展为身体暴力。

民间有许多关于怒火与凶恶的格言：

不要以恶报恶。

我们和和气气，不跟人动怒——这就是生活的准则。

用和平对付凶恶。

凶老婆是罪恶的信徒。

凶恶的人不相信世上有好人。

在《圣经》中关于凶恶有这样的说法：‘愿上帝按作恶者作恶的多少降灾给他。”

每个人在一生中都曾体验过愤怒的感情，这没有什么不好，因为人的每种情绪都替他发挥着正面的功能。主要是应该了解为什么需要这些愤怒的情绪，它们要达到什么目的，然后创造新的行为方式，将这股能量引向更加健康的轨道。

愤怒和凶恶与气愤完成同样的正面意图。

行为方式：	**正面意图：**
愤怒，凶恶	希望周围世界符合自己的要求和期待。希望改变周围世界。

愤怒和凶恶的后果与气愤的后果相同，只是严重得多。如果您没有公开表示您的怒气，而是忍着，那么这很危险，因为没有找到出口的怒气留在了人体内。这种能量开始破坏机体并逐渐转化为疾病。但如果您把怒气发泄出来，就会表现为暴力，就会在自己的生命中得到返回的暴力，并且这种暴力不一定是来自对方的。同质相吸。

如果一个人长期压抑气愤、愤怒等情绪，那么肝、关节、呼吸器官和机体的其他器官与系统就会受到损害。没有宣泄的感情会积蓄在本应负责将其发泄出去的器官。

例如，肝脏及其分泌的胆汁，负责让怒气爆发。被压抑的怒火和爆发力起初引起胆囊炎，胆汁积存，胆管堵塞，而后这些没有发泄的痛苦感情会结成石头。因为积压的情绪需要有种物质的体现。

关节是负责将这些攻击性的感情付诸实现的。而这引起它们发炎，最终导致风湿、滑囊炎、脱臼。

看来，发泄自己的怒火是不好的，隐忍不发也不好。那么如何是好呢？

有些人建议：如果您憋着气，可以捶枕头。气出了，您就会觉得轻松些。另一些人认为，最好跟您生气的对象直接说出自己对他的看法。也就

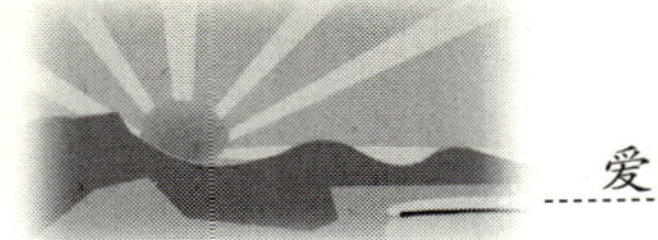

是不管不顾地对他喊叫。我不认为这些是制怒的最佳办法。有一次我参观了一个学习表达愤怒的培训班，人们互相叫喊，发脾气。他们走近对方说道："我很生你的气，因为什么什么……"训练班教人们"把您内心沸腾的情绪发泄出来"。可是这种做法只有在每个人都知道规则并准备接受别人对自己发怒的小组中才适用。可是当这个小组的成员走向社会，进行这种"自我表达"的时候，周围人却根本不能理解他们，让别人向自己发泄愤怒，他们对此没有准备。人们没有学习过训练班成员所学的规则。要知道社会上一般认为公开表达愤怒是不好的。我想，这样的"自我表达"最终会导致孤独。

我建议采用更有效的制怒方法，不用把枕头捶得尘土飞扬，也不用对亲友大喊大叫。当您感到情绪快要爆发的时候，就开始做些您不太想做，但必须做的事。例如，如果您生活在农村，可以劈劈柴或给菜园翻地——这样既把即将爆炸的能量发泄了出来，又干了活。一直干到您觉得平静下来为止，自家的菜园翻完了，就去帮邻居家干。如果您生活在城市，可以在家里做些修理、扫除或清理地毯的活儿。把自家的事做完以后，就去帮助邻居。如果您体重超标，则可以锻炼，如跑步。您不仅可以摆脱愤怒情绪，还可以摆脱多余的体重，而且不用节食，不用花钱。我的很多患者都用这个方法达到了家庭的和睦。

当然也可以从根本上想办法——改变自己的世界观。

但这是因人而异的。有的人喜欢干粗活，有的人喜欢脑力劳动。二者都是劳动，重要的是不仅要摆脱愤怒，还要转化它。为此很重要的一点是要认识到它对于人所完成的正面的功能：让周围的世界符合自己的期待。但这只取决于我们自己。因此不仅发脾气是愚蠢的，而且生气本身就是愚蠢的。

我的金科玉律是：如果我想得到什么，我就要改变自己的行为和意念，直到别人自发地产生给我这个东西的愿望。我们早就应该懂得，周围的人不欠我们什么。如果您想从他们那里得到什么，那就要改变自己的行为，每一次都运用新的方法。

我认为，与其将自己的宝贵精力浪费在那些负面情绪上，不如使自己意识到的愿望与潜意识意图相协调。而只有在您对自己的生活、自己的世界负起责任之后才能做到这一点。

怨恨

“可以使一个战士受伤，但不可能伤害他。”唐望说，“当战士处于适当的情绪时，任何人的任何行为都不能伤害他。昨天夜里狮子完全没伤害你，对吧？它跟踪我们，也一点没有触怒你。我没听到你骂它。你也没有气急败坏地大喊大叫，说它没权利跟踪我们。而这只狮子完全可能是整个地区最残忍最凶狠的。但是你这样做了，而不是想方设法避免跟它碰面，个中原因并不在它身上。原因在你自己身上，而且只有一个——你想活命。你完全做到了。如果你单枪匹马，而狮子追上了你，要置你于死地，你连想也不会想到抱怨它的这种不体面的行为，或者感到受伤害受欺负。因此你的或其他任何什么人的世界还不是那么缺乏战士的情绪。你必须要借助这种情绪去冲破那些毫无意义的纠纷。”

我开始阐述我对这个问题的看法。在我看来，人和狮子是不能等量齐观的。我对自己的亲友很了解，我清楚他们的诡计、盘算和花招。对狮子我实际上一无所知。在我的亲友的行为中，最使人受伤害的是他们出于恶意有意识地做坏事。

“我知道，”唐望耐心地说，“达到战士的境界非常非常不容易。这是意识的革命和转折。对一切——不管是狮子、水獭还是人——一视同仁，是战士的心灵取得的最大成就之一。为此必须有力量。”

卡洛斯·卡斯塔尼达《前往伊斯特兰的旅程》

怨恨是当人觉得自己受到不公平对待时产生的感情。它是对欺侮、讥笑、痛苦、打击、损失等做出的反应。怨恨是深深压抑的愤怒。

一个心怀怨恨的人希望别人改变对他的态度。希望别人对他关心、尊重、爱他、重视他。怨恨的正面意图很清楚——改变别人对自己的态度。

行为方式：	**正面意图：**
怨恨	改变别人对自己的态度。

但怨恨作为一种改变周围人对自己态度的方法是危险的。这种情绪中隐藏着希望亏待自己的人去死的愿望。而这种对他人的攻击性后来会转向发出者自己，转化为自我毁灭程序。

我的一位女患者被诊断为“子宫肌瘤”，医生担心肿瘤转化为恶性的，建议她手术。她的病因是对丈夫积累多年的怨恨。她的丈夫经常酗酒，对她不好。我尝试向这个女人解释，但很难让一个人相信，正是她的好闹气、不自爱导致了她的病，并影响了丈夫的行为。

“可我怎能不怨恨呢?”她生气地说，“他醉醺醺地回到家，欺负我，想从我的兜里弄钱。他已经开始从家里拿东西卖，又把钱花光。怎么，我难道应该为此尊敬他吗?”

“请告诉我，”我问道，“您爱您的丈夫吗?”

“我不知道。”

“您爱自己吗?”

这个女人哭了。我继续解释道：“许多年以来，您的丈夫总是给您作为女性的自尊带来大大小小的打击，您不接受他伤害您自尊的行为，也不可能接受。您一辈子怀着怨恨，把它积在心头。而积压的地方正是直接代表您的女性特征的子宫。这样就生出了肿瘤。如果您继续这样做，那么肿瘤就可能癌变。”

“那我该怎么办呢?”

“应该原谅。我知道您这样做不容易。但您应该明白，您丈夫——要知道是您自己把他吸引进自己的生活中的，只是反映了您对您自己以及对男人的态度。他的行为说明，您过去和现在都不爱自己。此外，您的潜意识中有对男人的谴责和憎恨程序。您对自己的这种态度很可能是在童年形成的。”

“嗯，也许吧。”她表示同意，“我父亲酗酒，欺侮妈妈。我们家三个孩子，父母对我们很不好。”

“现在您的任务是不仅原谅您的丈夫和父母，而且要不折不扣地重新审视自己的生活。回忆每一个让您感到怨恨的情况，改变对它们的态度。要原谅！要带着爱重新经历一遍这些情况。要接受他们，他们是您造就的，原谅他们，感激他们，以新的感情——爱和感激和他们重新相处。您的病就是您的怨恨。怨恨化解了，肿瘤也就化解了。请接受您的病，把它当做上帝与您的对话。把自己的病当做改变世界观的信号，感激它。”

当一个人认为别人有错的时候，就很难原谅他。但当您懂得并感到怨恨情绪是您自己造成的，而您怨恨的对象不过是无形的造物主手中的工具，帮助您得到净化，得到教训，从中获益，只有在这个时候您才可以真心地原谅，甚至为您所得到的宝贵的教训感谢上帝，感谢自己和这个人。

我在行医过程中已经看到，当女人开始改变对自己的态度时，和她生活的男人就会发生惊人的改变，反之亦然。

一个中年妇女来到我的诊所，求我治好她酗酒的丈夫。

“为什么来的是您，而不是他?”我问道。

“他不想来。”女人含泪说道，“他认为自己很健康。他说我才应该治病。”

“也许他是对的?”我又问道。

“什么意思?”女人吃惊地问。

“意思是，可以通过给您治疗帮您丈夫戒除不良习惯。”

“可以这样吗?”

“当然！只是这需要您拿出全部意志力并有极大的改变自我的愿望。”

“医生，我做好一切准备了。您要我怎样都可以，我太想过安宁日子了。”

而后我们对这位妇女的潜意识行为程序进行了探查，弄清了是她的什么行为导致了丈夫酗酒。这位妇女开始改变自己的潜意识行为程序。两个星期以后，她丈夫的饮酒就明显减少了。又过了一个月，完全戒了酒。这位妇女只是调整了自己就达到了这个效果。

如果一个男人对女人怀着怨恨情绪，那么他的男性尊严（直义和转义的）就会受到伤害。对女性的怨恨会导致前列腺肿瘤或性功能方面的问题。

怨恨不仅可能使肿瘤增大，而且会导致其他病：胃溃疡和十二指肠溃疡、皮肤病、头痛等等。

怨恨是骄傲的另一种派生物。怀着怨恨的人无论如何也不能理解和接受这个事实：他自己将那个错待他的人引入了自己的生活。是他对待自己的态度将他引来的。

如果别人对您不好，那么请自我反省、审视和倾听自己。外在反映内在。您如何对待自己，他人就如何对待您。您对自己的态度改变了，周围人对您的态度也会发生改变。

如何做到这一点呢？很简单。

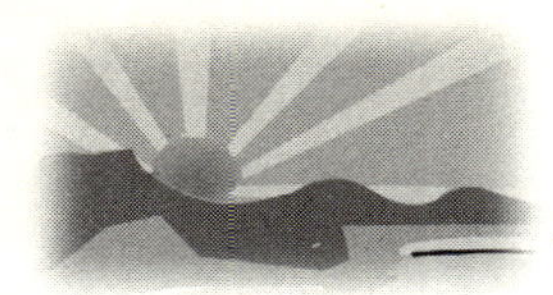

要爱自己！

当我问人们是否爱自己的时候，人们无不回答说“是的”。可是经过比较详细的盘问就会发现，人把“自尊”和“自爱”搞混了。

如果您即使只是偶尔地骂自己或为某种行为责备自己，您已经不爱自己了。如果您认为您有缺点，您已经对自己抱有敌意了。

一定要明白这个真理：每个人都是上帝的一部分，是宇宙的一个微粒。如果您对自己怀有敌意，那么您就是在对抗上帝。爱自己是一种艺术。**要接受自己真实的、本来的样子——作为宇宙的一个微粒。同时记住，其他人是跟您一样的，是上帝的一部分。**

上帝既不会惩罚，也不会奖赏。上帝就是爱。当您爱自己的时候，您就会生活在和谐的世界。我引用《治愈自己的身体》① 中的一段话。

我得出一个结论，当我们爱自己、称赞自己、做自己的时候，我们的生活就会变得很美，美得难以描述，总是会发生一些小小的奇迹，例如，健康状况改善，金钱自己送上门来，人际关系变得越来越融洽，我们开始富有创造性地表达自己的个性。所有这些似乎都可以在不去刻意追求的情况下就会来到我们身边。

当我们发自内心地爱自己、尊敬自己、赞美自己时，就会为自己创建一个安全的空间，信任、价值和认同将在我们的头脑中协调一致，与周围人的良好关系、新的工作都来源于此，甚至我们的体重都会因此恢复正常。

爱自己意味着对自己的个体存在这一事实感到欢喜并感谢生命——这是上帝的礼物。

当一个人爱自己和他人，他就会在自己周围创造一种爱的氛围，从而开始改变整个环境。请想想列昂尼德·贝科夫主演的老电影《阿廖沙的爱情》。影片的主人公，那个年轻的钻探工，爱上了一个姑娘后，他的爱改变了整个钻探队。

爱自己意味着将感激与欢喜的最初感情献给上帝、宇宙，而我们自己就是上帝的一部分，就是宇宙。要尊重与接受他人，不管他们的行为怎

---

① 露易丝·海著．治愈自己的身体．俄罗斯：奥尼克斯出版社，1996 年

样，要努力使这个世界上的某个人幸福。

基督教有一条戒律：“爱上帝要超过爱父母，超过爱儿女。要用全部理性，全部灵魂，全心全意地爱上帝。”但是该如何爱上帝？爱应该投向哪里？

我们知道，上帝在我们每个人的心灵中。也就是说，爱上帝就是将爱投向自己的心灵。爱上帝就是爱自己——上帝的一部分。这样就可以理解另一条训诫：“爱自己的亲人如爱自己。”如果我爱自己——上帝的一部分，那么我对他人也就持同样的态度。爱上帝要从爱自己开始。

懊丧

懊丧是因为不顺利而产生的恼火和不满。请想想，如果您致力于某件事，为达到目的付出了一切努力，然后，“啪”——失败了。结果就产生出懊丧，也就是潜意识的对自我的敌意。这会导致一些器官生病。

首当其冲的说不定是哪个器官。肝、肾以及其他一些器官都会受到冲击（请想一想“失败的苦涩”，“留下些不愉快的沉淀”等说法），此外还会耗费许多精力。

其意图是正面的——追求成功。

行为方式：	**正面意图：**
懊丧	追求成功

产生懊丧的情绪只是因为不懂得生活中无所谓成败，只有结果。结果无所谓好坏。如果结果使您不高兴，那么这说明您有什么事做得不适当，应该改变自己的行为。然后就会得到不同的结果。

我建议把任何结果都当做成功来接受，即使是您不喜欢的结果。这使人有机会学到一些新的、有益的、正面的东西。对我来说，我的任何行动都是正确的，任何结果都是实现我的总是正面的意图过程中的一个步骤。

失望

“世界就是这里包含的一切，”唐望跺了跺脚说，“生、死、伙伴和围绕着我们的其他东西。我们永远不能理解它，我们永远不能猜到它的谜

底。因此我们应该接受它本来的样子——一个神奇的谜。一个平庸的人却不这么做。对他来说，世界从来就不是一个谜，当他接近老年的时候，他就认定再也没有值得为之活下去的东西了……这是为了我们的躯壳不得不付出的可怕代价。战士懂得这种错误，他学着用正确的态度对待事物。人造的东西无论如何也不可能比世界更重要。于是，战士看待世界就像它是一个无边的秘密，而把人造的东西看做无边的愚蠢。”

卡洛斯·卡斯塔尼达《前往伊斯特兰的旅程》

失望是由于没能实现某个目标，对某人某事的信心破灭所引起的不满。

请想想，一个人怀抱理想，制订了某些计划，指望得到某种结果，可是在某一刻一切都毁了。除了对妨碍实现计划的人感到怨恨和愤怒之外，还会出现失望的感觉。而这已经是直接毁灭周围世界和自己的程序了。这种感情会导致非常严重的疾病。例如，对生活失去信心会导致癌症和结核病，男人因女人而产生的失望会导致阳痿，女人因男人而产生的失望会导致其性器官的疾病。

事先做出的周密计划最容易造成失望的感觉。计划得越周密，失望越严重。因此在制订计划的时候要慎重。只要制订正面的意图（关于这方面的内容将在下一本书中谈到），然后让自己的潜意识与宇宙的力量用最好的方式去实现它。

应该生活在自己现实的世界中并不断努力使这个世界最大程度地适应现实。重要的是记住，世界模式还不是世界本身，地图并不是领土。很多人靠幻想生活。他们想强行改变周围世界，使其服从自己的信念。但这是不可能做到的，因此这些人会在生命之路的尽头遭遇失望。

正如所有的情绪一样，失望也有其正面意图。

行为方式：	**正面意图：**
失望	希望世界符合自己的期待。相信某种美好的、牢不可破的东西，有生活目标，追求理想。

只有我按照宇宙的规律生活，我的世界模式符合现实本身时，周围世界才会符合我的期待。所以，每个人都应该顺应现实生活，而不是靠幻想生活，任何理想早晚都是要破灭的。

一个男人在苏联时期的克格勃工作。旧秩序垮掉以后他患喉癌去世了。他不能接受共产主义理想的破灭，因为那意味着他的一辈子白过了。他的病是对生活的失望所导致的。

生活中只可能有一个理想——这就是现实本身，或上帝，或真理——名称并不重要。可以称之为“伟大的秘密”。理想应该是不会破灭的。人一生都应该致力于追求这一理想。而世上其他的一切都是幻觉，是通往知识之路的台阶。如果您对世界抱着这样的态度，您在生活中就永远不会感到沮丧。对于您来说，生活将永远是一个无论如何必须揭开的“伟大的秘密”。

恶言恶念

入口的不能污秽人，出口的乃能污秽人。

《马太福音》

当您想着某人的时候，在您和您所想的人之间就会建立起信息—能量渠道。如果您对某人想一些或说一些不好的东西，那么您就将自己的破坏性意念发送给了这个人，可以在敏感的潜意识层给这个人带来危害。同时，在您发出负面思想的时候，您的潜意识中便自动启动了自我毁灭程序。

“你们不要论断人，免得你们被论断。因为你们怎样论断人，也必怎样被论断；你们用什么量器量给人，也必用什么量器量给你们。”

很可惜人们没有意识到，他们在潜意识层面完全是在自相残杀。恶言恶念唤起能量层的行为，毁坏身体，缩短寿命。

我的一个熟人找到我，抱怨最近经常感到无力。他请求我给他催眠，给他注入活力和良好的自我感觉。

我唤起了他的梦幻状态，但我决定在消除无力感之前，先弄清楚其原因。而原因非常简单。在出现无力的感觉前不久，我的这位熟人曾受了一位女同事的气，于是对她口出恶言，而且是在几位同事在场的情况下这样做的。

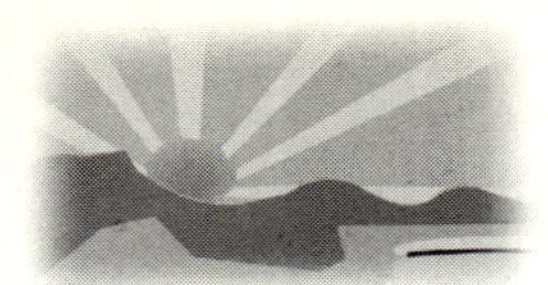

我消除了他的无力感，不过同时跟他的潜意识达成协议，让它教他和善待人。

任何负面的意见和判断都会给自己和他人带来害处。而对自己父母的恶言恶念是最危险的。有一条戒律说：“要尊敬自己的父母”，还有“对自己父母出恶言者死”。我经常遇到一些因对父母口出恶言而生病的情况。而且这些病经常很严重，现代医学无法治愈。

如果您想健康长寿，那么长寿的最可靠的秘诀就是善良、礼貌和具有幽默感。要友善地对待他人，他们也会同样对待您。因为同质相吸。

一些报刊和电视台的记者受邀参加一对老夫妇庆祝金婚的仪式。

“尼古拉·谢苗诺维奇！请公开一下你们的秘密，你们怎么可以一起生活那么多年？”记者问一家之主。

“要和善。”他的回答很简单。

我确切地知道，所谓的“诅咒”和“邪祟”对于善良的人完全是不起作用的。那么就让善心善行充当您的不可侵犯的标记吧。

吹嘘

去打仗时不要急着吹嘘自己的力量，打完仗再夸耀也不迟。

雷神的训诫

吹嘘是无节制地、言过其实地赞扬自己的优点。吹嘘的人极力想显示自己的某些品质。这样他可以吸引人们的注意，想以此显得优于他人。

行为方式：	**正面意图：**
吹嘘	得到周围人的注意和赞扬，以获得自己是重要的、独一无二的感觉。

大概每个人小时候都曾试图以某种方式让自己显得出众。男孩在女孩面前显示自己的力量和灵活。女孩子显示新鞋子或新裙子。孩子们这样就学会了自我表达。随着年龄的增长，人们不再吹嘘。可是有些人的这一特

性却保留了下来，并开始发挥破坏性的作用。吹嘘是骄傲的一种形式，会引起周围人的嫉妒以及其他一些负面的情感。它一定会引来一些人力图贬损您。

一位重度忧郁的妇女来就诊。当我们与她的潜意识建立联系以后，发现其忧郁的原因是吹嘘与自傲。

吹嘘是一种不自信、对自己的优点与能力缺乏信心的表现。此外，一个吹牛的人简直是可笑的。他总是想显得出众，要求周围人的注意和夸赞。

学会相信自己，相信自己内在的力量。不要受周围人意见左右，但同时对自己的世界负起责任来。

学会谦虚。这是一种美德。同时接受真实的自己。别人需要注意您的时候自然会注意。

谈论自己的独特性。要重视自己，重视自己的独特性，但不是通过抬高自己的方式。其他人也有自己的独特性。这样您就可以在自己的世界中得到您所需要的、恰如其分的注意。

负罪感与惩罚

一个人不让自己做什么事，他是在放纵自己，任由自己陷入自怜甚至自恋。我建议不要做这一类的蠢事……自我限制是自我放纵的最坏最恶的形式。我们采用这种行为方式是为了让自己相信我们正在做什么意义重大的事情，几乎是在立功，而事实上只是更深地陷入自恋，给自以为是的感觉提供食粮。不让自己做什么或迫使自己停止做什么——这还不是意志的体现。

卡洛斯·卡斯塔尼达《前往伊斯特兰的旅程》

很多人以为负罪感是很好的感情。一个自责的人是一个有良心的好人。而既然有良心，就意味着他是一个正直的人。但这是荒谬的！要知道自责的人是最不好、最不正直的。他不断强调：“我是坏人，我是可耻的人，我为人不正。”他的这些思想会招致相应的情形。惩罚还从未使任何人获得过改善。

我已经不止一次地说过，我们生活中的所有处境都是我们自己造成的——用自己的意念、感情和情绪。我认为，负罪感是最具破坏性的一种情绪。

一个年轻的女士来就诊。我不一一列举她的病了，因为病很多。我只说说其中的几种。这些病都是破坏性的，非器质性的，特别是骨和双足的风湿性关节炎。她行走困难，手关节开始弯曲。她饱受剧烈的头痛、失眠以及所有神经过敏症状的折磨，嗓子、心脏、肝肾都疼痛。由于多年服用强力药物，她的病情变得更加棘手。

一般来说，这样的病人很难治。但她是一个很容易接受催眠的人。在催眠的状态下，病人的潜意识揭开了“秘密”。它显示出，潜意识借助各种疾病惩罚她的各种罪过和行为。

我见过许多表达负罪感的病人，但还是第一次遇到如此极端的情况。她一辈子充斥着自我惩罚的渴望，这种情况从童年就开始了。她总是遭遇各种各样的外伤，多次手脚骨折。她听任自己身体发胖，发育停滞，一点也不爱惜自己，尽管面貌姣好，却胡乱穿衣。她还曾几次试图自杀。

她对自己如此苛刻，父母也起到了推波助澜的作用。他们不断让她扪心自问，为每一个几乎无关紧要的行为和错误惩罚她。他们喜欢说的话是：“上帝会惩罚的！”父母将潜意识的自我毁灭程序传给了自己的孩子。

随着时间的推移，小女孩渐渐形成了对世界的一种看法，以为负罪感是世界上最主要的感情。当她做了什么错事的时候，自我惩罚的毁灭机制就会启动。

但最有意思的是，她不知道她的病从何而来。多年来她到处看医生，他们压制她的疼痛和其他反应，同时损害她的肝、肾和胃。她怎么也不能理解，她的病因就在自己身上。

一次催眠治疗不可能改变她的潜意识，而对她的意识解释这一切又是不明智的。我采用了更简单的办法。在她被催眠后，我在她生活的各个阶段以一个“智慧而善良的导师”的面貌出现，教她用新的方法理解世界。这位患者在几个月中发生了很大改变。她忘记了疾病，变得很有魅力，又过了一段时间顺利地结婚生子。我相信，她一定不会像她的父母教育她那样教育自己的孩子了。

我总是给病人提出一个神奇的问题：“为什么？”“您惩罚自己是为了什么？您不断地谴责自己，责骂自己，批评自己是为了什么？”

不是每个人都能马上回答这个问题。我们习惯于给自己提出另外的问题：“因为什么？什么原因？”但这还不是问题。它们不能改变什么，只能带来更多的痛苦。

那么人们是为什么谴责自己，惩罚自己呢？

请想象成年人惩罚孩子的情况。他们这样做是为什么？可能是为了让孩子不要做什么成年人认为不好的事。他们总是对孩子强调："不要做这件事。不要去那里。这个不好。这个脏。这个可怕。"成年人惩罚孩子是想让他们变得更好，使他们改变自己的行为。负罪感和惩罚有着很好的意图。

行为方式：	**正面意图：**
负罪感和惩罚	改变行为，改变自己的生活。自我完善。在生活中做给自己和周围人带来快乐的事。

但这里有一个悖论。惩罚教人不可以做什么，却不教人应该做什么。

当成年人指责和惩罚自己的时候，他也是想改变自己的行为，想变得更好。但对于这一目的，惩罚是一个很不好的方法。不仅如此，我们还通过指责与惩罚将自己赶入一个框架中而无法突破。因为我们刚要跨过被允许的界限，自我惩罚机制就会自动地（也就是下意识地）启动。

此外，惩罚和负罪感总是和疾病、痛苦、不幸事件、屈辱、愤怒联系在一起的。原来，当您觉得自己有罪过的时候，会潜意识地将所有令人不舒服的、破坏性的东西吸引到自己的生活中。道理很简单：自责会引起自我惩罚，自我批判。而它们同样会把伤痛和痛苦引入我们的生活。

负罪感→自我惩罚→伤痛和痛苦

我在自己的工作中对此进行了研究。我对形形色色经历过创伤（交通事故、外伤、地震、击打等等）的人进行催眠，了解将他们引到这些事件中的原因。在所有的案例中，主要的原因都是负罪感。因为罪过要求惩罚，而惩罚要找到牺牲品。

负罪感是骄傲的表现之一，只是表现形式相反。这是对自己的进攻性。谴责自己和惩罚自己的人自视甚高。他以为通过惩罚自己，让自己痛苦，就可以改变世界。也就是在负罪感中从一开始就充满着对整个周围世界的进攻性。

自我惩罚的倾向是如何形成的呢？成年人往往一下子对孩子提出很高的要求，不了解他才刚刚开始学习。他们是把善恶、爱恨、好坏等观念强加于他。

孩子可能犯错，但我们要做的不是为此惩罚他，而是给他们讲，如何从错误中学习，以及可以从中学到些什么。惩罚使小孩子感到痛苦和委屈，而他不过刚刚开始学习在这个世界上生活。确切地说，孩子在成年人的帮助下学习独立地建立自己独一无二的世界。他在下意识地运用老师的行为方式和原则。对孩子不应该惩罚，而应该教给他在各种情况下的新的行为方式。

经常在孩子出生前父母便已经为他们设置了自我毁灭程序。例如，怀孕的妇女由于受了丈夫的气，或觉得精神不振，对生活没有兴趣，她就可能无意中自动地启动孩子的自我毁灭程序。那样的孩子将一辈子痛苦，母亲也跟他一起痛苦。而找到原因，告别所有的怨恨，承担起责任则可停止这一程序。

如何摆脱负罪感?

第一件要做的事情就是**对自己的生活负起责任**。需要的是责任感，而不是负罪感。理解这一点很重要。人们常常混淆这两个概念。该明白了——您没有任何罪过，别人也没有罪过。上帝面前没有罪人。这就是说，负罪感只是人们的想象，是人们建构的幻觉，而且是一个将人们束缚在某个框框中的很方便的幻想。这样很便于摆布他人。这种摆布是从小时候父母用唤起负罪感的方法“教育”孩子开始的，不过他们自己也是被这样教育出来的。

他们简直是强迫孩子贬低自己，相信自己比别人差，不配得到任何好的东西，因为自己行为不端。成人对孩子的这种态度会造成很多缺陷。

很多人长大以后继续这么做。负罪感成了他们的习惯。他们对别人也是如此，强迫他们觉得自己有罪。下次，当有人想让您为什么事感到羞耻的时候，您不要附和说：“我就是这样的。”而要问问自己：“他为什么使我觉得自己有罪过？他想要我怎样？”

基督教中有罪恶的观念。罪恶就是破坏上帝的、宇宙的法则。不管人是否了解这些法则，都无法逃避责任。如果你破坏法则，就会生病或受苦。但这不是宗教想要施加的惩罚，这只是某种行为的结果。上帝无所谓善恶，只是一种帮助我们生活和创造、帮助我们了解世界、完善自己意识的力量。宗教人士试图使人们觉得自己是有罪的，说什么疾病和痛苦是上帝的惩罚。可是这样的态度会造成一个走不出去的怪圈。一方面，在上帝面前没有罪人，另一方面疾病是上帝对人的惩罚。结果自相矛盾了！但是当我们不再把疾病当做一种惩罚，而是看做自己的不正确的世界观的结果，看做改变这种世界观的信号时，一切就都可以理顺了。也就是某种行为必然得到某种结果。如果这个结果使你或你周围的人不舒服，就说明你破坏了宇宙的法则。例如，一个女人对自己的丈夫充满愤恨，她就易得阴道炎。这是她对丈夫不正确的态度的结果。如果她改变了态度，情况就会改变。一个男人恨女人，结果他得了前列腺炎或阳痿。如果他改变了对女人的态度，就会康复。但是有时由于不了解上帝的法则，人们很难奉行它。因为某个行为谴责自己是愚蠢的。而谴责周围的所有人则更愚蠢。我们自己创造自己的世界，而其他人也一样在创造自己的世界。

让我们来看看这个例子。您惹自己的一个亲近的人难过了。

您并非有意，但却做出了让对方难受的行为。这个局面是您造成的，但也同样是对方造成的。您以自己的攻击性引来了这个人，而他也以他的怨恨情绪把您引进了他的生活。这里有情势的因素，也有两个不同的人的行为与对同一事件的不同反应。双方都没有错，每个人都有一定的意念，也都得到相应的结果。

对这种情况有几种不同的反应方式。

第一种，如果您觉得自己是有错的，那么您的负罪感就会将同样的情形引入自己的生活，只是这一次您不再是惹恼别人的，而是被惹恼的。

第二种，如果您觉得自己是对的，但不改变自己的行为，那么您下次还会造成同样的局面。于是就会形成一个封闭的环，您会经常给周围人带来伤害。

第三种方式，负起责任来。搞清楚，自己的哪些行为和意念造成了这个局面。把这件事从头到尾好好想一想，看看自己从中学到了什么正面的东西。是正面的东西，而不是负面的东西。然后建立新的行为方式，新的思想。您要为自己解答一个问题：做一个让别人怨恨的人是否值得？如果不，那么您可以用什么其他的行为让别人高兴？

原来，一切都很简单：做出什么样的行为，就会得到什么结果（而不是惩罚）。如果不喜欢那个结果，就应该改变行为，直到出现想要的结果。于是就形成了这样的链条：

行为→结果→新的行为→新的结果

要原谅自己！要原谅自己的过去、现在所做的事，并提前原谅未来的事。您没有任何罪过，在上帝面前没有罪人。

我们的潜意识是直接与上帝，与最高智能联系在一起的。因此人在任何情况下总是会采取符合他的发展水平的最佳行为方式。那么难道应该为了您在某种情形下所采取的可能的最佳方式而惩罚自己吗?

从童年时代人们就反复对我们说，上帝会惩罚人或为了惩罚让人生病。现在应该明白一件事了，那就是上帝不会惩罚。不该再把上帝当做一个在云端用一根手指威胁我们的大胡子老头了。上帝就是最高理性，就是宇宙。这种力量从来不施以惩罚。如果我们自己惩罚自己，那么这个力量只是帮助我们实现惩罚。而如果我们爱自己，并以同样的爱对待周围人，那么这个力量就会给我们生活中所必需的一切。

我个人把上帝当做最高力量，当做造物主。这个力量创造一切，帮助我们在生活中实现我们的理想。的确是帮助！宇宙随时随地，在所有事情上都帮助我们。不应该把世界分为好和坏，上帝和魔鬼。有一种最高力量，帮助我们在这个世界上实现我们的意念、感情和情绪。如果这些思想是攻击性的，那么我们就会得到所谓“坏”的东西。如果我们的意念是正面的，创造性的，那么我们将只得到“好”的。魔鬼就是有害的、敌意的、毁灭性的意念和感情。而负罪感就属于这种感情。

我经常要和那些因负罪感备受折磨的人接触。一般这样的人具有强烈的宗教感情。他们认为自己是彻头彻尾的罪人，一辈子不配得到什么好的东西。他们显然没有认真读《圣经》，而且可能根本没读过。在整部《圣经》中贯穿着一条红线，就是对上帝的爱应该超过世上的一切。“用自己的全部理性，用整个灵魂，整个的心去爱。”——基督耶稣是这样教导的。并直接指出了这种爱必须投射的方向——自己的灵魂。

每个人都是上帝和宇宙的一部分，我们怎样对待自己，就怎样对待上帝。如果您谴责自己，惩罚自己，就是反对上帝。而如果您反对上帝，还能指望从他那里得到什么好的东西呢?

请想象一个生命机体，其中的每一个细胞各司其职。而如果某个细胞开始毁灭自己，那么它就再也不能完成自己的直接职能，并且会毒害其他细胞和整个机体。那么整个机体会对此作出什么反应呢? 开始它尽量帮助这个细胞康复，成为正常的细胞，但后来便直接消灭它，以免它的分解物毒害整个机体。

对上帝的爱首先体现在对自己的爱。**要学会爱自己，无条件地爱，**因为自己是上帝和宇宙的一分子。那时整个世界都会向您敞开。要爱自己，而不是自大和自私。因为如果我把自己当做上帝的一分子来爱，那么我对这个世界上的一切人和物也会持同样的态度。但首先应该是对上帝的爱，而世界上其他的一切——只是积聚爱和实现爱的方式。应该首先学会遵循宇宙的法则，然后才是其他规律。而会遵循宇宙的法则便意味着在生活中，感受爱、欢乐和幸福。

爱自己就是不断提高修养，完善自己的性格，以便为周围的世界带来更多的幸福。

以责任感代替负罪感，这意味着学会在生活中作出选择。罪过和惩罚并不能提供选择。而责任感却使人建立新的思想和行为方式。重要的不是简单地停止做什么，而是学会做一些新的、比过去更积极的事情。

原则上，我们作出何种选择是无关紧要的，因为生活中的任何选择都是正确的，因为这是最高理性赋予的，是在最高理性的帮助下完成的。因为某种失败或错误而责备自己是没有意义的。这不会使我们变得更好，却会带来痛苦和委屈。在特定的时刻，每个人所做的也都是其力量和能力所能达到的上限。每个人按其世界观与意识所及的理解力采取行动。在生活中，每个人都负有使命。至于我们是在此生将它完成还是在来生将它完成，并不重要。当初我们选择这个世界正是为了来学习某些经验的。我们中的每个人都有自己的道路。大家的目的地是一致的。我们都在通往这个目的地的路上。而这种心愿，这种神秘的力量将我们大家联系在一起。**要接受自己、爱自己，接受和爱这个世界的本来面目**。可以带着愤怒、怨恨、负罪感走完自己的生活道路，这也是一条好的道路，它并不比圣人或正人君子的道路差。但如果您愿意为采用这些具有破坏性的情感负责任，那么就请对这些感情给您生活带来的那些破坏负责。那样就没必要为此谴责自己、亲友、政府。因为这是您的选择。

我建议您做出另一种选择。带着爱走过这个世界。爱并不比恨更好，明白这一点很重要。只不过爱是认识宇宙法则的更轻松更愉快的工具。

批评自己，鞭挞自己，对自己不满，谴责自己，苛求自己，憎恨自己

斋戒，穿奇装异服，咒骂自己都不能使你得到拯救。所有这些都是迷信和做作。上帝所造的一切都是纯净而神圣的，人没有必要将其神圣化。

巴拉赛尔苏斯《神秘哲学》

这是对自己抱有敌意的另一些表现形式。我发现，人们总是喜欢在自己身上找些毛病，认为自己不配得到什么。他们给自己造出各种各样的缺陷，然后为此受苦。这可能是身体的缺陷，也可能是对自己行为的不满。

外貌对于塑造形象起着至关重要的作用。肥胖、个子矮、不善言辞等经常可以彻底压制一个人的潜能。有的时候，某些人对自己的认识是严重扭曲的，致使他们不折不扣地刺痛自己。

一个年轻姑娘来找我看病。她面容姣好，身材苗条。我问她有什么问题，她的回答让我吃惊。原来她想请我帮她减肥。

还有一次，一位少妇带着她的患营养不良的6岁孩子来看病。这个男孩不允许自己吃“多余”的苹果、胡萝卜，认为其中有很多的硝酸盐，一块肉也不吃，因为肉是有害的。妈妈自己也很瘦，我看比正常体重要瘦8公斤。正是妈妈教给自己的孩子对食物的这种态度。她请求我把她的儿子治好，而她自己则需要我帮她减肥。

我同意提供帮助，但有一个条件：母亲应该以身作则，帮助儿子康复。就是说她应该什么都吃，增加体重，给儿子做出榜样。

人们往往不相信自己的能力，自我评价很低，对此生不抱希望，把自己赶进某个框框中。这是很多疾病和大部分个人生活问题的成因。

例如，一个人做了某个行为以后，认为自己的行为不好，所以在余生中再也不配得到什么好的东西。

自卑情结是从童年就形成的。那时孩子刚刚开始认识世界，认识和学习很多对他来说新鲜的东西。而父母一下子对他提出很多要求，要求过高，为每件小事惩罚他。“你这么笨是随谁呀?”经常可以听到他们这么说。他们忘了自己在童年是多么的无助。当然，每个孩子都像海绵一样贪婪地吸收周围发生的一切，所以父母就这样有意无意地将自己对世界的认识与作为强加给了孩子。

但是没完没了的惩罚和嘲笑会压抑孩子创造的渴望和学习的愿望，产生不自信，害怕新东西，前怕狼后怕虎，把任何一点小错都看得很重。父母如此打击了孩子学习的愿望之后，却又为孩子在学校成绩不好而惊讶。

他们忘记了或根本不想明白，他们的孩子只有通过在自己的错误中学习才能学会某种新的东西，感受到初次成功的喜悦。

当然，每个人都想被爱，被别人喜欢。

但要知道，周围人对一个人的看法只是这个人对自己看法的反映。对自己的性格和价值进行重新评价，学会尊重自己，周围的人就看不到您的缺点（这些缺点也就不复存在），而只注意您的优点了。历史上有很多这样的事例：个子矮、外貌难看的人，有一些赢得了千百万人的尊敬和崇拜，而很多则相反，一辈子都在对自己的不满和怨恨中度过。

以下是一个司空见惯的例子。

一个男人有自卑情结，他认为自己没有吸引力，男子气不足。因此他总是在潜意识层给跟他生活在一起的女人提供在外面寻欢的理由。他对自己的态度造成了一个三角恋的局面。在这种情况下可以有两种反应方式。第一种是嫉妒及由此派生的所有消极后果；第二种则是改变对自己的态度，也就是改变自己的生活。选择哪一种，悉听尊便。

行医生涯让我确信，人们总是会对自己百般挑剔。有些人骂自己、批评自己，有些人则谴责自己和蔑视自己。而有些人更是憎恨自己。

对自己的这种态度有着正面的意图。

行为方式：	**正面意图：**
批评自己，对自己不满，自我谴责，蔑视自己和憎恨自己	改变自己的外貌和行为。感到自己有吸引力，出类拔萃，是被人需要的，感到自己很重要。自我完善。

但是请问，一个鞭挞自己的人怎么能够改变自己的行为和外貌呢？这就好像一个人想清洁自己，却往自己身上泼污水。

很多宗教教派试图通过肉体折磨和自我鞭挞达到与上帝、真理融为一体。于是它们否定身体的（物质的）世界。但是当否定真实现实的一个方面时，又如何能够达到真实现实呢？我们自己造就自己的世界。因此我们怎样对待自己，周围的人就怎样对待我们。

我发现，相貌出众的人往往认为自己不漂亮。他们对自己提出了过高的要求。

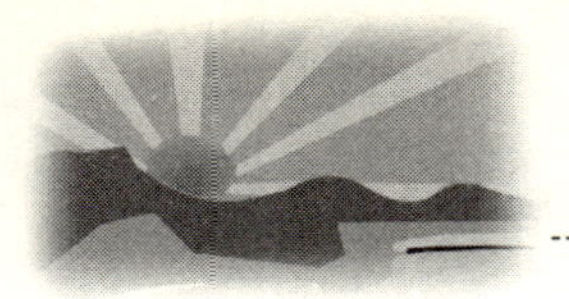

我的妻子有个女友，她本来是一位很可爱的女性，但她总是发现自己有某些缺点，经常表示对自己的不满。结果，不管她跟什么样的男人交往，总是超不过两个月。而这让她更加坚信自己有什么地方不对劲。

如果上帝和真理藏在我们每个人的内心，那么，我们谴责自己就是谴责上帝，批评自己就是批评上帝。

“医生！”一位患者问道，“我按时祈祷，斋戒，读《圣经》，爱人们。那么为什么我会生病或在生活中遭遇不愉快的事？”

“您对自己怎么样？”我问他，“您是否经常因为什么原因责怪自己或骂自己？”

“经常。”他回答道，“我认为，人应该通过惩罚自己的错误和罪恶来完善自己。”

“请问，”我问我的患者，“您读《圣经》很认真吗？”

“当然。”他回答道，“很多段落我都可以背下来。”

“那么请告诉我，在《圣经》中是怎么谈对上帝的爱的？”

“第一条也是最重要的训诫是‘用你的整个心，整个灵魂，全部的理性爱你的上帝。’还有，在马太福音的第10节说，对上帝的爱应该超过父亲或母亲，超过儿子和女儿。也就是高于这个世界上的一切。”

“那么您是否遵从这一训诫呢？”我问道。

“我尽力而为。”我的病人谨慎地回答。

“那么请再回答我一个问题。如果上帝就在我们每个人的灵魂中，而每个人就是他的一部分，那么，当您骂自己或批评自己的时候，您实际上在骂谁？”

“您想说，我在骂上帝吗？”我的病人困惑地问道，“但我是为了我的不良行为骂自己，而不是骂上帝。”

“确实。可是爱上帝要从爱自己开始。记得那一句吗？‘爱人如己’。也就是说您有多爱自己，就有多爱周围的人。”

“医生，您可能是对的。”我的病人表示同意，“现在我知道我生活中的问题来自哪里了。我总是把对他人的爱放在第一位，而把自己放在最后一位。”

“您在谴责自己、骂自己的时候，就是在骂上帝，因此，在自己的生活中不会得到任何好的东西。应该爱自己和接受自己本来的样子，没有苛求，没有批评。如果某种行为使您不快，那就改变它，采用其他的、更容易接受的、更正面的行为。”

恐惧，忧虑，担心

当人开始学习的时候，他对障碍从来都没有明确的概念。他的目标是模糊的幻想；他的追求也不固定。他等待着永远不会得到的奖赏，因为他完全没料到各种考验会接踵而至。

渐渐地开始学习——开始是一点点地，而后越来越快。很快他开始焦虑。他了解到的东西与他为自己描绘的东西从来都不相符，于是他恐惧起来。学习与人们对它的期待从来就不是一回事。每一步都是新的任务，于是人的恐惧感无情而坚定地增长着，最后来到一个战场。

于是，他的面前出现了主要的老对手：恐惧！这是一个可怕的、阴险无情的敌人。它藏身于每一个拐弯处，伺机而动。如果一个人在它面前乱了阵脚，落荒而逃，它的敌人就会终结他的寻找。

“那么这个人会怎样呢?”

“没什么特别的，只是他永远也学不会。他永远不能成为一个有知识的人。他可能成为一个饶舌的人或无害的胆小怕事的人，但不管怎样，他一定是一个被战胜的人。第一个敌人就把他打垮了。”

“怎样才能战胜恐惧呢?”

“答案很简单：不要逃跑。人应该战胜自己的恐惧，克服恐惧，迈出学习的下一步，然后一步一步地走下去。这就是规则。终于有一天，他的第一个敌人退却了。这个人会感到自信。他的追求变得坚定。学习将不再是可怕的任务。当这幸福的一天到来时，这个人可以毫不犹豫地说，他战胜了自己的老对手。”

卡洛斯·卡斯塔尼达《前往伊斯特兰的旅程》

其实每个人都会经常地怕什么。怕生病和死亡、怕丢钱、怕被打、怕被打死、怕心爱的人抛弃他。恐惧使人一直紧张、无法行动。而且，经常在脑子里盘旋的关于恐惧的想法，会直接地引来类似的情况。当危险临头的时候，人的血液中瞬间会释放出很多的荷尔蒙，使脉搏加快，血压升高，心肌收缩加强，代谢加快，肌肉紧张。这是人所必需的正常的自卫

反应。

但是如果恐惧是您的潜意识行为程序中主要的情绪之一，它就会使您一直紧张。您的血管会过度收缩，肌肉会过度紧张。经常的内心紧张会造成溃疡、高血压、脱发和许多其他疾病。

此外，恐惧还会削弱免疫系统。对疾病的恐惧可以直接导致疾病。

我的同班同学跟我讲过这样一件事：有一次他和四个朋友一起去山区旅行。在返回的途中下起了大雨，他们每个人都淋得透湿。他的朋友们一路都在抱怨，骂这又湿又冷的天气、骂山、骂自己去山里旅行的行为本身。他们觉得肯定会生病，或担心生病。结果那四个人都生了重病。而我的同班同学却安然无恙。原来，他在返回的途中只想一些美好的事情：欣赏着山林的景色；想着有人很需要这场雨，所以感激它；回忆一生中为下雨而感到由衷高兴的事。讲完这件事以后他补充说：“很重要的一点是，我一分钟也没有让自己产生害怕生病的想法。我立刻意识到，垂头丧气是无益的，危险的。在任何情况下都应当去想那些有益的、愉快的事情。”

潜意识利用恐惧完成保护人的功能。因为对于任何一个人来说，安全感都十分重要。安全感和被保护的感觉也同样反过来给人带来平静。

行为方式：	**积极意图：**
恐惧	感觉自己安全，安心，受保护。

恐惧是实现这些正面意图的坏方法。它使人不再信任他人和周围的整个世界，与它们相隔离。而这会造成封闭，最后导致孤独。

除了孤独，恐惧感还有很多其他同样有害的后果。事实上，恐惧正好会招致我们害怕的事情。常言道，“怕什么，来什么”。

例如，对疾病的恐惧会引起疾病。对孤独的恐惧导致孤独，害怕丢东西恰好会使我们丢掉什么东西。这是怎样发生的呢？很简单。我们的理性就是这样构造的。它总是要做我们害怕的事，或我们不想做的事。当我们害怕什么的时候，会为自己描绘出可能发生的可怕图景，同时我们会有一些不好的体验，对自己说：“我不想要这个，上帝保佑不要发生！”所有这些意念、情感和形象都存在于我们的潜意识中，于是它们便造成了相应的状况。

例如，如果有人对您说：“不要记住 237 这个数，无论如何不要记住这个数。”您会怎么做呢？您当然会记住这个数。您越是想忘记它，就记得越牢。

我们的潜意识也是如此。对它来说，语气词“不要”具有催眠效果，等于命令它去做被否定的事情。

通过与人接触，我确信产生恐惧的主要原因是缺乏信任。缺少对自己、对他人、对整个世界的信任。这些人总是感到周围的世界会发生什么不好的事。而他们也肯定会遇到这些不好的事——因为我们生活中发生的一切都是与我们的期待相符的。他们一再强调：“这个世界是可怕的。周围的人是坏人。如今难道可以信任别人吗？到处都是骗子！”如果您把世界上的一切分为好的和坏的，朋友和敌人，那么您确实有的可担心。人们不相信存在着反映我们信念的最高理性。信任来自信仰，没有信仰就没有信任。请开始相信自己个人的力量，它是与最高理性，和上帝联系在一起的。只有那样，您才会感到自己是绝对安全的。

为了避免恐惧，**要学会信任**。相信这个世界上的一切：自己、别人、事件。但首先要信任自己内在的力量。记住：您自己造就您的世界，要对自己的生活负起责任来。您的世界取决于您的思想。要感到自己是宇宙中被保护得最好的；要只想周围世界会发生好的事情；要让这样的意念成为您的潜意识程序中最主要的意念之一：“我是与创造我的力量合为一体的。我是完全安全的。我相信自己的个人力量，拥有内心的安宁。”

例如，母亲等着女儿按时回家，但女儿不知什么原因迟迟没回来。于是母亲开始焦虑不安，在各个房间走来走去，不时到窗口张望，竖起耳朵听门口的声音。时间一点点过去，而女儿还是没回来。这时她开始想象出各种可怕的场景。她不知道，她脑子里的这些念头和形象是希望女儿遭遇不测的程序。所以，不安和担心是对自己孩子潜意识的攻击。不错，母亲的意识是希望女儿安好的，但是她如何希望呢？是通过潜在的恶念和攻击。所以女儿经常对母亲态度粗鲁，不听她的劝告，就不足为奇了。她只是以攻击对攻击。如果母亲想改变女儿的行为，那么她自己首先应当改变。她应该以信任代替恐惧。

要消除恐惧，还应该做什么重要的事呢？**要摆脱针对世界与他人的敌意**。去回想那些让您谴责、仇恨、蔑视、怨愤的事情，慢慢放下这些思想。因为这些思想在敏感的信息—能量层是指向死亡的，而内在的攻击会引来外部的攻击。

于是便形成了恶性循环。

对周围世界某人某事的内在敌意引来针对您的来自外部的攻击，而这引起了作为自卫反应的恐惧。换句话说，毁灭世界上某种东西的程序以自我毁灭程序的形式返回自身，因为周围世界就是我们的世界，而这会导致恐惧。恐惧是潜意识向我们传达危险的信号。

也就是说，潜意识不得不保护我们免受自己的攻击！

因此，摆脱恐惧的唯一方法就是对潜意识的信号做出正确的反应，摆脱攻击性的思想。

前不久一个朋友找到我说："我准备和我的女友、妹妹一起去去年我和你休假的海边。请把你的睡袋和背包借给我。"

然后他建议我跟他一起去，这样他更有安全感。我发现他对自己和两位女士有某种担心。两个女人也担惊受怕的。我不能和他们同行，但建议他们去南方的另一处很好的海滨。

"你知道吗，"他回答，"我多半还是去原来打算去的地方。我对新地方不了解，在老地方比较安心。"

"那好吧。"我说，"我建议你去新地方，但如果你想历险，就去老地方好了。"

我说这话并无任何恶意，这话是不由自主脱口而出的。几天以后，我们在蒸汽浴室碰面了，这位朋友跟我讲了他遭遇的意外。

原来他在营地跟一伙好斗的年轻人发生了冲突，结果他只好匆忙地连夜离开了那里。

"你知道吗，"他说，"连大自然都给了我信号，要我别去那里，或是去了以后离开：早上下起了大雨，海上风浪很大，天气很冷，不知从哪儿漂来了很多垃圾和油污，而以前这些是没有的。在去那里的公共汽车上一个大妈问我：'孩子们，你们要去一天吗？'我既没有留意大自然的信号，也没留意她的话。还有，我们刚住下，我的女友就说不喜欢这个地方。她的话我也没听进去。当然了，第一个信号是你发出的，你建议我去另一个地方，可是我的骄傲作怪，我还是自作主张。"

"你发现了吗，"我问他，"你在出发前就特别不安。它是对你的警告。还有，你知道这件事是由什么引起的吗？"

“什么?”

“你的潜意识中积存了很多对他人的敌意。具体地说，就说对罪犯、吸毒者、流氓这一类人的敌意。你必须重新反省对人的态度，摆脱敌意。”

“你说得对。我心里这一类东西确实很多。你知道，当我在营地急急忙忙地收拾东西时，我落下了什么吗？这对我很有象征意义!”

我做出疑问的表情。

“我落下了两把刀子、一把小斧子和水下捕鱼用的标枪。正好是所有可以充当武器的东西。”

只要您摆脱了过去的负面思想，学会把爱投向人们和世间的一切，所有的恐惧就会立刻烟消云散。您就不会再把暴力吸引到自己的生活中，您的世界将成为宇宙中最安全的地方。

不久前我听到了一番对话。一位妇女对另一个女人说：“我觉得我住的那条街是最安全的，街上有很多路灯，亮如白昼。而您住的那个区真危险——挨着监狱。”

“得了吧，”另一个妇女回答说，“我觉得我们区最安全。我和我丈夫经常深更半夜走这条路去火车站接人。”

请放下恐惧心。要知道它们是在某个时候强加、灌输给您的。开始是父母吓唬我们，然后是学校、朋友、电视。

如果您害怕什么，那么请走进自己的内心，弄清楚恐惧的原因。它们隐藏在您的个人经历中。

如果您怕孤独，那么这意味着您不信任人。请回想一下，您的生活中跟哪些人的关系不好？为什么您不信任他们？他们怎么得罪您了，对您做过什么坏事？

然后想一想，您的哪些思想将这样的人和他们对您这样的态度引入了自己的生活？要知道同质相吸。

也许您经常批评自己、骂自己；也许您对自己不满，憎恶自己，或被周围人的看法所左右。那么您还能指望周围人对您好吗？他人外在的行为反映的是您的思想和感情。

我的一个病人在我这里治疗严重的疾病，他对我抱怨说，他在生活中

很孤独。当我们研究了潜意识的原因之后，发现他在心灵深处对别人是不信任的。这种对他人和世界的态度是他的父亲为他奠定的。他经常说周围充满欺骗，很多人不正派，所有的女人都很坏，怀着卑鄙的目的，使得男人为此受苦。

我的病人也不否认，他在生活中的所有遭遇，包括疾病，都与他从父母那里继承的世界观有关。当他改变了自己的思想及对他人、对世界的态度，他的生活中便开始出现一些贴心人、爱他的人，病也消失了。

对于死亡的恐惧表明您对生死的态度有问题。这可能是由于您在生活中曾经受过由于亲友的死亡带来的震动，或者您曾有自杀、不愿意活下去的想法，或者希望某人死去，也可能是由于其他原因。不管原因是什么，请建立起一种新的生死观。

我的一个女病人对死亡怀着强烈的恐惧。她经常做很可怕的梦，梦见在街上遇到送葬的队伍；她还经常惶恐不安，不敢独处。

她的父母与这种恐惧的产生有直接的关系。原来，当母亲怀着她的时候，夫妻之间曾发生过严重的冲突。由于这场冲突，母亲产生了不想活下去、不想要孩子的意念。这实质上是一个自我毁灭的程序，它瞬间注入了胎儿的潜意识。

当小姑娘长大一些、开始上幼儿园的时候，她开始害怕一个人呆在房间里，怕黑。父母怎么也想不明白，这种恐惧从何而来。到了少年时代，孩子的恐惧变成忧虑不安的情绪。而当她出嫁并做了母亲以后，想死的潜意识程序达到了最高的强度。

一位妇女带着生病的儿子来找我。这个少年患哮喘，有支气管炎。他从小就有这种病。我们跟母亲的潜意识进行交流以后，搞清楚了病因——这是她的强烈的恐惧。开始是她怕生孩子，怀孕期间一直对生产怀着强烈的恐惧。她害怕在生产时婴儿和她自己会窒息而死。当儿子还在母亲的肚子里时，这种恐惧就铭刻在了他的潜意识程序中。后来亲戚们，顺便说一声，他们是医生，又不断地吓唬她，说每种病都可能导致死亡。最后孩子身上开始出现病症，这不过是母亲的恐惧的反映。

恐惧的另一种原因是对这个世界的某种东西的强烈依恋，以至产生了害怕失去这种东西的恐惧。任何东西都可能成为被依恋的对象：钱、房子、亲友、孩子、家庭、理想。必须懂得，这个世界上没有什么东西是属于我们的，甚至我们的思想。一切都是被赋予我们临时使用的，包括生命。

请您现在就问自己：您害怕失去什么？

必须改变的正是对这种东西的态度。不要把这种东西当做生活的目的，而要把它当做生活的手段。

例如，如果您贪恋金钱，把它当做生活的目的，那么在潜意识中就会有唯恐钱财丢失的恐惧，而在您的生活中就将出现种种可能导致丢钱的情况。

如果您对某个亲人（比如丈夫或妻子）的态度就像对待自己的私有财产而苦苦纠缠，唯恐失去这种关系，那么这最终会使您陷入孤独的生活，或虽然保持着这种关系，却生了重病。

这个世界上任何珍贵的东西都不应成为生活的目的，而应充当生活道路上的手段。不要再把什么东西当做自己的私有财产。您现在拥有的一切——车、钱、关系、知识、生命，都不过是馈赠。它是与您的思想和信仰相适应的。是宇宙将这些赐予您的。有人拥有这些，有人则没有。有人得到的多，有人得到的少。每个人得到的正是他会使用的，也正是他所能承受的。要珍惜地、恰当地使用这些，把它们当做在认识之路上前行的工具。要知道总有一天宇宙是要将它们收回的。

人所造的一切无生命的东西都将遭到毁灭：机器会锈蚀，房子会倾塌，一种思想被另一种思想取代，知识不断变化。只有真理或上帝是长存不坏的。它才应当成为生活的目的。而其他的一切只是这条道路上的工具。生活的目的不是积攒世上的珍宝，物质的也好，精神的也罢。不要执著于世俗的珍宝，那样就不会有担心失去的恐惧。宇宙如此丰饶，一定会给您所需要的一切。只是一定要心胸开放，充满信任，准备好让需要的东西进入自己的生活。

怀疑和犹豫

“如果你决定了做什么，就要走到底。”他说，“但同时你必须对自己做的事负起责任来。一个人做什么并不重要，但他应该知道为什么做，并毫不犹疑，无怨无悔地行动。”

卡洛斯·卡斯塔尼达《前往伊斯特兰的旅程》

怀疑和犹豫会造成我们生活中的很多问题。您经常对自己说："我未必能做这个。""该不该做?""万一不成功呢?""我做得对吗?"诸如此类的想法在我们实现意图的道路上设置了障碍，瓦解我们的力量，消磨我们的意志。我们对某事缺乏信心，并不意味着这件事不会发生或一定会发生。无论如何，一切取决于我们的意图。我们自己造就我们的生活。

我们自己也造成了这些障碍，又通过克服这些障碍向自己证明，在生活里我们可以做些什么，可以达到什么目标。怀疑和犹豫有对我们有益的正面意图。它们使我们确信我们的选择是正确的，并为达到目的投入更多的力量。

行为方式：	**正面意图：**
犹疑和怀疑	做出正确的决定，并为达到目的投入更多的力量。

那么投入两倍、三倍的力量是否值得?克服自己设置的困难是否值得?如果您喜欢困难，那么背起行囊去远足、去登山好了。您会找到困难且得到很大的满足。

也许您是怕犯错误，怕什么事情做得不对?

不该有这种担心。**任何的结果不过是结果而已，没有好坏之分。**我们的行为没有好坏之分。在更高的层次上，无所谓胜利、失败、错误。请不要再玩好—坏、比较好—比较坏的游戏了。我们毕生都在学习，在自己的和别人的错误中学习。任何境遇都可以教会我们一些积极的东西。那么何必要事先预测呢?

要学会将挫折看做教训，看做反向联系的方法，而把自己道路上的障碍看做进行新的尝试的可能。

请改变对于怀疑的态度！要将它视为一个伙伴。我建议您以特殊的眼光看待**怀疑。**让我们设想一下，在漫长的时间中（从出生开始），我们的潜意识中注入了一些思维模式，它们使我们做出这样或那样的行为。例如，您很多次听说癌症是不治之症。很多医生都这么说，因为他们学习的时候就是这样被告知的。教科书和报纸、电视和收音机也这样说。也就是说，这个思想深深地植入了我们的潜意识。可是您忽然决定改变自己的思想，并以另一种方式行动。您建立了另一种思维形式："癌症是可以治愈的疾病，如果我对它的出现和医治负起责任而不是把责任推给外部因素和医生，如果我为了治愈癌症而消灭其潜意识原因并调动起无穷无尽的内在资源。”这就是“**怀疑**”在帮助您。它告诉您，在潜意识中还有着另外的信息。**怀疑**护卫您既有的看法。它直接反问您：“您是否肯定想用新的思维形式代替旧的?”这就好像电脑在问您“是否确定删除现有信息”?这时候您可以选择。您可以回到既有的观念，那么什么都不会改变，或者确定新的正确的思维形式。

怀疑是您的伙伴，它关心着您的选择，看它是否正确。

当我摆脱了游移和怀疑，便会对面临的情况产生这样的想法：“我的行为的任何结果总是正确的，它会帮助我完成以后的正确的行为，我会从生活的任何境遇中获得满足和学到重要的、积极的东西。”

要摆脱游移和怀疑，**要将自己生活中的一切掌握在自己手中。也就是负起责任。**

如果您想达到某个目的，就要正确地建立意图（在下一本书中我将谈到这个问题)，松弛下来，安下心来。您必需的东西一定会在最合适的时间、最需要的地方出现。

获得信心很简单。信心来自对自己的信任。您所处的世界是您的世界，是您造就的。因此您想在自己的世界得到的东西一定会出现。

“每个人都会按信的程度得到奖赏。”

相信自己还是不相信自己——这是一个选择。如果您选择不相信，您的生活中就会产生游移与怀疑。如果您选择相信，便会获得内在的力量。信心给您的意图、您的行为、您的整个生活以必需的力量和方向。

信心，希望，爱——这是助我们生活成功的三种美德。

怜悯

这是一种实际上每个人都有的感情。人们报以怜悯的问题真是数不胜数。我在给人们治病的过程中发现，很多人认为怜悯是一种好的、高尚的感情。但真是这样吗?

一个上年纪的妇女来我这里看病。她的健康及个人生活都有很多问题。她热烈地谈论着她是多么爱人们，如何一辈子为别人活着，但人们不知为何却没有同样地回报她。用她的话说，她对人充满爱，而别人对她却抱着敌意。

“您怎么爱别人呢?”我问。

“怎么爱?我怜惜他们。”她回答。

“您为什么要怜惜他们呢?”

“您的问题真奇怪,医生。我为什么怜惜别人?大概是为了帮助他们吧。”

“对了,”我说,“但怜悯是帮助别人的坏方法。我们一般怜悯什么人?穷人、不幸的人、病人、痛苦的人。也就是,当您怜悯一个人的时候,您在潜意识层自动地将所有这些不好的东西引入他的生活以及您自己的生活。然后您又因为别人对您不好感到吃惊。他们对您不好就是因为这个。因为您向他们发送毁灭性的思想。”

“这么说,不该怜惜人们?”

“完全不应该。怜悯对于人、对于他的灵魂是有害的。我不反对帮助别人,但帮助人是一门很难的艺术。”

“但那样会成为一个没有感情的人。”

“不,正好相反。当一个人摆脱了怜悯,他会成为一个对别人非常关心体贴的人。可以也需要用表现关怀、关心、善意等方式来帮助人,只是不可以用怜悯。当您怜悯一个人的时候,就表达出不认同他的疾病、不幸或整个命运的意思。这样您就是在反对宇宙的力量。您在关心一个人的身体的同时,却在伤害他的灵魂。难道您可以准确地了解别人隐蔽的潜意识意图吗?”

“当然不能。”我的患者回答,“连自己的问题也很难搞清楚。”

“就是嘛。”

“那么当有人来找你抱怨的时候该怎么办呢?”

“要真心诚意地帮助这个人。甚至可以在表面同情他。但是在自己的内心深处要认同他的痛苦。是他自己为自己造成了这痛苦——只是自己没有意识到而已,是下意识的。因为如果他意识到他的病痛或不愉快的遭遇给他带来的益处,就不会来找您抱怨,而是早就改变自己了。”

要尽量理解一个人,给他具体的帮助,但无论如何不要怜悯他。如果您在帮一个人解决问题的时候表现出仁慈和支持,您也就接种了对类似问题的一种特殊疫苗。帮助人的方法有很多,包括理解、仁慈、善意、关心。可以给予物质的、体力上的帮助。可以提出建议,但提建议的时候要小心——您的方法对您有用,但对别人可能是无效的。有的时候“在屁股上踹一脚”也是一种帮助的好方法。有时候让他一个人呆着或对他说

“不”也是在帮助他。尼采说：“爱亲友就是让他得到安宁。”

但帮助人最好的方法还是爱。换句话说，要停止表达不满，停止谴责、批评、蔑视、仇恨、怜悯。只把那些好的、光明的、善的意念发送给人们。尊重别人的世界，改造自己的世界。在积极的心灵和世界中累积爱与欢乐，并与周围人分享。这就是对人们的爱。

总之，有多少需要帮助的人，就有多少帮助他们的方法。方法因人而异。最重要的是您要有真诚帮助别人的意图并努力了解别人的世界。

对别人的怜悯一定招致对方的敌意。因为这是一种侵略性的感情。正因为如此，那些认为怜悯是一种好的感情的人，怎么也不明白，为什么人们会以敌意回答他的似乎善良的行为。

一位中年妇女向我诉说她与酗酒的丈夫生活在一起是多么痛苦。

“他把家抛在一边，一点都不管孩子，一言不合就要打人。”

“那么您爱您丈夫吗？”我问她。

“现在已经不爱了。他做的这些事让我对他一点好感都没有了。”

“那么过去您爱他吗？”

“当然。”

“您是怎么爱他的？”

“比方说，当他不舒服或遇到困难的时候，我总是怜惜他。”

“您记得在那部不朽的作品①中是怎么说的吗？‘她因为我的痛苦爱上我，我因为她对痛苦的同情爱上她。’这个‘爱情’的结局如何，您是知道的。”

有怜悯感受的人是没有或不愿看到我们生活在一个公平、和谐的世界上的人。所以，怜悯是骄傲的产物，是不了解最高法则及自己在世界上的位置的结果。因此摆脱怜悯的主要条件是相信宇宙的公正与和谐。

我从自己的经验了解到，摆脱怜悯并不是那么容易的。我为此花费了很多时间。即使如此有时也会失败，特别是对于最亲近的人。这里有一条最简单的原则：我们心中的爱与慈悲越多，我们留给怜悯的地方越小。因

① 指《奥赛罗》。译注。

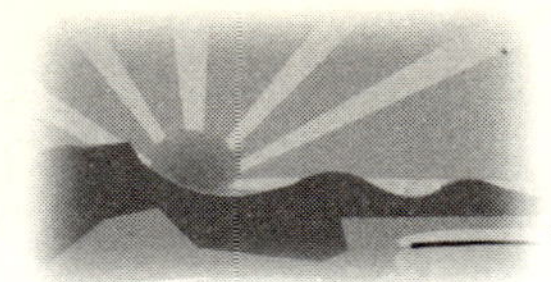

此请在心中积蓄爱，将这种感情当做认识世界和解决生活问题的方法。

同情

这种感情与怜悯相近。怜悯与同情彼此不可分割。

在达利词典①中对于这种感情是这样解释的："同情就是一起痛苦。"现在请想一想，把别人的痛苦接收过来明智吗？

我认识的一位妇女对我抱怨说："我有个女朋友总是来找我诉说她的问题和痛楚，她来以后我就会觉得筋疲力尽。也许她是个吸血鬼？"

"当然，她吸走了你的精力，但这只是因为你自己把精力给了她。你怜悯她，同情她，这样一来你就把她的病接过来了。她也习惯于从你这里得到这种'帮助'了。你的女朋友把你当做可以扔各种不快的泔水桶。但她这样做只是因为你自己总是给她提供这种服务。"

"那么我该怎么办呢？"

"不要再怜悯和同情。如果你想帮助她，那就用其他的方法帮助。你可以用意念向她发送爱、祝愿、幸福。"

"怎么做到呢？"

"例如，想象看到她健康、幸福、对生活很满足的样子是多么令人愉快。这样你不会丢掉任何东西，相反，你自己可以借此积攒能量，并和她分享你的宝藏。"

以我的理解，同情就是对别人的痛苦非常敏感和关心。您应该努力去帮助别人。在帮助别人解决问题、摆脱这种或那种疾病的同时，您会获得预防同类病痛的"疫苗"或"保险"，因为在帮助别人的时候，您也帮助了自己。

忧愁，消沉，忧郁

"请坐！"唐望硬邦邦地说。他的脸上没有笑容。他的目光严厉而

---

① 俄语词典。编注。

尖锐。

我机械地坐下了。他说，我放任自己萎靡不振，情绪低落，草率行事。对力量不可以这样。必须改变这种状态，否则力量将反过来攻击我们，我们将永远不能活着走出这片荒无人烟的山丘。

卡洛斯·卡斯塔尼达《前往伊斯特兰的旅程》

当一个人不再为生命感到快乐时，便会出现委顿。人好像戴着灰色的眼镜，看什么都是黑白的。这时会产生绝望的情绪，还可能产生不想活甚至自杀的念头。在医学上将这种状态称为忧郁症。在基督教中，消沉是七宗死罪之一。一个情绪消沉的人会毁掉自己、毁灭自己和周围人的生命。因为不想活就是意识中的自杀。此外，这种人还怀有攻击性情绪。

我在治疗忧郁症患者的过程中发现，忧郁症是因为压抑对于周围世界的愤怒、仇恨、怨恨引起的。

经常有患忧郁症的人来找我，他们的病因全都一样：长时间积累的对周围世界和对自身的消极想法。就这样，人造成了自己的忧郁症，然后去看心理医生，吞服药片，指望借助这些东西感受到生活的欢乐。其实，忧郁症是过去某个时间受到压抑、而今卷土重来的攻击性情绪。一个人过去怀有的攻击性感情或情绪越多、压抑得越厉害，忧郁症就会越严重。

消沉是针对周围世界和针对自己的攻击性情绪的反映。

很多人在生活中感到忧郁，因为他们都有唯一的病因。他们过着单调乏味、没有意义的生活，所以不幸福。但是要知道每个人亲手造就了自己的世界，难道可以通过哭天抹泪，通过不断抱怨周围的世界或借助于药片使生活变得有趣吗？

行为方式：	**积极意图：**
忧愁，灰心	改变自己的生活，感受生活的快乐。

如果一个人把大把大把的钱花在药品和心理治疗上，而不是花在自己生活中有价值的、自己感兴趣的东西上，那么这不是心理疾病，而是愚蠢，是纵容自己的弱点！

人们亲手造就了自己的忧郁症，这一点很有意思。他们的生活中有过很多愉快的经历，但不知为何，他们总是记住那些不愉快的事。很多人还对其加以夸大。我想告诉您一个制造忧郁的好方法。每当发生什么好的、

愉快的事情，您就从心里发出一种丑恶的、讨厌的声音：“这不会长久”或“其实这不是真的”。可以在现实的事件之上罩上一些可怕的图景，描绘50年以后这件事看起来会是什么样的。怎么样，很不错吧？

应当改变长年累月形成的这一类让人沮丧的思想和做法，做一些别的事情。一切都非常之简单！

我想引用美国心理学家埃里克松写的《医学博士米尔顿·埃里克松的讲习班》① 中的一段话：

有一次我的一个老朋友来访，谈到他的52岁的姨妈。她患严重的忧郁症，已经近10个月了：“我姨妈只是坐在那里读《圣经》或去教堂。她没有朋友。她早就跟我母亲闹翻了，彼此甚至不说话。我不知道跟她说什么，所以很少去看她。但我一直和她感情不错，并且我知道她现在的精神状态很不好。你下一次去密尔沃基讲课的时候，能不能去看看她，看看可以怎么帮帮她？”

我是晚上到她家的。女管家和佣人已经下班回家了。我做了自我介绍并说明是谁叫我来的，她漠然地听着。我请她允许我看看她的房子。她同样漠然地领我看了所有的房间。

我仔细地观察房子里一切。在朝阳的房间我看到三盆正在盛开的不同颜色的非洲紫罗兰。而在一个小花盆里还有单独的一株幼苗。

你们知道，这是一种很娇气的植物，如果疏于照顾就会很快枯萎。

看到这些五颜六色的花，我说道：“我想给您布置一些治疗作业，希望您能完成。您明白我的意思吗？您同意完成作业吗？”她心不在焉地同意了。“明天您派女管家去花店，让她把所有颜色的非洲紫罗兰买回来（当时大概共有13个颜色）。这些紫罗兰将由您照顾，请好好照顾它们。这是给您的一道治疗作业。然后让您的女管家买200个送礼的花盆，50个用于移栽的花盆和彩色的土。这些紫罗兰的叶子会繁殖。您从每种紫罗兰上摘下一片叶子，种在小花盆里，好让它们日后长成大棵的植物。当您培育出足够多的非洲紫罗兰时，我希望您送给您的教会中每一个生小孩的家庭一盆。送给每个在您的教堂受洗的婴儿一盆花。再把紫罗兰送给每个生病的人。如果教会中有人订婚，要送给新娘一盆紫罗兰，在举行婚礼的那

① 米尔顿·埃里克松著．医学博士米尔顿·埃里克松的讲习班．俄罗斯：等级出版社，1994年

一天也一样。当教堂举办义卖的时候，就拿出一二十盆花来卖。”

后来我听说，她家里常年都有200盆以上的花季非洲紫罗兰。

当一个人要照料200盆紫罗兰的时候，他就没工夫忧郁了。她在70多岁去世的时候，被人称为“非洲紫罗兰女皇”。她有很多各种年龄的朋友。当一个生病的孩子收到一小盆美丽的花时，她自然就成了这个孩子的朋友。孩子的父母得到这样的礼物自然很高兴，当孩子痊愈以后，他们就会去感谢她。这位姨妈在忙忙碌碌中度过了20多年。最主要的是她不会沉湎于过去，没完没了地想着自己的孤独。需要做事情，而且是对社会有益的事情。这位姨妈也许并未多想自己的劳动有何社会意义，只是干上瘾了。

我在埃里克松书中读到这个故事的第二天，来了一位患严重忧郁症的退休妇女。

她对我讲述了她漫长的病程。她说，她原是一个牙科医生，有三个孩子，其中两个生活在别的城市，小女儿和她一起生活，也患忧郁症，因为她所爱的丈夫离开了她。这位妇女早就和丈夫离婚了。还有，她做过15次流产（这让我感到吃惊，因为她自己就是医生，一定应该懂得如何避孕）。她实际上没有朋友，跟邻居们也没有任何来往，她跟女儿整天闷在家里，相对而泣。

她说，她是从一个过去的同事那里听说我的。我给她这位同事治疗过神经官能症。她请我帮帮她。

当她给我讲她漫长的病史时，我想起了刚刚读过的那个故事，于是决定让这位妇女试试同样的方法。

“您知道，”我说，“很多医生都对您爱莫能助，我也未必帮得了您。但是我有一个计划可以使您感到轻松一些。您是否准备完成我的治疗?”

“我什么都准备做。”她说，“我没有别的出路。”

我问她：“您有室内植物吗?”

“没有，”她回答，“我从来不养室内植物，照料它们很麻烦。”

“那么您仔细听好我的作业。您去花店买15种不同的室内植物。一定是不同的。因为您从没养过花，没有经验，所以您要买一本关于培植室内植物的书，好好研读。您必须养15种不同的花，它们都需要精心呵护。要搞清楚每种花对光照和湿度的要求，用适当的方式将它们安置在家里并且精心地培育，再提前准备一些分盆用的花盆。

“当您有了足够数量的花苗，您就开始在一切适当的机会把它们送给

过去的同事和邻居：节日、生日、生小孩、婚礼等等。

“除了这些花，一定要买三盆仙人掌，这是非常皮实的植物，很少需要照料，只要偶尔管一管就可以了。但另外15种花则需要精心地照料。”

过了一段时间，这位妇女又来了，这一次还带着女儿。她看起来又快乐又幸福。

“医生，”她说，“我非常感谢您。我的生活中一切都非常好。只是我女儿的情绪让我担心，但是她看到我的变化，也想在您这儿治疗。”

一个月后，我也使得她女儿回到了正常的生活中。

如果您想改变自己的生活，就需要把一切掌握在自己的手中并加以改变。为过去感到懊悔，生活在过去中是无益的和愚蠢的。懊悔是对上帝、宇宙的攻击，是对自己的敌意。因为正是我们在宇宙力量的帮助下亲手造就了生活中这样或那样的情况。我们只需要搞清楚：“什么使我的生活快乐幸福?”然后勇敢地体验新的快乐，让它们进入自己的生活。用新的、快乐阳光的思想代替旧的灰暗的思想，“戴上”一副五彩缤纷的眼镜。对于过去不愉快的经历一再回顾也不妨，但要改变对它们的态度，用新的、愉快的态度取代以往的不愉快的态度。要记住，每个人所做的事总是对的。过去的某个时间您的某个行为导致了那件事的发生。现在您可以改变自己的思想，创造新的生活，而用不着遗憾和有负罪感。一切都在您的掌握中。

饮食无度

任何过分的都是违背自然的。

希波克拉底

在基督教中，贪吃也是七宗死罪之一。为什么过食对自己的肚子那么危险呢？我想，这是因为这种人将生活的意义归结为填饱肚子。这些人的格言是：“为了吃饭而活着，为了活着而吃饭！”大量的生命能量毫无价值地消耗在获得食物和加工食物上。但我们生活在这个世界上显然不是为了吃饭。食物只是应当补充我们在日常事务中消耗的能量。此外，通过食物我们获得周围世界的某些信息。我们的食物越是多样，我们获得的信息越多，而我们对于自己胃的依赖应该越少。

患有暴饮暴食症的人通过食物使自己达到某些正面意图。

行为方式：	正面意图：
暴饮暴食	获得满足和生活的快乐。

享受生活，感受生活的快乐——这是非常好的意图！但其手段却具有负面的后果，包括为获取、消化食物消耗的宝贵精力，还包括肥胖和由此带来的各种后果。

但还有一个被人们忽视、很多人更是全然不知的方面。暴饮暴食是对有生命和没有生命的自然界、对有机与无机世界的强烈的攻击性。

如果一个人只是为了补充消耗的能量而食用动物、植物和微生物类的食物，那么这完全不会破坏自然的法则。因为有一天我们的身体也会成为某些物质的食物。我们的身体是地球物质和能量循环链条的一环。但是如果对一个人来说吃东西成为获得生命快乐的最主要的手段之一，那么自然法则就会遭到破坏。无穷无尽地吞噬食物就是在毁灭有机和无机世界的物质。基督教将这种行为列为罪过是有道理的。而对有机与无机世界的敌意又反过来以各种形式进行反攻：使人患重病或发生不幸事件。

正如奥斯塔普·宾杰尔所言："不要把食物当做崇拜的偶像！"

我并不反对美味佳肴和丰富多样的食物。我很喜欢美食，有时会亲自做饭。我吃那些健康的、使我获得能量与享受的食物。我的首选是富有生物能量的"活的"食物。我喜欢色香俱全的美食。对我来说，进餐的过程本身是一种获得快乐和享受的非常愉快的活动："……因为对太阳底下的人来说，没有比吃、喝、玩、乐更美的事情了……"但是我在生活中有很多其他感受欢乐和满足的方法。而进餐的过程只是许许多多方法之一。

请想一想，除了吃东西，生活中还有什么可以为您带来欢乐和满足？

难道生活的目的和意义只是把胃填满和把肠子排空？想一想，您生命中最重要、最珍贵的是什么，什么使得我们人区别于其他物质——该这样做了。

贪婪和吝啬

要想达到别人无法企及的高度，就要善待周围的世界。不要吃五个鹌鹑，而要只吃一个。不要仅仅为了生火取暖去作践植物。不是必须的时候

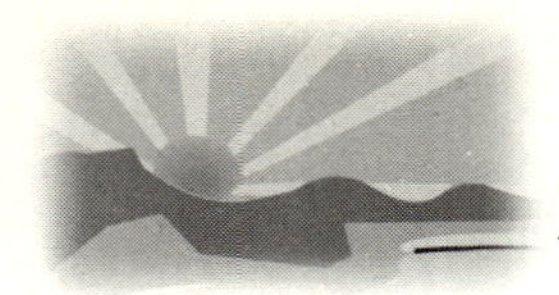

不要呆在风口。不要利用别人，不要把他们榨干，特别是你爱的人。

猎人对周围的世界一向非常小心和爱护，不管是物品、植物、动物的世界还是力的世界。

卡洛斯·卡斯塔尼达《前往伊斯特兰的旅程》

贪心就是用对他人不利的手段谋取私利。贪心的人只想自己的好处而不计后果。对获利、发财的渴望使他不择手段。当然，一个人想得到某种对自己很重要的东西并没有什么不好。意图是好的，但手段好不好呢?

行为方式：	**正面意图：**
贪心，贪婪，吝啬	得到某种对于自己重要的、必需的、有益的东西，过上富裕的生活。

所以，如果一个人获得利益而另一些人因此受苦，这就是贪心。贪心具有毁灭他人世界的程序。因为您想通过别人的痛苦解决自己的问题。人由于贪婪地、过分地渴望满足自己的某种愿望会不顾及他人的意图，结果您的信息—能量结构反过来也出现了变形，因为在敏感层我们所有人都是一体的。心理状态和眼睛会因此受到特别危险的影响。

贪心行为最普通的例子就是为了获得某种利益而希望别人，或一群人，或一个国家灭亡。例如：

为了获得遗产希望亲戚死亡。

希望自己的商业竞争对手破产。

有利可图的婚姻。

希望同一职位的竞争对手死亡或生病。

贪心主要表现为对金钱或物质财富的欲念，并总是伴随着虚伪。贪心的人为了获得好处可能言不由衷地表示关心、关怀，表白自己的爱，但同时却怀着截然不同的情感。

吝啬与贪婪具有同样的正面意图。吝啬的人过分节俭近乎贪婪，竭力避免花销。他想拥有富足，但吝啬妨碍他真正理性地爱惜财物。

要避免贪心、吝啬和贪婪，请利用富足的原则。

宇宙是富足的

明白这个道理、感受到这一点是很重要的。如果您想在这个世界上得到什么，您只需要去想它，非常强烈地想。我把这叫做——需要正确地构造动机并清除内心可能妨碍动机实现的东西（详见下面一本书）。换言之，必须向这个世界，向宇宙的力量敞开自己。那时您就会得到您需要的东西，而另一个人则可获得他所必需的东西。

这一切甚至比您想的还要简单得多。不需要学任何新东西。要知道我们每个人就是这样从生命、从上帝那里获得想要的一切。就是说以自己的信心、思想、行为和行动获得果报。但如果您对于所得到的不满意，或者您想得到更多，那么只要改变自己的配置就可以了。

我使用这种模式已经很长时间了。如果我需要得到什么，我一定会得到。对我来说，在我的工作中没有竞争对手，只有伙伴。而来找我看病的正是我可以帮助的那些人。

学会尊重其他的世界。请记住，别人——甚至您亲近的人——的世界已经是另一个世界。要爱护世界上的一切。不错，宇宙是富足的，但是请小心翼翼地使用它所给的一切。请记住，您是这个现实、上帝的一部分，但其他的人与物也是一样。一个整体将我们联系在一起。也就是在敏感的潜意识层我们大家都是平等的，我们每一个人与这个世界上其他的一切都是平等的。

这个世界的一切都是为我而生，而我是为周围世界而生。

学会付出和给予。有一条定律叫做："付出什么，就会得到什么。"在得到与付出之间保持和谐与平衡是十分重要的。

我非常喜欢一个禅宗故事，忍不住要在书中引用一下：

禅师住在寺庙里。一个居士对他抱怨妻子很吝啬。

禅师拜访了这个居士的妻子，攥起拳头给她看。

"你是什么意思？"这个女人吃惊地问。

"假如我的手总是攥成拳头，你会说它什么？"禅师问。

"畸形。"女人回答。

然后他把五指伸开，又问："那么假如我的手总是这样，又是什么？"

"另一种畸形。"这位妻子回答说。

然后他走了。

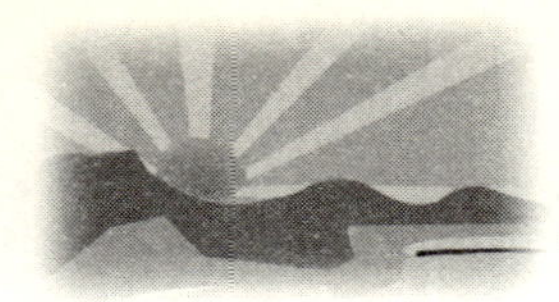

自他来访以后，妻子便开始不仅帮丈夫攒钱，也帮丈夫花销。

学会做一个慷慨的人。一个真正慷慨的人，而不是浪费的人。

在沙赫的《托钵僧的故事》中有一个很好的关于慷慨的故事：

一个波斯国王决定做一个慷慨的人。他把伊朗最优秀的建筑师召集起来，让他们在一块开阔地带建一座宫殿，宫殿里要有一座开40个窗户的大金库。

过了一段时间，宫殿建好了。国王命令把金库中装满金币。于是从全国各地向首都运来一车车金币。

金库填满后，负责宣读公文的官员宣读了国王的命令：“大家听好！按照无比慷慨的王中之王的命令建成了有40个窗户的宫殿。从即日起，陛下将亲自从窗口向所有需要的人分发金币！”不用说，成千上万的人群涌向皇宫。国王每天出现在其中一个窗口，给每个来要的人发一枚金币。

国王在发放赏赐的过程中发现有一个托钵僧每天来到窗口领一枚金币，然后离开。

开始的时候国王认为托钵僧是替某个无法自己来领赏赐的穷人领的。后来再次看到他的时候，国王想：“也许他是根据托钵僧对人慷慨相助不留名的原则把金币给了别人。”就这样，每天当他看到这个托钵僧的时候，就替他想一个理由。但是第40天托钵僧又来了，国王失去了耐心，抓住他的手，怒吼道：“没良心的败类！你还一次都没有向我鞠过躬，甚至没说过一句感谢的话。连一个笑脸都没有过。怎么，你是把这些金币存起来，还是拿去生利？你只是侮辱了你这身打满补丁的法衣！”

等到国王住口以后，托钵僧才从袖子中取出他40天来所领的40枚金币，把它们撒在地上，说：“伊朗的王啊，你要知道，只有表现慷慨的人具备三个条件，慷慨才能称得上是真正的慷慨。

“第一个条件是，给予而没想到自己的慷慨。

“第二个条件是，要有耐心。

“第三个条件是，不能心存怀疑。”

这个国王终究没有成为一个真正慷慨的人。对他来说，慷慨是跟他自己对于“慷慨”的概念联系在一起的。他做慷慨的事只是为了向人们炫耀。

如果没有支持竞赛的基本要素，那么这个竞赛不会有任何结果。如果一个人其他的善行没有充分发展，他的慷慨也不可能真正展开。

嫉妒

嫉妒是见不得别人遇到好事。贪心总是与嫉妒并存，因为它们的意图是同样的：想拥有某种对于自己重要的和必需的东西。

行为方式：	正面意图：
嫉妒	得到某种对自己重要的、必需的和有益的东西；得到物质上的好处，拥有良好的人际关系，成功，富足。拥有别人所有、而自己生活中所无的东西。

一个嫉妒的人很容易动怒、不满，当他的邻人或熟人获得了他所没有的某种东西时就寝食难安。他的潜意识中形成了针对他人、针对引起其嫉妒的人或事的毁灭程序。这同时也构成了对于自己世界的毁灭程序。嫉妒形成巨大的显意识及潜意识的攻击性。基督教将这种感情定为七宗死罪之一是有道理的。嫉妒对于嫉妒者及宇宙具有极大的破坏性。

还记得那则寓言吗？一个人有个富有的邻居。这个人想拥有那个邻居所有的一切。于是他找上帝请求获得物质财富。上帝回答说："我给你所要的一切，但有一个条件——我要给你的邻居双倍的。"于是这个人请求道："上帝，请剜掉我的一只眼！"

嫉妒的人不知道他在反对周围的世界。他没有意识到自己在宇宙中真正的位置和使命。他不知道、不相信宇宙本身在关怀着他，给予他的正是他必需的。

一个人可以从生活中得到想要的一切——任何的物质财富与精神财富。为此必须向宇宙的力量敞开自己。而嫉妒妨碍人这样做。这种可怕的情感使人充满敌意和自我封闭。

如果您有嫉妒心，请为自己建立摆脱嫉妒的程序。

首先，为了在自己的生活中获得什么，要使用富足原则。这一原则的本

质很简单：宇宙是富足的，您是应该在生活中获得您必需的东西的。您尽管拿来用，为此感到欢喜、享受。要怀着善良、纯洁的心来做这些。

尽量多地由衷祝福别人。这是医治嫉妒的良药，也是医治很多由嫉妒引起的疾病与生活问题的良药。要祝福自己的亲友、邻居、城市、政府、国家、其他国家、地球、其他的文明。

我在工作及生活中经常听到人们骂政府和所在的国家。那么他们能从这个“坏的”国家期待什么好东西呢？他们于是只能得到他们所期待的坏的东西。

通过祝愿他人幸福和万事如意，您可以将幸运引入自己的生活。

还要学会为他人的幸运与成就感到高兴。通过它您也可以将顺利和幸运引入自己的生活。如果我的邻居或熟人买了很好的房子或汽车而我没有，那么心怀嫉妒并由此毁坏自己的生活是很愚蠢的。我最好和他一起高兴。这样我就可以使得自己更快地拥有同样的东西，如果这是我需要的话。

虚伪

要当心伪先知，他们披着羊皮走来，内里是凶狠的狼。

《新约》

做一个虚伪的人就是做一个双面人，行动自相矛盾，假扮与自己内心不符的面孔。一个虚伪的人说的或表现的是一套，而真正想的和做的是另一套。跟这种人打交道经常令人头痛。这是因为人与人交往时，至少是在意识和潜意识两个层面上接收信息的。如果在意识层面通过的是一种信息，而潜意识所接收的完全是不同的信息，人试图将完全无法结合的东西结合在一起，结果就会头痛或情绪不佳。

但是不仅与虚伪的人打交道会头痛，虚伪的人自己也有这一类的病痛。因为做一个双面人意味着人格的分裂，并由此导致一系列后果。

行为方式：	**正面意图：**
虚伪，谄媚	想得到什么。

虚伪的人想通过向周围世界展示自己而获得某种好处，尽管其内心完全是另一回事。政客常常具有这种特点。借助于虚伪可以得到物质利益，

骗取信任或得到关注。但是这一方法对于身体健康和个人生活具有很大的危害。

虚伪的人总是得装假，用某种外在行为欺骗周围世界。他不能做自己。但是一个人隐藏的思想感情早晚会在周围世界表现出来，因为外在反映内在。

虚伪的原因是对自己和周围世界的不信任。虚伪的人不相信在做一个真诚磊落的人的情况下他可以从生活中得到某种东西。

要学会接受和爱自己的本来面目，尊重自己的个性。要真诚地表达自己的感情和愿望。要尽量向人们展示自己的真面目。常言道，朴实见风流。

谎言，欺骗

真话与谎言的问题困扰着凡人。对他来说，辨别是不是真话是很重要的。而这对一个战士完全没有影响。凡人根据他对真理和谎言的判断行事。如果有人跟他说“这是真理”，他就会满怀信心地做这件事。如果有人对他说“这是谎言”，他就会垂下手不行动，或是就算行动，也不相信他所做的事情，实际上还是一样的。而战士在两种情况下都会行动。当别人对他说“这是真理”，他会完全负责地行动，这是他的“做”。有人对他说“这是谎言”，他还是完全负责地行动，这就是他的“不做”。

卡洛斯·卡斯塔尼达《前往伊斯特兰的旅程》

说谎和欺骗就是使某人迷惑，相信不存在的事，所说的话是谎言，也就是真理的对立物。欺骗与虚伪总是并生的，因为它们的目的一样。

行为方式：	**正面意图：**
谎言，欺骗	想得到某种东西：物质上的富裕，精神上的安宁，维持关系。

谎言的后果很清楚——周围人的不信任。“一个人今天撒谎，明天人们就不会信任他。”

父母经常骗孩子，而后却因为孩子不信任他们而感到吃惊。而他们应该做的只是说真话，但是要用孩子的语言。

谎言永远是会导致灾难的，虽然有人认为有一种所谓“神圣的谎言”，也就是善意的谎言。但让我们看看，真的如此吗？例如，病人患了癌症，而医生和亲人对他隐瞒真相，不想让他害怕。但这样一来他们就剥夺了他了解真相的权利，同时也剥夺了所有病人都有的唯一的获救机会。世界上大多数国家都会将有生命危险的诊断告知病人，这是正确的，因为病人应该了解他给自己造成了什么病。这样他就有可能进行内省，并在面临死亡的情况下有所改变。应该把真实情况告诉病人，同时祝他们成功。欺骗的人道主义总是有害的。

在某些情况下，人们不得不多年隐瞒真相，同时遭受良心的折磨。在这种情况下，他们的潜意识最终会制造一种情况，揭露真相。

叶琳娜和谢尔盖相识后，他们的关系发展很顺利。过了一段时间，他们决定结婚。对谢尔盖来说，他未来的妻子应该是个处女这一点很重要，叶琳娜对此也很清楚。但让她非常难过的是，她早就失去了贞洁。于是她决定欺骗。叶琳娜做了处女膜修复手术。鬼使神差，她保存了手术费的收据。这对年轻夫妇共同生活了5年后，生了一个女儿。

有一次丈夫在找自己的文件时偶然发现了这张收据。从此以后叶琳娜的家庭生活变得就像地狱一样。她至今还在问自己：“我为什么要保留这张收据呢？”

其实什么都用不着隐瞒，但人们往往无法明白这一点。只要摆脱负罪感，谎言就会变成真话。有时一些收养孩子的父母来我这里治疗。他们问我，孩子是否会感觉到他们不是父母亲生的。这时我总是问他们是否真正地爱这个孩子，有没有父母的情感，特别的归属感。如果是，那就没什么可担心和不安的。收养的孩子对于父母的任何细微的犹疑都很敏感。如果父母有疑惑或负罪感，就会产生某种后果。如果父母心安理得，孩子也会很安心。

这种情形中不存在任何欺骗。如果一个人承担起做一个孩子父母的责任，那么在他与孩子之间就会建起一座能量桥，也就是在能量层他们是一体的。父母是如何得到孩子的，这也不重要，真相是，这是他们真正的孩子。因为除了血脉上的亲缘关系，还有精神上的亲缘关系。

建议您从现在开始只说实话。这是很轻松愉快的。况且本来就不存在谎言——一切都是真的，或者相反，一切都是谎言。这话如何理解呢？很简单。让我们回顾历史，在亚里士多德时代太阳围绕地球转，大地是平的，整个世界也是平的。谁说出相反的话，就会被送去烧死。可是文艺复兴时代来了，伴随着新的发现，出现了对世界新的看法。牛顿—笛卡儿的宇宙结构模式占据统治地位，其基础为万有引力定律和因果律。借助这一模式各种科学得到了长足的发展：化学、物理、机械、生物。新发现成雪崩之势。玻尔在这一模式的基础上创建了其原子结构模式。到了不久前，物理学家们又相信原子及整个世界的构造是另一种样子。那么怎么样？是不是意味着玻尔的原子构造理论是谎言？可是那些依据旧模式取得的科学成就并没有从此消失。那么什么是真理，什么是谎言呢？

我想，只存在一个真理——就是现实本身。它是任何语言都无法描述的，也是看不到的。它只有用心灵，用潜意识去感受。而所有的科学发现，所有关于世界结构的理论，只是在认识真理、认识上帝之路上的一个个阶段。因此我相信任何理论，任何模式。但我同时知道，它们压根儿就是不完善的，因为没有反映真理本身。我只是判断哪种模式在哪些地方可以对我有用。

所以，在这个世界上只有认识真理的一个个台阶。

还有一点也很有趣。如果您运用新的认识模式并负起责任，那么就不会受骗。因为按照新的模式，在潜意识中保存着关于一切（过去、现在和未来事件）的信息。因此任何信息对您都是有益的。只需学会对它们做出正确的反应。

我还发现，随着对新模式的掌握，人人都会拥有一双慧眼，可以看出别人的想法，了解他们内心深处的愿望。果真有了这种能力，真话与谎言的问题就根本不存在了。

所以，如果您在生活中遇到了谎言和欺骗，那只是因为您相信它们的存在。

阿谀

阿谀是为了谋利而夸奖，是假意的赞扬，做作的附和。一个阿谀奉承的人为了获得物质利益或者关心和褒奖，可以将他人抬到任何高度。

行为方式：	**正面意图：**
阿谀	得到某种好处。

阿谀的人在毁掉自己和周围的世界。因为在抬高别人的同时，他也在贬低自己。阿谀是骄傲的派生物之一。

我的一个熟人说，他最受不了的就是阿谀的人。大概每个人跟阿谀者打交道时都会感到不舒服。产生这种不舒服的感觉是因为阿谀中夹带着潜意识攻击性的炮弹。所以老话说，阿谀可以把人的心挖出来。

一个了解自己真正价值的人会努力在这个世界上表现自己的独特之处，一个自尊的人是不会阿谀别人的。

请学会真诚地、没有功利目的地夸奖别人，赞扬他们的行为，说些使他们顺耳的话。仅此而已！要让这变成使人们愉快的一种方法。

吃醋

吃醋是怀疑某人的忠诚与爱，这种怀疑非常折磨人。这是最有害的情感之一。它破坏家庭，窒息爱情，引起最严重的疾病。实际上，我每天都要跟吃醋的人打交道。

一个男人在脑震荡后留下了严重的头痛病。他一走进诊室，我就看出原因了，用不着去找潜意识。如果你在工作中长期和人打交道，就可以学会凭直觉很快地发现他们性格的基本特征。

这个男子的病因是老一套——吃醋。他没有妻子不忠的证据，但对此抱有怀疑。吃醋的结果就是脑震荡和头痛。吃醋首先“打击”头部，因为它立足于恨。他在对自己进行调整之后，头痛消失了，和妻子的关系也改善了。

父母吃醋可能导致孩子严重的疾病。

不久前一家人带着一个很小的孩子来看病。这个孩子不久前开始发作癫痫。其原因同样是吃醋。原来孩子的父亲已经50多岁了，而母亲才刚满30岁。父亲总是因为一点小事或是没来由地吃妻子的醋。除了吃醋以外，还有其他一些潜意识的高度攻击性的表现。这一切都反映在孩子身上，而且他的潜意识攻击性水平要远远高于他的父母。在这种情况下，生病是给父母发出的信号，要他们改变自己的行为和世界观。

吃醋不仅会损害关系，而且会妨碍建立关系。

一个男人已年过四十，却怎么也无法建立家庭，甚至从没有与女人建立过长期的关系，总是见几次面就分手。父母忧心忡忡，埋怨他连个家都成不了。他母亲为此找了不少巫婆神汉。他们说他被人诅咒了，被“作法”了，有一堵墙把他跟女人分开了。他们说，女人召唤他到自己身边来，而他似乎听不见这种呼唤，对她们视而不见。

但原因其实在他自己身上。这个原因就是吃醋。吃醋就是那堵墙。而且这堵墙很结实，使得他的潜意识不允许他与女人建立稳定的关系。因为，一旦他与某个女人建立了稳固的法律关系，就会启动自我毁灭程序。因此他的潜意识为了保全他的生命就会制造各种障碍。

吃醋是愤怒、仇恨、怨恨、怀疑、对自己的怜悯以及不信任、轻蔑等多种感情的组合。其中的每一种感情都会带来不良后果。

吃醋的人对亲友、竞争对手或自己怀有恨意。这样他便造成了经典的三角关系！如果您哪怕有一点吃醋——请等着吧，三角关系马上就会出现。您以吃醋造成了这种局面。人们总是给自己制造问题，然后又归咎于别人。

吃醋和其他所有感情一样，有其正面意图：

行为方式：	**正面意图：**
吃醋	想拥有与所爱的人之间的牢固、纯洁、可靠的关系。表明自己的爱，确定配偶爱自己（常言道：“吃醋就是爱”）。

意图的确很好。每个人都想爱与被爱，都想对自己与所爱的人的关系感到放心。但是我们早就应该明白，吃醋还从来不曾使得关系更加牢固。相反，它会扼杀爱。恨与爱是不能相容的。

吃醋是如何形成的，又如何摆脱呢？

第一，吃醋说明您过于依赖某种关系，随之而来的就是您害怕失去您所珍爱的人。但是不可以像对待私有财产那样对待自己的亲人。这个世界

上什么都不属于我们，甚至我们自己的生命。

您亲爱的人不应该成为您生活的全部目的。他不是目的，而是表达您的感情的手段。不要让他高高在上，要让他与您并肩而立。

要摆脱占有感和害怕别人离开您的恐惧。要改变对于亲近的、心爱的人的态度。他们不属于您。他们每一个人都有自己的世界和自己的生活。在这个世界上，每个人本来都是孤独的，与此同时整个世界也属于我们每一个人。宇宙给了您一份特殊的礼物，就是可以和这些人生活在一起。要怀着感激接受这份礼物，珍惜它。要用完善自己的方法来加固关系，而不是对想象的和真实的竞争者怀有敌意和仇恨。要尊重亲近的人的个性！要记住，我们不可能失去不属于我们的东西。

第二，您已经了解一个规律——同质相吸。如果您把怀疑的目光投向第三者或对第三者抱有性好感，那么您的伴侣已经在潜意识中知道了，只不过暂时还没有意识到。于是对方很快便可能出现同样的行为。因此，在吃醋之前先要当心自己的想法是不是很纯洁。

第三，吃醋还显示您对于自己作为男性或女性的不自信。您觉得自己什么地方很糟糕，或不够好。

例如，假如一个女人有自卑综合征，那么单凭这一点她就给了男人在别的女人身上寻找没有得到的东西的理由。或者一个认为自己男子气不足的男人简直是迫使他心爱的女人去找“旁人”。

请改变对自己的态度。请开始爱自己，珍视自己和尊重自己。如果您怀疑对方是否爱您，就要开始展现对自己的爱，这样也会得到亲爱的人的爱。您是很优秀的，有资格获得这个世界上最好的东西，包括和所爱的人生活在一起，拥有与之牢固的关系。

因此，请接受本来的自己，爱本来的自己。

第四，要学会信任。信任亲近的人是爱的最高体现。

第五，这一点也是同样重要的。爱可以用各种不同的方式表达，只是不要采用吃醋的方式。否则您的爱会毫无结果。吃醋是很低级的表达感情的方法。

第六，这一点是最重要的！吃醋说明你们的关系走向死胡同了。一定要发展你们的关系，认真反省你们共同生活的主导思想是什么。把你们的一生联系在一起的应该不只是性。

淫荡和通奸

你们听到古人说“不要通奸”。

而我要告诉你们，谁带着欲望看一个女人，就已经在心里和她通奸了。

《马太福音》

淫荡是在性方面的放荡，而通奸是对夫妻间忠诚的破坏。在基督教中淫荡属于七种死罪之一，而通奸也同样。应当说，这是有道理的，因为二者都会给人的健康及命运乃至其子女的命运带来严重的后果。

淫荡和通奸（老百姓说的浪荡）首先会带来性病，也可能成为不育的原因。

一个来看病的年轻男子有一个不寻常的问题。最近他开始担心得梅毒。他难以摆脱这种恐惧，每天都从头到脚地仔细检查皮肤以及生殖器。他看自己的舌头，寻找生病的症状，还研究所有关于这个问题的文献。

他当然并没有病，但这种恐惧妨碍他正常生活。他开始害怕在社交场所吃东西、乘坐公共交通工具、和人握手。最有意思的是，过了一段时间，他真的开始出现一些症状，虽然化验结果完全正常。

我与他的潜意识建立了联系，搞清楚了这种奇怪行为的原因。

“我为了你的浪荡惩罚你。”他的潜意识说，“教你学会正确地对待女人。”

原来，他在少年时的生活方式很放荡。从内心来说，他是个很好嫉妒的人。而混乱的性关系帮助他在一段时间内摆脱强烈的妒忌。在他结婚和有了一个女儿之后，他的潜意识决定用另一种方式让他走上正路。

我们改变了他潜意识的行为方式，创立了新的方式，于是恐惧便消失了。

在性病史上有一个有趣的规律。它们全都出现在所谓性革命的时代。在上世纪60年代的性革命之后，当时人们已经学会用抗生素治疗梅毒，却很快出现了艾滋病。它取代了过去那些只有通过性途径传播的疾病。这种病是病毒引起的，而我们的科学还没有学会与病毒斗争。而且是否需要斗争呢？我们早就应当明白，病是一种信号。必须去掉病因，而病因就是

我们的行为方式。

过去宗教借助于戒律多少约束了人们的性行为。现在所有禁忌都不复存在。而很少有人教授男女之间正确的性行为。书刊和电视一般总是展示变态与放荡。

但是既然存在着性放荡，那么说明存在着某种需要。它实现着哪些正面意图呢？

行为方式：	**正面意图：**
淫荡，通奸	从与异性的关系中得到爱和满足。

请设想这样一种情况：夫妻间发生冲突，彼此不满、寻衅、怨怼。您知道，所有这些感情和情绪都会扼杀爱的情感。而如果这种情况经常出现呢？还谈得上互相理解和满足吗？但人总是想获得享受和快活的。他们不是改变自己和彼此的关系，而是不计后果地从旁人那里寻找这些。

我相信，有淫荡和通奸倾向的人是些嫉妒心很重的人。就是那些高度依赖关系的人，与异性的性关系在其生活中占头等地位。他们不懂得，性关系不可能是生活的目的和意义。我们知道，嫉妒会产生强大的意识和潜意识的攻击性，而混乱的性关系可以帮助他们在一段时间内摆脱对关系的依赖并打压这种攻击性。就像酒鬼借助酒精压制对自己和周围世界的攻击性，淫荡的男女也是企图用放荡来消解自己的嫉妒。但放荡这种治疗嫉妒的药虽然是甜的，却很不好。长期无节制地服用任何一种药都会带来副作用。

摆脱对混乱性关系的沉迷只有一种方法——摆脱嫉妒。而嫉妒又来源于骄傲，也就是对上帝、宇宙、自己和异性的错误态度。正因为如此，宗教将性放荡列为罪恶，而且是死罪。

我相信，当人将对上帝的爱置于生活的首位，一切就迎刃而解了。那时，骄傲与嫉妒就会消失，与亲近的人的关系就会成为自我发展的手段，就会带来享受、快乐和满足，而不是成为痛苦的来源。如果您希望彼此关系和谐，就应该将对亲近的人的爱当做对上帝、宇宙的爱的一部分，不要再把自己的伴侣看做私有财产，也不要将其当做崇拜的偶像。要把自己的伴侣当做宇宙给您的礼物，是您自己的映像，倍加珍惜，要把你们之间的关系看做自我发展与自我完善的手段。

总结

我做了一个尝试，就是从积极的角度描述消极情绪。我相信我完成了这一尝试，做得好不好，要请您判断。

让我们再次回顾那些导致疾病和各种个人生活问题的情绪和行为，将它们罗列如下：

骄傲，自私，自以为是
责怪（别人和自己）
批评（别人和自己）
苛求（对别人和自己）
不满（对别人和自己）
谴责（别人和自己）
憎恨（别人和自己）
火气
愤怒
怨恨
报复
懊丧
失望
恶言恶念
吹嘘
恐惧，忧虑和担心
怀疑和犹豫
忧愁，消沉，忧郁
暴饮暴食
贪婪与吝啬
嫉妒
谎言与欺骗
虚伪
阿谀
吃醋
淫乱和通奸

请标出哪些情感是您身上所固有的，开始改变它们，直到把所有项目勾掉。

这还不是所有负面的、破坏性的情绪。我描写的只是最重要的一些。我的生活和工作经历告诉我，所有这些归根到底都是由于骄傲、自以为是或自私产生的。骄傲是由于不了解自己在这个世界上的位置以及生活的目的，源于对自己与周围世界不正确的态度。而这又会导致不和谐。骄傲好像有 30 个头的怪蛇，必须战胜它。可以慢慢地，一个一个地把这些头砍掉，也可以一下子砍光。

过去人们认为疾病是魔鬼在作怪，是某些黑暗的、鬼怪的力量的表现。直到现在，某些巫医、特异功能者还不遗余力地驱鬼祛邪。但从根本上说，这些做法是无效的，因为疾病根本没有就此离开，而只是“被抛到”更敏感的信息—能量层了，而后还会卷土重来，并变本加厉。耶稣基督早就说过：“当不洁的灵魂从人身上走出后，就在无水的地方游荡，寻找安身之地，可是找不到。于是它说：我要回到我离开的家。于是它带着七个比自己更坏的灵魂一起回来，进来住下。对于那个人来说，这后一种情形比前者更糟。”

不可以驱赶疾病，一定要利用它。因为世界上没有不可以用作积极目的的力量。现在您已经知道，疾病是愤怒、仇恨、怨愤等破坏性情绪的外在表现，而它们中的每一种都完成着某种正面功能，为自我发展服务。于是我们就有可能利用破坏性的力量为自己和周围人造福。

如果您有病或个人生活有什么问题，那就要反省自己，搞清楚它们是由您的什么消极行为、情绪和意念引起的。找到这样的行为后，便开始摆脱它。在这方面潜意识编程方法可以为您提供帮助。

要改变对于疾病的态度，要尊重它。您生病是您的福气，不要骂病，也不要骂自己，不要用药物压制它，不要和它斗争。疾病是您的潜意识发出的信号，告诉您您正在破坏宇宙的法则。您应该如此看待疾病并接受它。要摆脱疾病，先要放下一切摆脱疾病的尝试。这一点都不混乱。要把自己的病当做自我发展的手段来使用它。只要您的世界观改变了，疾病对您就没有用了。当存在的必要消失的时候，疾病就会消失。它是无中生有的，也会化为乌有。

第四章 冥想和潜意识编程法

您已经知道疾病是一定的意念、情绪在身体层面的外部表现。总的说来，世界上的一切都是我们意念的结果。我们用我们的行为创造自己的世界。我们的意念会物化，于是，我们可以在自己的世界中创造出愉快和不愉快的东西。疾病是不和谐的表现，属于令人不快的东西，因此人们想摆脱它。

要摆脱疾病，最少要经过三个阶段。

1. 首先必须负起责任，搞清楚我们的哪些意念和行为造成了某种病。为此要反省自己，找到这些破坏性的意念和情绪。在这个寻找过程中上述消极情绪的单子以及本书的第二部分都将对您有所帮助。

2. 在找到引起痛苦的不良行为之后，要弄清它为您完成什么正面意图。一定是正面意图，而不是负面的。也就是对意图不要否定，不要用"不"字。例如，怨恨的正面意图是改变别人对自己的态度，负罪感的正面意图是改变自己的行为，发火和愤怒的正面意图是改变周围世界，使之合乎自己的期待。我发现，人们习惯于用否定概念来思维。他们更清楚在生活中不想要什么，而不知道他们需要什么。下面就是一个例子：

一位妇女来找我看病，她被诊断为"子宫肿瘤"。她讲自己的问题和病痛讲了很长时间。她讲完之后我问她："您想要些什么？"

"我想摆脱疾病。"她回答。

"就是说，如果我理解正确的话，您不想生病？"我问她。

"是的，医生，您完全正确。"这位患者表示同意。

"好吧。但我问的是您想要什么，而不是您不想要什么。"

"医生，我不懂您的意思。"患者惊奇地望着我。

"您要知道，"我平静地向那位妇女解释，"我问您的话和我想从您那儿听到的回答，对您的治疗很重要。其实我已经开始治疗了，治疗从我的问题开始，'您想要些什么？'您到处求医已经很长时间了。医生们已经给您讲过好多次您的病状了。您对自己的诊断了如指掌。您清楚地知道想摆脱什么。但您也同样应当知道，我们共同的工作所追求的成果是什么。这

种了解应该是很具体的。”

“我明白了!”这位妇女恍然大悟，“我应该说，‘我想成为一个健康的人’。”

“对。现在给我，也给您自己讲讲，对您来说，做个健康人是什么意思。”

“首先，”这位患者开始说，“我想有个健康的子宫。然后，我希望小腹不痛……”

“停，”我打断了她，“您刚才说了否定词‘不’。您应该用肯定句表达想要的东西，就是说不要用‘不’。”

“哦，明白了。但怎样积极地表示不疼的意思呢?”

“例如，‘我希望感到小腹安适舒服。’”

“我希望小腹安适舒服，”这位妇女重复道，然后继续说：“我希望我的月经正常，每个月该来的时候就来。我希望它来得很容易，而我只在它来的时候才知道它的到来。我想在经期和月经之后都感觉很舒服。我希望子宫只是在月经期间才出血，出血量适中。我希望我总的自我感觉很好，我希望在生活中感到欢乐。”

“太好了！现在您和我都知道要为什么目标努力了。”

此后我和这位妇女继续进行下一步的工作。通过与潜意识建立联系，我们搞清楚了，她的病是多年积累的对丈夫的怨恨。

“您为什么对他有怨恨呢?”

“因为他喝酒，不务正业，经常对我不忠，欺负我，有时候还打我。”

“这么说您因为这些怨他。可是我不是问您‘因为什么’，而是‘为什么’您要怨恨您的丈夫呢?”

“为了他不再气我。”妇女回答。

“现在请表达同样的意思，但是要用肯定句。”

“我想让他改变对我的态度，希望我们有一个和睦、稳固的家庭。”

“很好！您从没想过为什么您丈夫会那么做吗? 您是用什么把一个这样的男人引入自己的生活的?”

“用什么? 他在遇到我之前大概就是这样的人。虽然，”这位妇女沉思地说，“过去他不喝酒，是另一个样子的。我不知道。”

“您跟父亲的关系怎么样?”我问她。

这位妇女听到我的问题后泪如雨下。

“您知道，医生，他也酗酒，打我母亲。”

“那么在您的潜意识中从小对于男人形成了怎样的态度？您积累了很多对您父亲的怨恨和对母亲的同情！”

“我恨我父亲很多年。现在我对他很冷漠。那么，是上帝给了我这样一个丈夫作为惩罚吗？”

“不，不是惩罚。只不过您的丈夫反映了您对男人的想法。您从小就对男人怀有敌意，它在您的潜意识中扎下根来。于是这个破坏性程序就把一个这样的丈夫引入您的生活，他在用自己的行动教您，教您爱作为女人的自己，爱宇宙的男性元素。”

“我该怎么办呢？”这位妇女问道。

“您必须重新审视自己的全部生活，自己与父亲以及与丈夫的关系（我给了这位妇女一份重新审视个人历史的图表——如后所列）。首先您应该意识到，不管是您的父亲还是您的丈夫都没有任何罪过。是您母亲以仇恨这类男人的程序将这样一个丈夫引入自己的生活的，而这种程序是从您的外祖母那里继承下来的。但是她没有吸取教训，没有摆脱骄傲，不能超越自己的恨和怨。而现在您继承了这一程序。如果您去做手术而不在内心做出任何改变，那么您就是让您的女儿来为您还债。”

“她已经在还债了，”这位患者说，“不久前她和丈夫离婚了。”

“您看是吧。如果您开始改造自己，那么您将不仅帮助自己，还会帮助女儿。”

此后我们建立了新的行为方式，建立了对待男人和对待作为女人的自己的新思维。几天之后出血就停止了，而一个月之后超声波检查显示肿瘤明显缩小。

3. 在表述了积极意图之后，必须建立新的实现方式。请思考一下。在很长一段时间内，您在某种情况下总是采取某一种行为方式，它给您带来疾病和痛苦，但您继续使用这种方式，因为，第一，您不知道您为什么这样做；第二，不知道用什么新的方式来代替。现在您有了改变自己潜意识行为程序的可能。为此需要研究它，搞清楚您从童年形成了哪些原则和陈规？您相信什么东西以及为何会相信？

让我们设想一下，一个人从小被教导说，所有的门都朝一个方向——朝向自己。他根本不知道还有其他的开门方式。父母、老师都是这样教他的，周围的人也都是这样做的。现在他来到一个地方，发现门开的方向和人们以前教他的不一样。他走到门前，使劲拉它，但拉不开。他非常需要

到门外去，但他打不开门。因为他只知道一种开门的方法，但这个方法不知为何不管用，他甚至没有想过尝试其他方法，因为从小人们就教他说，所有的门都只是朝一个方向的。他根本就没有选择。于是，在他没有尝试其他新方法的时候，他只能永远呆在这个房间里，束缚自己的生活，把一切问题归咎于自己和“错了的”门。

大多数人都是这样做的。他们将某些说法、看法、原则当做信仰来运用，好像在自己的意识和潜意识中打转的机器人。他们不懂得，正是这些思想和情绪造就了自己的生活。这些思想给他们带来疾病和痛苦，而他们却归咎于他人或所谓的“环境”。

如果您患病或个人生活出现问题，这是一个信号，告诉您您的生活、您的思想中出现了停滞，必须发展自己，改变自己的行为。很多患上所谓“不治之症”又得以康复的人，回想起自己生病的时候都会心怀感激。人们往往会忘记，作为有意识的生物，他们命里注定应当学习，在生活中不断创造某种新的东西，努力揭示人本身及周围世界的奥秘。人本是按照上帝的样子造就的，却把自己当做没有头脑的自然人和社会人，只知道吃喝。

因此，在建立正面意图之后，要建立新的行为方式来实现它。但新的行为方式一定要优于旧有的。您创造的新方式越多，您就将拥有越多的选择自由。如果新的行为方式比导致疾病的旧方式好，那么疾病就不需要了。建立新的行为模式的能力是做自由而健康的人的基础。

下面讲一个我利用潜意识编程方法治愈胃肠疾病的例子。这只是几百个案例中的一个，但它可以帮助您掌握和独立运用这种方法。潜意识编程法已经得到成千上万患者的验证，其疗效显著确切，可以用于各种疾病，甚至被正统医学宣判为“不治之症”的疾病（如癌症、牛皮癣、癫痫）。

一个患胃溃疡的青年男子来看病。他已经病了很久。病情一再加重。最近一次发作很厉害。医生给他开了一大堆药，但没有什么用，建议他做胃镜。他在报纸上看到我的广告，便来找我看病。

他很快就同意弄清其生病的潜意识原因，虽然当时他上腹部很不舒服：胃部灼痛，全身无力，肚子绞痛。我先简短地给他上了一课，讲了讲潜意识和意识，以及人如何造成自己的病，疾病的内在原因等等。然后我们直接进入潜意识编程方法。

医生：您有病，您不喜欢自己的现状，您想改变这种状况。在我简单地给您解释了什么是意识和潜意识之后，让我们跟潜意识中致病的那部分建立正式的联系。您准备好了吗？

病人：准备好了。

医生：您知道该怎么做吗？

病人：我想我不知道。我过去从未做过。

医生：那么我给您讲讲。现在您的意念向内，转向自己，确切地说，转向潜意识中致病的那部分，向它提问。

病人：提什么问题？

医生：我马上告诉您提什么问题。但我要先跟您讲讲，您怎样可以从潜意识的这一部分得到回答。回答可能是身体某一部分的某种感觉。我不知道在哪一部分，这由您的潜意识决定。回答可能类似一种用内在声音说出的想法。或者头脑中可能出现某种形象或画面作为回答。不管怎样，在您提出这个问题以后，您的任务是观察自己身体的所有变化。您不要试图用意识影响这一过程。您需要询问的那个潜意识部分会用最合适的方式给您提示。

我想让您提的问题是："我的潜意识中影响生病的那一部分是否准备好了与我在我的意识层面交流？"在您提出问题之后，只要去捕捉发生了哪些变化——感觉、形象或意念上的任何变化。

（男子闭上眼，然后重新睁开。）

病人：可以把问题重复一遍吗？我没太记清楚。

医生：当然，可以跟着我默念。"我的潜意识中影响生病的那一部分是否准备好了与我在我的意识层面交流？"

（男子闭上眼。可以看出他的面部和身体肌肉渐渐松弛。过了一会儿，身体有点紧张。他睁开了眼。）

病人：您知道吗，我有一种不平常的感觉，好像背上一阵寒战。

医生：如果我没理解错，在您提出问题以后，脊背发冷了？

病人：是的。

医生：那么，您得到了潜意识这一部分的信号。但我们现在还不知道它的意思是"是"还是"否"。因此现在我请您再次转向自己内心并感谢给您发出信号的潜意识的这一部分，因为这种交流对于您非常重要。然后说："为了让我正确理解你给我发出的信号，如果你告诉我'是的，我准备好与你交流了'，就让它重新出现并加强。如果你没有准备好与我在意

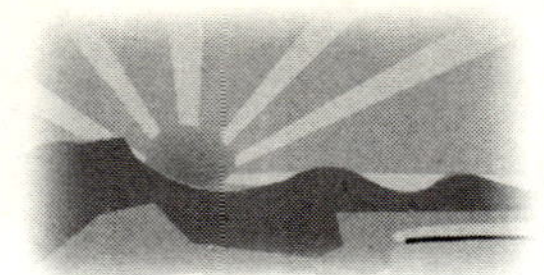

识层面交流，就让它不要再出现，或者消失。”

（病人再次转入冥思一段时间。）

病人：我又出现了这种感觉。

医生：也就是说，这一部分已经准备好跟您交流了。

病人：看来是如此。

医生：很好！现在我们有个方法，可以帮助您从潜意识获得对你提出的问题的具体答复。

病人：医生，有没有可能是我有意识地唤起了这种感觉？

医生：首先，我建议您相信自己的潜意识。您的疑虑只能给您带来损害。第二，您可以尝试一下有意识地唤起这种感觉。

（男子闭上眼，过了一会儿把眼睛睁开。）

病人：什么感觉也没有。用意识不管用。

医生：您瞧！您的疑虑只能妨碍治疗的进程。我建议您为自己的不信任对潜意识的这一部分道歉。现在您准备好继续推进了吗？

病人：准备好了。

医生：我想让您向潜意识的这一部分提出的下一个问题是：“你是否准备好告诉我，是我的哪种行为，哪种性格特征，哪些意念或情绪导致了疾病？”

（男子闭上眼，沉吟了一会儿。）

病人：这种后背上的感觉又来了。

医生：就是说，这部分给您发出了信号：“是的，我准备好交流了。”

病人：看来是。但这是什么行为？

医生：我也想知道。我们马上来弄清楚。您请求潜意识的这一部分：“请具体告诉我，是什么行为导致了疾病。请用意念告诉我，让我能懂，能意识到你的回答。”

（男子入静，说话时也没有睁眼。）

病人：我的脑子里转着两个词：“厌恶”和“过敏”。

医生：请求潜意识的这一部分以您的生活中的事例说明这两个词的意思。

病人：我已经明白了！我的确对很多东西不耐烦。我不能忍受这座城市里的肮脏。有些气味让我受刺激。人们的卑鄙、愚笨、谄媚、蛮横让我“吃不消”。幸亏现在有固定线路的出租车，因为我已经不能乘坐无轨电车了。总之，我想生活在加纳利群岛的某处海滨。我可以在干净的床上和干净的女人躺上一整天。

医生：现在提出这样一个问题："你是否准备好了告诉我，你通过厌恶、不耐烦、过敏之类的行为为我完成哪些正面功能？"

病人：我得到了回答："生活在理想的世界中，一切都让人喜欢。生活在清洁的城市和清洁的世界。希望人们之间的关系是干净的。"

医生：很好的意图！您说呢？

病人：当然！

医生：但您不喜欢实现这种意图的方法。

病人：是的。胃疼不是最好的方法。

医生：那么请感谢潜意识的这一部分表现出的对您的关心，以及它完成的正面意图。

（男子闭上眼，过了一会儿。）

病人：我感谢过了。

医生：现在问潜意识的这一部分，它是否准备好了研究一些实现这一正面意图的新方法。

病人：准备好了。在背部出现感觉之前我已经得到了它的默许。

医生：这说明您找到了与潜意识的共同语言。现在请求潜意识的这一部分做这样一件事：运用您内在的资源和想象力创造三种实现这一正面意图的新方法，它们应该比老方法更有效、更可靠，也就是比致病的厌恶、不耐烦、过敏更好。新的方法应该没有副作用，也就是让潜意识的其他部分感到满意。我还想讲一下，什么是"新的行为方式"。新的行为方式就是新的想法、感情和情绪，对自己、对亲友、对大家、对周围世界的新态度，是对生活中的各种情况新的看法，对事物新的反应。还有，请求潜意识的这一部分，当它建立了一种新的行为方式后，就给出一个"是"的回答。然后感谢它的回答，请它继续建立下一个行为方式，您应该得到三个"是"的回答。

病人：但我能不能知道这些新的方式是什么？

医生：您现在不知道甚至更好。这样您就不能有意识地妨碍它们的建立和实现。您是否有意识地掌握这种方式，这对即将发生的改变无关紧要。不过如果潜意识愿意，它可以把新方式的内容告诉您。

病人：好的，我明白了。不过请再说一次。

医生：让我们这样做：我说，您默默地跟着我重复："请利用我的创造力建立三种新的行为和思想方式来实现这一正面意图。它们要比致病的

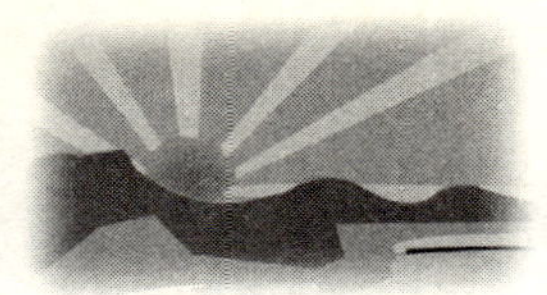

旧行为方式更有效、更可靠，新的方式应该没有副作用，也就是让我和我周围的人感到愉快。当建立了一个这样的新方式以后，给我一个‘是’的答复，然后继续。”

（男子闭上眼入静。五分钟以后他睁开了眼睛。）

病人：好了，我得到了三个“是”。

医生：您为潜意识的这一部分所做的工作而感谢它了吗？

病人：当然。

医生：您知道新方法的内容吗？

病人：不知道。您知道吗，我对此觉得有点不舒服——我的内心发生了一些变化，而我却不知道是什么变化。

医生：那么您信任自己的潜意识吗？

病人：完全信任。

医生：这就好。此外，现在我们要做下一步，它可以消除您的疑虑。现在不要去找刚才和我们一起工作的那部分潜意识，而去找潜意识的所有其他部分，提出这样一个问题：“我的潜意识中有没有一个部分反对新的行为方式？如果没有反对，就给一个‘否’的回答；而如果有反对的部分，就给一个‘是’的回答。”

（过了一段时间）

病人：我得到了回答“是”。

医生：就是说，有的部分反对？

病人：可能吧。

医生：不要猜测。再次提出这个问题。

（过了一段时间）

病人：是的，是有反对的。我再次得到了“是”的回答。

医生：请感谢那些表示反对的部分。我相信，它们准备对新的行为方式进行某种修改。现在请求那些反对的潜意识部分与创建新方法的部分结合起来。让它们组建一个特别的“委员会”。让反对的部分说出它们的反对意见和愿望。然后请它们用潜意识的所有其他部分都感到舒服的新方法代替遭到反对的方法。它们结束工作以后，请它们给一个“是”的答复。

（男子入静）

病人：有了“是”的答复。

医生：现在再一次找潜意识的其他部分，问“现在对新的行为方式还有没有什么反对意见？”

病人：很安静。

医生：也就是说，潜意识的所有部分都同意新的行为方式了？

病人：看来是的。

医生：现在您安心了吗？

病人：是的。

医生：但我们还要做一些事。我们要确定这些方法将来会起作用。先去找创建新的行为方式的潜意识的部分，提出下面的问题："你是否会负责在将来相应的情况下用新的行为方式作出反应？"

（过了一段时间）

病人：它准备好了，我得到了"是"的回答。

医生：现在，如果新的行为方式会比致病的旧方式更好，那么潜意识就会使用它们，而疾病也就不需要了。

病人：您看，医生，这很奇怪，可是我已经不疼了。我觉得好多了。

现在我建议您自己做这一切，做的时候按照以下步骤。

重新编程的步骤

第一步，确定您想摆脱的疾病或症状。

第二步，与潜意识中引起该病的部分建立联系。

①向自己的内心提出问题：潜意识中引起疾病的那部分是否准备好与我在意识层面建立联系了？

②确定"是"或"否"的信号。这可以是感觉、形象、内心的声音、手指的活动或身体的摇摆。

第三步，您建立好联系之后，对潜意识的这一部分提出这样的问题："你是否准备好了告诉我，我的什么行为，我的哪种性格特点或意念、情绪引起了疾病？"

①如果您得到的回答是"是"，那么请求它具体地告诉您这种行为和情绪是什么："请具体地告诉我，我的什么行为，我的哪种性格特点和意念、情绪引起了疾病？"

②如果得到的回答是"否"，那么这意味着存在着这样的行为，但潜意识暂时还没有准备好就行为本身跟您沟通。如果这样，请接受，并转入下一步。

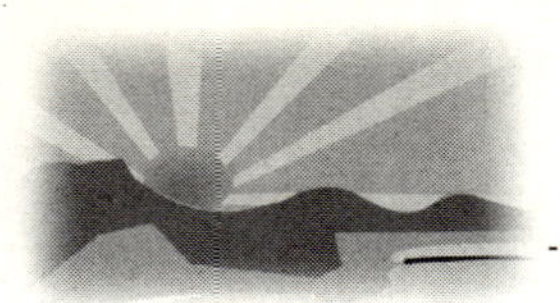

第四步，弄清楚潜意识相应部分的意图（功能）：

①给它提这样一个问题："你是否准备好了告诉我你想通过有问题的行为为我做什么?"

②如果得到"是"的答复，就请它在意识层面显示："请具体地告诉我，你为我实现什么有益的意图。"要用肯定句表述意图。

③如果得到"否"的答案，那么这意味着存在着正面意图（它总是存在的），但潜意识目前还没有准备好把它告诉您。如果这样，就接受，然后进入下一步骤。

第五步，创造符合这一意图的（可以完成此功能的）新的行为方式。请求潜意识的这一部分："运用我潜意识的创造力和想象力创造至少三种实现这一正面意图（完成这一功能）的新方法。这些方法应该比老方法更有效、更可靠，让我自己和周围世界感到愉快。每建立一个新方法，就给一个'是'的信号，然后继续。"您的意识是否了解这些新的方法，对于将要发生的变化并没有太大关系。要给潜意识必需的时间，只管数信号的数目就可以了。

第六步，现在在潜意识层面检验新的方法。为此要问潜意识的所有其他部分："潜意识中是否有某些部分反对新的行为方式?"

①如果回答是"否"，便可以实现与未来的衔接（第七步）；

②如果回答是"是"，那么要替换被反对的方法："请替换或完善被反对的方法，这些方法要让潜意识的所有部分都感到满意。做完这件事以后，给我一个'是'的答复。"然后重新检验已经改变的方法，进入下一步骤。

第七步，与未来的衔接。再次问创造新的行为方式的潜意识部分："你是否会负责在将来必要的时候和必要的地方用新的行为方式作出反应?在考虑过所有可能的情况并准备负起责任之后，请给我'是'的回答。"

重新审视和改变个人的历史

"有的人，"唐望说，"非常谨慎小心地对待自己的行为特点。他们的幸福在于他们做事的时候清楚地意识到他们没有时间了。因此他们在所有的行动中都投注特别的力量，他们的行动中灌注着情感。"

"行动具有力量，"他说，"特别是当行动的人知道这是他最后的战斗时。在充分意识到此番行为可能是你今生的最后一次时，你的整个身心都会被幸福占据。我给你一个忠告：重新审视自己的生活，就用这样的方式来审视自己的行为。”

卡洛斯·卡斯塔尼达《前往伊斯特兰的旅程》

我们的潜意识给每个人创造了独一无二的个人历史。它由我们生活中的一系列事件组成。从我们出生的时刻，潜意识就在做这件事。潜意识中储存着我们生活的全部信息。我们渐渐长大，积累经验，感受周围世界，根本没有想到我们的生活是由过去的经验和过去的经历造就的。意识对周围世界的态度不断改变，但潜意识可以保持在刚一出生的时候和不久以前形成的观点。例如，如果您的童年发生过令您印象深刻的事件，那么您要知道，您的潜意识的某个部分依然在用孩子的眼睛看着这件事，并影响着您的生活。因此重新审视自己的历史，改变潜意识对很多过去事情的态度是很重要的。

我们亲手造就自己的生活，自己的世界。我们用我们的思想和行动来创造。我们先是在父母的影响下，然后在学校、电视、书籍的影响下形成我们的世界观。随着时间的流逝，这些都沉积在潜意识行为程序中，我们所处的世界就是其反映。我们可以通过重新审视自己的生活改变自己的潜意识程序，也就是改变自己的世界，改变自己的生活。

因为疾病就是一定的消极意念、情绪在身体上的反映，所以在自己的历史中找到促使这种观念形成的事件就尤为重要了。看看下面的几个例子，我们就更清楚这一点了。

一个患腰椎痛的年轻女子来看病。X光片显示她的脊椎易位。腰痛是她第一次生孩子时落下的，那一次她生了一个死胎。通过与潜意识的交流，我们了解到，正是孩子的死在母亲的身上种下了病根，而孩子的死是毁灭孩子的潜意识程序导致的。

“您在第一次怀孕前是否有过不想有孩子，怕有孩子，担心在不合适的时候怀孕的心理？”我问她。

“没有。”她回答，“我脑子里从来没出现过这一类的想法。”

“可是我们从潜意识中得到了明确无误的信息，是毁灭孩子的程序导致了您的病和死胎的事。不会是空穴来风。可能这个程序在童年就形成了。”

“可是我一点印象都没有。”女子坚持说。

我们开始更深层地探寻潜意识原因，发现第一次严重的腰痛发生在14岁的年纪。是由很多事引起的。

这位女子的父母经常争吵打架。她小时候大部分时间是在奶奶家度过的。而奶奶不止一次地跟她说父母吵架是因为你。要是没有你，他们会生活得很幸福。那个时候她就开始感到背痛。她被带去看病，进行了一些治疗，慢慢不疼了。潜意识做出结论，孩子妨碍父母的幸福，生得不是时候。而这就是希望自己的孩子死的程序。小女孩忘记了这些往事，但后来，当她自己想做母亲的时候，这些思想却以生死胎的形式出现，后来又以与子宫及其他生殖器官相关的腰椎错位的形式体现出来。在回想起这些往事以后，女子又想起了很多与这种念头相关的事。在这件事中奶奶并没有过错，她的话只是表现了这个小女孩的潜意识。而给女孩子这个程序的是她母亲。母亲流产过很多次，而流产是消灭孩子的潜意识程序的表现之一。而母亲的这一程序又来自她的破坏了某种宇宙法则的母亲。这一链条可以如此这般延续下去，但理应如此吗？要知道过去是无法改变的，但是可以改变自己的思想和程序。

由此可见，疾病是由于生活中的某些情况引起的。这些情况对有的人来说是清晰的，对有的人来说则是隐秘的。重要的是开始研究自己，那么所有隐秘的东西都可以得到揭示。

这里还有一个例子。一个女病人一年前开始鼻子里流出黄绿色的脓鼻涕。她鼻子的问题是5年前开始出现的，表现为夜里鼻塞。于是她上了我的顺势疗法训练班，效果不错。如今医生们给她做出“鼻窦炎”的诊断，建议她做穿刺手术。她拒绝了手术，想到几年前在我这里看病效果不错，就来找我。

原来流脓涕是因为一些事情引起的。此前不久她女儿出国去了，没过几天，母亲就出现了孤独、无聊、忧郁、怜悯等感觉。她总是压抑自己的眼泪。这些消极思想向她涌来是因为她把和女儿的关系置于生活的首位。现在生活对她失去了意义，因为她是为女儿而活的。而她鼻子中流出来的是被掩饰起来的情绪，是被压抑的泪水。

除这件事之外，她还想起了其他几件引起消极情绪、从而导致鼻子问题的事情。

在自己个人的历史中找出引起问题的事件后，要对它们进行重新审视。重新审视过去的事件意味着用新的、积极的意念取代导致疾病的消极的、致命的意念。要负责任地重新体验过往的事件。无论情况对您来说是多么不公正或者不合理，您都要看到其后表现出的神圣力量。这样，内心深处对境遇和周围世界的不满就会通通消失。就会感到身边发生的事情都是公平合理的。只有在这种情况下，您才能接受任何情况，宽恕别人，并对他心怀感谢。

一位妇女在一次心脏病发作后落下了心痛的毛病，持续了很多年。我们与潜意识建立联系后，弄清楚了心脏病发作是由于愤怒、仇恨、怨恨、怜悯、企图报复等情绪引起的。这些情绪又是因为儿子的离婚引起的。这位妇女无论如何也不能接受这个情况。于是对儿媳的愤怒和憎恨，对儿子和孙子的怜悯物化为心脏病。而她的生活中有很多事都引起她类似的情绪。只有重新审视这些事件并改变对它们的态度，她才能摆脱心痛。

这种重新审视最好在独处的情况下，找一个使您感到舒适、放松的地方进行。在重新审视每件事之前要对自己的世界、自己的生活负起责任来。先把自己内心的对话停下来，然后开始治疗。

重新审视的技巧

1. 选择生活中对自己来说负面的、使您感受到压力的事件作为重新审视的对象。

2. 想象那种情景，以及在此情景中与你的感受相关的那个（些）人。

3. 首先要做的事是接受这种局面。接受局面就是为它的出现负起责任。因为上帝在我们每个人身上，也就是说，每位参与者用各自的方式造就了这种局面。因此我对我的思想和行为是负有责任的，而事件的其他参与者有他们的责任。没有有罪的人，只有有责任的人。

4. 想一想，自己的哪些思想和感情造成了这种局面。我们用正面的思想造就自己生活中愉快的局面，而用负面思想造就不快的（有压力的）局面。

5. 想一想，这种局面教给您哪些重要的、正面的东西？您得到了哪些有益的教训？

在重新审视之前，希望您将自己在生活中遇到的人列一个名单。这样

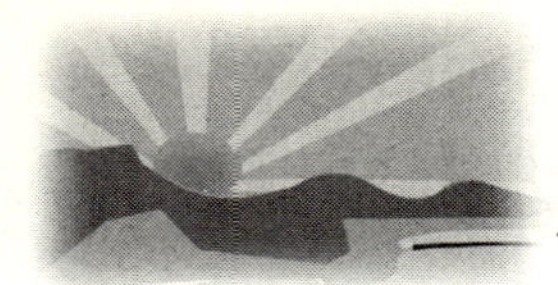

做是可能的，而且当您开始重新审视自己的生活时，您对已经忘记的事件的记忆会重新浮现出来。

6. 感谢每位事件参与者所给的教训。每次重新审视结束后，要出声地说："我感谢你参加了这件事，对和你有关的重要的正面教训表示感谢。我带着爱祝福你，现在我已经放下，祝你幸福。"

7. 改变这件事的潜意识形象。因为我们生活中的每件事都会在潜意识层以某种形象留下痕迹，它可以给我们的生活造成毁灭性的或创造性的影响。如果过去的事件的形象使我们感到不快，就一定要改变它。为此有一个简单易行而非常有效的练习，叫做"形象转换"。在关于神经语言学的书中对此有更为详细的描述。

形象的转换

第一步，确定您生活中的哪件事引起了疾病的发展。有的时候这些不愉快的事和人会自动地"浮现"在记忆中甚至纠缠不休，有时我们则将它们赶到内心深处，必须下一番功夫才能回忆起来。

把注意力集中在自己的疼痛和疾病上（可能不仅是身体的疼痛，还有精神上的痛苦）。确定疼痛（疾病）的部位、形状、大小、颜色。现在问自己："这个疼痛（疾病）背后隐藏着什么？哪些话、形象、记忆来到脑海中，哪些事和人'浮现'在记忆中？"

您的脑海中出现的第一个形象，就是那个"起因"的形象和画面。

现在，当您确定了"起因"的画面之后，将其"删除"。就是说让它迅速变小、变模糊，令其消失。

第二步，创造健康和幸福的形象。在想象中创造一个仿佛是自己未来的形象，一个已经解决了这个问题、摆脱了疾病的形象。画一幅已经是健康、顺心的自我肖像。想象一下，如果当初您在同样的情境中采取另外的行动，您个人身上会发生什么变化。而这又会如何改变您现在的生活。您会感受到哪些新的感情，您对自己说些什么，周围人对您说些什么。对这个形象进行修正，直到变得对您真的有很强的吸引力。这是您前进的方向。

第三步，将"起因"的画面和健康的画面对换。将引起疾病的画面换成新的、健康的形象。先拿起第一张，也就是跟疼痛（疾病）有关的画，将小幅的、画面发暗的摆脱疾病以后的新形象画面置于其左下角。现在我希望您快速将健康的形象调大、调亮，直到覆盖了旧的、与疾病有关的形象，而后者同时变得模糊、褶皱。要做得很快，在一秒钟之内完成。将两幅画对换完，健康顺心的形象变得大而清晰以后，立刻把屏幕完全擦干净，或睁开眼睛东张西望，分散一下精神。然后回冥想状态，再做一遍：从令人不快的形象开始，此时新的形象位于角落，又小又暗。这样连做5~7次，使得这个过程可以自动完成。每当想到不愉快的事和人的时候，健康幸福的形象就立刻出现。每一次的最后一定要将屏幕擦净或睁开眼睛，也就是分散注意力。

第四步，检查。现在回想第一幅“起因”画面，试着将其留住。看看会发生什么？

如果治疗很有效，就将很难留住旧的画面。旧的画面会消失，自动取代它的位置的是健康、安适的形象——也就是您想成为的样子。

如果说，过去关于该人该事的思想纠缠得很厉害，那么现在，您甚至很难让它们停留在脑子里，因为新的健康安适的思想、关于新生活的思想在一瞬间就会不折不扣地“冲进来”占领它们的位置。

这一技巧使您的头脑在生活中有了新的运动方向。您有具体的目标，您一定可以达到。现在您内在的一切——意念和行为，都将朝着新的境界前进。

然后请回到第一步，看看您现在感觉如何，疼痛（疾病）的形象怎么样了。疼痛经常立刻消失得无影无踪了。在某些情况下疼痛的形象会发生一些改变，它的部位、大小、形状和颜色都可能发生变化。如果那样，就继续做这个练习。再次向自己的内心提问：“在这个疼痛（疾病）背后隐藏着什么？哪些话、形象、回忆来到脑海？哪些事和人‘浮现’在记忆中？”可能会出现另外的一些引起疾病发展的画面、记忆，替换他们，然后重新回到第一步。一直这样做，直到您的意识场完全被清理干净。

建议您第二天重复这一练习以巩固成果。以后只在感到疼痛或您的头脑中出现旧的思想和感觉时才再做这个练习。过一段时间后，这些思想和过去的疼痛就会离您而去。您的头脑中将完全是一些新的、光明祥和的意念，而与之相应的是健康幸福的全新状态。

附　言

在此“附言”中，我想对作为新的认识模式基础的一些宇宙法则进行一番描述。对它们的认识会帮助您完善自我，找到您的疾病和个人生活问题的原因。这些法则并不是我创造的，而是自古以来就一直存在的。不管我们是否了解，是否接受，我们对它们知道多少，它们都一样发挥着作用。还记得那句格言吗——“不了解规则并不能免除责任”？那么就让我们来认识这些最高的法则并承担起自己的责任。了解和运用这些法则可以帮助您得到健康，使生活中的很多方面发生改变。

每个人创造自己的世界，自己的生活。认识到这一点非常重要。我们用自己的意念、感情和情绪造就自己的世界。也就是说，我们的身体、身心健康状况、在家中与亲人的关系、与周围世界及他人的关系——所有这些都是我们意念、感情、情绪的外部表现。**外在反映内在。**要在生活中学会运用这一规律。既然是我们亲手创造了自己的世界，那么我们也可以改变它。

换言之，如果生活中有什么让我们不喜欢的东西，那么我们可以对其加以改变，方式是弄清楚这样或那样的问题的原因，将其化解，创造出某种新的东西。必须内省，改变潜意识行为程序，也就是改变自己。

如果您想改变周围世界和您周围的人，那么请记住，您周围的一切都是您自己的反映。因此要从自己开始。当您改变了自己，您周围的人和周围世界也会改变。这不过是反映规律的作用。

这条规律保证了整个宇宙的伟大秩序与和谐，最大的公平与纯洁。请记住，**我们是生活在一个公平、纯洁的世界上的，每个人都因其思想得到果报。**《圣经》说：“每个人都会按照其信心得报！”我们的行为不是从言行开始的，而是从我们的意念和情绪开始的。意念是能量的集大成形式。**我们的意念和感情会物化，**也就是反映在现实中。如果您的生活中缺少什么或有“不公平”之处，那么其原因只是隐藏在您自己身上，而不是在外部世界或所谓的外部环境中。

意念作为一种能量形式，一旦在我们心中产生就不会消失，这是**能量守恒定律在起作用。**向外界发出的任何意念，都会形成我们生活中的某些事件。于是，这种意念便以这种或那种形式返回我们自身。**同质相吸，**如果我们的意念有攻击性，就会造成不愉快的事件或疾病。如果我们的意念是创造性的，带着愉快和爱，那么它们就会反映在给我们带来愉快体验的现实中。您要运用何种意念，请自己决定。

在现实本身和我们生活的世界模式之间，不可避免地存在着巨大的差别。我们的潜意识利用现实的信息和能量创造世界模式，将其提供给我们的意识用于生活。换言之，我们的意识是潜意识所提供的事件的观察者和评判者。

每个人创造的世界模式各不相同。换言之，**每个人生活在自己的世界中**。这个世界与任何人的世界都不一样。

我们生活其中的现实模式是与我们自幼形成的潜意识程序相符的，所以，**外在反映内在**。

宇宙（现实，上帝，世界）是不可思议的，具有超意识的力量和能量，人的意识只是宇宙、上帝意识的一部分。我们应当常常记起，世界是难以琢磨的、神秘莫测的，人应当把世界和自己看做一个谜。

我们每个人都可以对自己的世界负起责任来。责任法则是完善自我的关键。很多人很难理解这一思想，因为他们将责任的概念与负罪感混淆了。对自己的生活负起责任意味着完全不指责周围人和自己，摆脱怜悯和同情，摆脱批评、谴责和仇恨。如果您对自己的生活负起责任，您就会开始过一种充实而坚强的生活，谁都无法使您痛苦，任何的邪秽都无法伤害您。您会使得自己在生活中诸事随心所欲。您会在自己周围形成一个帮助身边人改变的特殊空间。为此您要经常运用反映律（外在反映内在）。

要开始认真地关注您的生活中发生的一切。把自己生活中的任何情况都当做一次学习。例如，如果身边发生了一件事，引起了您的某种思想、感情和情绪，那么就要内省，因为它存在于您的潜意识中。想一想，您应当从这一切中汲取什么教益呢？生活中的一切都是我们的思想或潜意识程序造成或引来的。

如果他人身上有什么您不喜欢的东西，那么您的潜意识中一定有这种东西（喜欢的东西也一样）。接受周围人本来的样子。您要改变自己，那么世界也会改变。如果您逃避什么，那么这背后肯定隐藏着某种恐惧或痛苦，也就是您应当经历并从中汲取教益。当一个人对自己的世界、自己的生活负起责任时，他就会获得选择的自由。他可以自由地选择运用何种思想。要研究自己的下意识行为程序，自己的意念和情绪。要从观察世界的新的角度重新审视自己的生活。

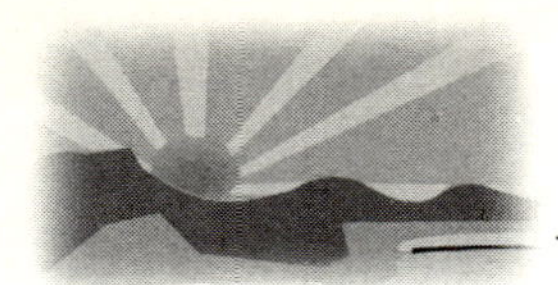

完整律。因为人只是宇宙的一部分，那么，作为整体的一部分，他总是趋向于整体的。牛顿揭示了物体的万有引力定律。但这个规律也同样作用于拥有信息—能量结构的生命体。作为来自现实、上帝的一部分，每一种生物从一开始就不是完整的，人也一样。因此人在整个生命的过程中都潜意识地想获得这种完整，也就是趋近上帝。这一特点将所有的人联系起来，而且不仅是人，还有世间万物。也不仅在这个“人的”世界上，而且在所有的世界，整个宇宙都是如此。结果，大家的目的是一致的，道路却各不相同。**部分趋向于整体，心灵趋近于上帝。**人与造物主的疏离使他终身不得安宁，他直觉地感到这一点，并想亲近造物主。在我们的生活中这体现为寻求心灵的安宁、幸福、永恒的快乐。人们追求某种尘世的东西就是希望借此获得这种永恒的幸福。他试图沉醉于金钱、饮食、物质、玩乐和性，但随着时间的流逝他会感到失去这一切的痛苦。于是在老年将至的时候，他的心中会无限惆怅，觉得错过了他一生中最重要的东西，但已经无能为力了。

上帝赋予人生命和意识是为了让他以自己的生命过程丰富这种意识，为宇宙进化的过程做出独一无二的贡献。这就是那个永恒的问题的答案：“生命的意义和使命是什么？”每个人都下意识地实现着生命的主要功能和主要目的——生活在这个世界上，期望他的现实模式符合现实本身的模式，换言之，就是显意识与潜意识联通起来。只有这样他才能获得自身的完整，成为真正的上帝。

正面意图规律。我们在整个生命过程中一刻不停地完成着我们的潜意识和显意识意图。每个人有其独特的生活道路，这是由潜意识决定的。我们的潜意识永远为我们实现某种正面意图，懂得这一点很重要。我深信，人是复杂而平衡的。因此在他身上没有什么东西是无缘无故出现的。况且，人的任何行为（包括疾病）在一定具体条件下都具有正面功能。因此弄清楚致病的原因就是要找到潜意识企图通过疾病实现的隐秘的正面意图。不管我们做什么，不管我们在自己生活中造成了怎样的状况，不管我们患上什么病——所有这些只是实现正面意图的手段。

意图不可能是负面的，因为在自然中根本不存在负面的意图。否定只存在于我们的语言中。我们可以知道我们不想要什么。但我们还是需要想一想这个问题。

人无法拒绝意图的实现，因此不用跟自己斗争——需要的是改变自己的意念和行为方式。必须不断完善自我，完全真实地意识到自己的意图，改变实现意图的方法。这种知识使得生命变得强大而自觉。

人的一切问题（疾病、压力）都是显意识的愿望及其实现方法与潜意识意图不符的结果。全部问题在于，对于我们自己及生活的重要意图，我们的潜意识的了解得要多得多。此外请记住——潜意识是直接与现实相通的。因此重要的是不要妨碍潜意识，而要用自觉的行为帮助它。必须将自己生命中有意识的和无意识的东西联通起来，以此获得完整性。

在潜意识中保存着宇宙中发生的任何事件的信息。请想象机体中的一个细胞。它不可能看见整个机体。但它内部保存着关于整个机体的信息，因为它有遗传编码。人在宇宙中就是这样一个细胞。在他的潜意识中保存着宇宙过去、现在和未来的一切信息。这一规律可以解释很多现象，例如预见和预言，或看透别人的思想和远距离传递意念。占卜也可以用这一规律解释。任何人都可以在自己内心发展这种能力，甚至很强的能力，只是思想必须是干净的。

人的思想越纯洁，他的能力就越强，他就越可能了解宏大的宇宙知识。这可以更简单地表述为：您心灵中和潜意识中的敌意越少，您的生活就越愉快有趣，您就将拥有更多的健康和能力。改变自己首先就要摆脱与骄傲有关的、具有攻击性的意念和情绪。

人自己造成了自己的病，那么，人自己，也只有自己，可以通过消除病因而摆脱疾病。而病因全在我们自己内部，而非外部。它们包括：

①不了解自己生命的目的、意义和使命；

②不了解和不遵从宇宙法则；

③在潜意识和显意识中存在着有害的攻击性意念、感情和情绪。

疾病是一个信号，表明平衡及与宇宙的和谐被破坏了。因此要对自己的病抱着尊重的态度，要接受自己的病。疾病还是我们有害的意念、行为和意图，也就是我们的世界观的外部反映。它是要保护我们自己免受毁灭性的行为或意念之害。生病的人就是世界观有病的人。可见，要治愈疾病，必须改变自己的世界观。

人们习惯于一种思维模式，即疾病是一个敌人，要用一切手段、不计后果地与之斗争。但与疾病斗争就是和自己斗争。因此请接受它，并由此放弃与自己斗争。**宇宙中的任何一种力量都可以作为正面的、创造的力量加以利用，**而我们的疾病正是这样的力量。请利用它作为自我发展的手段。

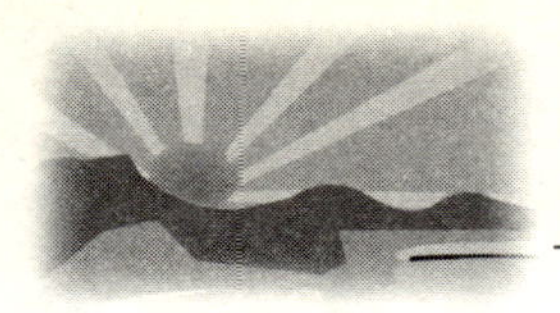

后 记

当本书已经脱稿的时候，我妻子读了其中的一章后说书中对于医生和现代医学有相当多的攻击性。“这使我想起了在电视里演说的美国传教士，”她说，“是的，他们谈论上帝，谈论爱，但是他们的谈论带着攻击性，所以人们不想听他们的。”就在那一天，我诊室的电话铃声响起，一个男人气愤地要求我们不要反对用传统医疗方法治疗酒精中毒症。这令我深思。于是我真的明白了，不能用毁坏旧东西的办法造就某种新事物。我重新审视了自己对医生和医学的态度，请求上帝原谅我的攻击性，并重写了书中的很多地方。

在这本书中，我试图在我的知识和能力允许的范围内最大程度地揭示健康与疾病的结构。我不是要以任何形式创建新的治疗方法，方法已经创建了很多。我想为医学描述一种新的模式，一种将现存所有作用于人的方法连接在一起的模式。我的意图在于指出有必要改变对病人以及对疾病的态度本身。现在我确切地知道，只有在我们人学会改变对自己以及对周围世界的态度、当他们的思想变得更清洁的时候，这种改变才会自然而然地发生。我在本书中推荐的模式不仅能改善我们的健康，而且可以解决个人生活中的很多问题。本书只是自我完善这一有趣工作的开端。现在，当您读这本书的时候，就请开始以对自己有益的方式利用信息。我计划近期推出的下一本书，将介绍创建意图的秘密。以前只有魔法师和巫师可以做到的事，现在您也可以做到。

在给病人治疗的过程中我懂得了，人们一般都过着很单调无味的生活。但他们并不因此感到痛苦，除非在精力衰落的暮年。我发现，这是因为他们对生活、对现实的了解基本上很少。人们不能走得比自己的世界模式更远。他们不懂得，他们的世界模式还远非奥秘无穷的现实本身。在这种情况下，疾病就是一个改变自己行为、同时改变自己生活的信号。

我希望，这个模式可以帮助您过上充实、富有朝气和幸福美满的生活。

祝您成功！

第二部

疾病及导致疾病的心理原因

前　言

我早就想系统地整理一下各种疾病内在的、潜意识的原因，做某种普遍适用的分类。随着时间的推移我认识到，创建一种通用系统是不可能的。每个人都有各自不同的病因。但疾病的产生还是有一些规律可循，这是因为某种器官或系统不仅完成着某种专门的身体功能，而且负载着某种情绪。也就是说我们身体的某一部分在信息—能量层反映我们的某种意念和情绪。

让我们看一看具体的疾病、人的行为、意念与疾病所实现的正面意图之间的相互联系。您可以把本书当做寻找内在病因的指南，这将有助于您的自我完善。

头部疾病

头负责思想的过程。头部的问题反映了感情与理智的不一致。

头痛

我们已经懂得，任何一种疾病都是在顽强地提醒我们必须注意它。因此了解疼痛背后隐藏着什么是很重要的。

头痛首先是潜意识发出的一个信号，告诉我们有什么事做得不对。

例如，您有很多工作，虽然已经极度疲劳，但您还是想把工作做完。您的潜意识认为您需要休息，所以就制造出头痛，以免您过度劳累和自我毁灭。这是最简单的例子。

虚伪是头痛的另一个重要原因。例如，您和一个您不喜欢的人打交道，但不得不对他微笑并说些好听的话。这种交往的结果就是头痛。其产生的机制非常简单。一个脑半球对这个人引起的不快作出反应，而另一个脑半球则主管您外在的表现。结果脑部的某些肌肉松弛，某些肌肉紧张，思维—形象与感情的不协调引起了头痛。

有一次我到我的朋友家做客。而他正在患周期性头痛。疼痛是半年前出现的。我便问起头痛出现前发生的事。他讲了很多自己公司的问题。当谈到一个搭档的时候，脱口而出："这个谢尔盖——真头痛。"

说了这句我认为是关键的话之后，他继续说下去。过了几分钟我打断他，问道："你记得你刚才说了你的搭档谢尔盖什么了吗?"

他当然不记得，因为他正处于轻微的被催眠状态中。当我和他妻子告诉他说了这句话的时候，他很吃惊。

过了一段时间他离开了那家公司，并把头痛留在了那里。

如果您头痛的原因是您的思想与外部行为不协调，那么请让内在与外在变得完全相符。解决这个问题可以采取两种办法。第一种：没有人强迫您与这个人打交道，您只要别理他就可以了。第二种：想一想，您是如何将这个人引进自己的生活的。如果您不喜欢某人的某种品性，那么您也一

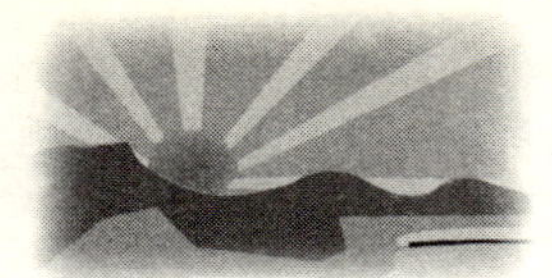

定有同样的品性。请改变自己，那样周围的世界就会改变。

我的学习班上有一个女学员抱怨她的上司对她不好，总是批评她，跟他交谈以后她就头痛欲裂，可是却不得不每天和他打交道。

“我觉得他好像在吸我的血。”这位学员说。

我给她提了几个问题。原来，她对这位上司积怨已久。

“还有，”她又说，“他让我想起一个以前对我不好的男人。”

我还了解到，这位妇女对自己也是很否定的，对自己的专业能力和女性魅力都评价不高。

参加学习班后她重新审视了过去的事，改变了对自己、对上司、对各种情况的总体态度。

过了一段时间，头痛完全好了，而她的上司也开始青睐她了。

对自己评价不高和批评自己经常导致头痛。此外，如果一个人习惯对自己评价过低或对自己百般挑剔，那么他也会同样对待周围的人。

要爱自己，接受自己本来的样子。要学会只看到别人的好处。要知道：您习惯在别人身上看到什么，他们就向您展示什么。

恐惧也是头痛的原因。它会造成过分的紧张不安。在自己心中找到这种恐惧。学会信赖周围世界——因为它是您的世界，因此是宇宙中最安全的地方。对自己的爱和对周围世界的信赖可以化解任何恐惧。

头痛经常可以完成某种功能，它帮助人躲避某些责任。例如，一个女人如果不想过性生活，就会以头痛为借口。她这样做了一次、两次，然后每到晚上她便开始头痛，吃药也没有用。需要做的是心平气和地把关系理清，作出某种决定。

要学会认真对待自己的头痛，尊重它。首先要把它当做一种信号，不要用药片去压制它，药只能带来暂时的缓解。压制头痛并不等于将它治愈。头痛的原因隐藏在您的思想和感情中，要把它找到并去除。

偏头痛

偏头痛是往往局限于同一个部位的神经性疼痛，有周期性出现的倾向。一般的止痛手段对它没有用处。一般来说，用镇静剂和镇静药可以暂时消除疼痛，但只是暂时的，因为药物并不能祛除病因。而它出现的原因和普通头痛一样。如果一个人有些神经质，长此以往，他就易患偏头痛。

患偏头痛的经常是追求完美的人。但他们追求完美的方式是经常责骂自己，批评自己，责怪和惩罚自己。他们患有各种自卑和负罪综合征。摆脱了这些综合征头痛就好了。

斯维特兰娜爱上了一个经常来她那座城市出差的男人。他有家室，但向她保证很快就会离婚。过了一段时间她怀孕了。她告诉他这件事，他答应回家跟妻子离婚后回来。但她再也没有见到他。

斯维特兰娜没有做流产，生下了一个女儿。刚生完孩子便开始剧烈地头痛。

现在这位妇女坐在我的面前讲述她的经历。她的女儿不久前刚满14岁。在这些年中，斯维特兰娜每个月有规律地出现非常剧烈的头痛，头痛持续三天，使她什么都做不了，什么药都不管用。

"医生，我觉得我在我女儿面前有很大的罪过。"斯维特兰娜含着眼泪对我说，"我女儿没有父亲，这都是我的错。其实我只跟他亲近过一次。当时我是一个姑娘。我不敢看别人的眼睛，因为我觉得自己是个堕落的女人。我甚至搬到了另一座城市，希望把一切忘记，摆脱心灵的痛苦。可是，唉，我的痛苦还是伴随着我。"

有时偏头痛反映的是各种各样的恐惧。

"医生，"一个年轻的姑娘对我说，"我的头有问题。"

"有什么症状？"

"不久前我开始剧烈地头痛，什么药都不管用。"

"头痛的出现有什么规律性吗？"

"是的，有。"姑娘说着垂下了眼睛，"不久前我认识了一个小伙子，他很英俊。不过我说的不是这个。是这样，当他第一次想吻我的时候，我开始恶心，然后出现了剧烈的头痛。现在经常头痛，一般跟我们的见面有关系，甚至一想起他就头痛。"

在催眠状态下我们弄清楚了她为何对年轻人有这种反应。她13岁时开始来月经，母亲决定给她进行第一次性教育。母亲对她说，性是很脏的，所有的男人都只想要一种东西，一旦他们得了手，就会把女人（而且经常是怀孕的女人）抛弃。

您已经知道，潜意识的功能之一就是保护，而这位姑娘的潜意识找到

了一个“极好的”方法（因为没有更好的）来为她的正派和贞洁操心。

因此，需要从小教育孩子树立正确的家庭形象，和谐的男女关系形象。要跟他们讲清楚，家庭关系不仅建立在性的吸引上，更多的是要同心协力地建立爱的空间，给后代带来福祉。占首位的应该是家族、民族和祖国的繁荣兴盛。

失忆和健忘

恐惧是失忆和健忘的主要原因之一。不仅是恐惧，还有对生活的逃避。您想把一切都忘掉。在遇到不愉快的事情时，别人最常提出的建议是什么？“忘了这件事吧！”如果您采纳了这个建议，就用不着吃惊为何记性变坏了。

有时潜意识会借助失忆来完成对人的保护功能，从记忆中删除与身体疼痛或心灵痛苦有关的记忆。

几年前我妻子的女朋友遭遇了车祸。当别人请她说说发生了什么的时候，她只能记起坐在车里和到医院以后的情形。在这之间发生的一切她都忘了。

大脑疾病

脑肿瘤

患脑肿瘤的往往是那些想让周围世界服从自己意志的人。他们很固执，拒绝接受其他人的世界。这导致对他人和世界的敌意，而脑子简直就是因为紧张而“肿起来”了。

就在不久前，一个小伙子来找我，他有心理方面的问题。通过与潜意识的交流，我们得知其心理受损的原因是对他人强烈的蔑视、谴责和仇恨。他认为正直、道德之类的概念很重要，因此对于每一个不符合他的标准的人，他简直是准备将他们消灭。

在治疗过程中我还得知，几年前他经历了一次复杂的脑部手术，能活下来是个奇迹。而病因也同样是潜意识里对世界和他人的高度敌意。在与潜意识交流的过程中我们获得了非常明确的信息：

“在你来到这个世界之前，你活在另外一个星球。但现在你在这里。你生在这个星球上了。请带着爱接受这个世界，那样你就会健康起来了。”

“很可能是这样，”年轻人表示同意，“我经常梦见在别的世界上行走，置身于另外一个星球。但是我怎么能接受这个世界呢，既然在这里有那么多的不公正?”

我用了几次治疗试图让他明白，我们生活的世界是公正和谐的。现在他感觉很好，组织了一个青年俱乐部，还结了婚。

神经系统疾病

神经是感觉器官，象征着联系。当神经系统患病的时候我们对周围世界的感知以及与他人的交流就受到了破坏。

神经痛

我发现，过分讲究良心的人常患神经痛。在这种情况中神经痛就是对所谓罪恶的一种特殊的惩罚。

“您认为自己是一个大罪人。”我对一位很长时间受到三叉神经痛折磨的妇女说。

“本来嘛，”她说，“我们都是有罪的，应该为我们的罪恶接受严厉的惩罚。通过痛苦折磨来净化我们的心灵。”

“请问，”我问道，“如果您不再惩罚自己，您的生活会怎样呢?”

这位妇女沉思了一会儿，几分钟后她惊奇地说：“我的生活会发生很大改变。我将生活得很快乐。”

“对了。”

“那我们的罪恶怎么办呢?”她问道，脸上依然带着疑惑的表情。

“您要知道，”我向她解释，“上帝不惩罚任何人。他给每个人改正的机会。如果一个学生把坏成绩改成好成绩了，还需要记住几年前的不及格并为此惩罚自己吗？您也要利用您生活中的机会。我建议您闭上眼，安静

地坐上几分钟，再想一想，应该不应该责怪和惩罚自己。罪人是没有的，”当她处于被催眠状态时，我继续对她说，“每个人都是按照自己在那个时刻最高的认识程度行动的。您改变了对世界的态度，也就会摆脱负罪感。”

神经痛还可能有其他原因。在我们的生活中可能有一个人，您很难跟他打交道，您简直感到一种“交往的折磨”。在这种情况下，您要整理自己与他的关系。您要内省，了解自己的哪些思想造成了这种关系。这个人用他的行为要告诉您什么？他反映了您的哪些意念？

有时候神经痛是因为您处于您所憎恨的环境中。

一个患三叉神经痛的姑娘来看病。她大学毕业后马上参加了工作，其后就得了这个病。

“我不喜欢这个地方，”她承认，“我对自己未来工作的想法完全不是这样的。我现在被束缚在死板的框子里，环境很可怕。我没法和这些人坦诚相待，只好硬着头皮苦熬。而现在又找不到其他工作。”

在某些情况下，神经痛可能是实现某些正面意图的手段，例如引起关注或得到一份关爱。

脊神经根炎（坐骨神经痛）

腰部象征着支撑。因此任何负担（体力方面的和情绪方面的）都会反映在腰部状况上。

为钱的问题、为自己的财政状况和自己的未来而恐惧不安，就会造成腰痛。那些职业与大笔资金有关的人经常患腰痛。

当一个人在生活中感到钱财方面的困难或觉得钱将要花光的时候，他就要为了挽救自己的物质状况“累断了脊梁”。

如果您的腰有问题，就说明您担负着力不胜任的负担。

我的一个熟人对我说：

“一个星期前我的腰剧烈地疼起来，而且很突然。你看，晚上我坐在桌旁喝茶，好像一切都很正常。后来我想从桌旁站起来，可是却站不起来了。疼得厉害之极，不得不爬着去厕所。第二天一整天以及接下来一星期，我一直躺在床上。可是有多少事要做啊！我哪儿都去不了。谁都没有来打扰我，我只能躺着，读书，睡觉。

“可是我非常感谢这场病，你简直想象不到！我好好休息了一下！我的头脑变得安宁、清明。我已经很久没体会到这种愉快的感觉了。后来我按你教的方法分析了一下原因。原来是太多的事压在我身上，整天忙忙碌碌，于是我的潜意识用这种方式阻止了我。这件事以后，我只做那些力所能及的事了。”

中风，瘫痪，局部麻痹

这种病最常见的原因是“令人瘫痪的”嫉妒和憎恨。我在行医过程中遇到过多次某人（通常是男人）因嫉妒致使自己中风和瘫痪的情况。

“医生，请帮帮我治好瘫痪吧，”一个男人对我说，“我不久前中风了，现在右半个身子木了，好像不是我的。”

通过跟他的潜意识交流，中风的原因搞清楚了——原来是强烈的嫉妒，因为妻子比他小 10 岁，所以他们共同生活以来，他一直嫉妒心很重，终于不久前发生了这场危急事件。

抗拒生命进程以及不接受自己的生活和命运也可能导致瘫痪。一个人感到无力改变自己生活中的某种东西，他不折不扣地让自己“瘫痪”，陷入无所作为的状态。哪些“瘫痪性的”意念会让我们走进死胡同，请把这些意念找出来。是什么妨碍您自由地生活？我们自己造就我们的世界，因此出路总是有的。

缺少灵活性的人易患瘫痪，他们坚持很久之前形成的世界观。他们显然忘了，这只是他们的看法，还有其他不同的意见。他们拒绝改变自己，经常可以听到他们说：“我宁死也不背叛自己的原则！”有什么办法——这是他们自己的选择。

不久前我受邀去一个退休的老人家中做咨询。他在中风后左侧偏瘫。通过和他的潜意识交流我们看到，中风和偏瘫的原因是他对自己的生活、孩子们的命运、政府和许多事不满。与此相关的是，他的潜意识中蓄积了很多对于世界和他人，对于妻子和自己的敌意。实际上，是他的憎恨以及生活中欢乐和爱的缺乏导致他的病。

逃避责任，或当您感到无力改变什么而想逃避某种情况或躲开某人时，也可能发生瘫痪。

还有一个原因，就是根深蒂固的“令人瘫软的”恐惧。

发生中风常常是潜意识发出的促使家庭和睦的要求。当家庭意见分歧达到极限，所有有意识的方法已经用尽的时候，潜意识就会放出血（爱和快乐的象征）到“负责”家庭美满的那些脑中枢去。

叶琳娜和谢尔盖过了5年的婚姻生活。在第6年的时候他们的共同生活遭到破坏：叶琳娜开始跟丈夫找茬儿，两人开始吵架，谢尔盖醉醺醺地回家的情况越来越多。有一次叶琳娜扔下女儿回娘家去了。过了几天她婆婆找来说：“叶琳娜，谢尔盖住院了，他中风了。我这个当妈的求你去看看他。他谁都不想见，只想见你。”

叶琳娜来到医院照顾起丈夫。谢尔盖渐渐康复，出院以后他们又生活在一起了。

让我们想想，为什么瘫痪后的复原那么痛苦。因为人要重新学习走路、感觉——一句话，行动。生病前他已经让自己陷入不作为，发病只是他对自己、对生活的态度造成的后果。现在他不得不学习，学习行动。

不久前，我在看病时遇到一个不完全面瘫的病例。这是一个已经上岁数的男人。我从他的潜意识得到的回答是，导致面瘫的是他不愿意也根本不会表达自己的感情和情绪。例如竭力控制、压抑自己的愤怒，不会表达爱都造成了内心的紧张。

在消除潜意识致病原因的同时，我还对他采取顺势疗法，给他布置作业，让他站在镜子前或在与亲友的交流中学习表达自己的感情，学习不加掩饰地、公开地生气和爱。

瘫痪总是在要求以新的方式生活，以不同的方式思考。

头晕，行动不稳

如果您有头晕的毛病，最可能的原因是您的思想涣散不定，不能集中。您无法理清自己的问题，“这些问题让我晕头转向”——一位经常头晕的女患者对我这样说。

在生活中没头没脑地乱撞也会导致头晕。您在生活中没有一定的目标。请想一想，您为什么活在这个世界上，您生活的主要目标是什么，而最近的目标又是什么，给自己定位。我们的生活应该有条有理，这会给您自信，使您站稳脚跟。

一位男子与妻子关系破裂后，过了一段时间开始头晕。妻子知道他有另外一个女人，便提出离婚。一方是家庭、孩子，另一方是所爱的女人，他无论如何都拿不定主意。

头晕病还有一个变种——“因为成功而发晕”。

脊髓灰质炎

这种病的病因可能是想阻止某人，却感到自己无力做到。正如瘫痪一样，嫉妒也可能是原因。

一个有脊髓灰质炎后遗症的28岁的年轻人来看病，他的病因是嫉妒。“医生，我对我妻子的嫉妒心特别重，当她回邻村的娘家时，我就会狂躁起来。我想还不如她死了或出什么事，也比我受折磨好。有时候我会压制这种狂躁，有时候我借酒浇愁，有时候我到村子里为了过去受过的委屈把某人揍一顿。现在我什么都做不了了，甚至阳痿了。”

疾病是最后一个制止他胡来的办法。

精神、心理疾病

癫痫，抽搐，痉挛，抽筋

这是精神高度紧张的结果。引起紧张的可能是潜意识的惊惶恐惧，潜意识的躁狂，激烈的内心斗争，施暴的欲望。人的思想使他紧张到极点，以至身体有时拒绝服从他，所以做出一些反常的动作。发作的时候意识完全或部分地被切断，这再次证明，病因是隐藏在潜意识中的。

我发现，容易患抽搐病的人对周围世界和他人有着强烈的攻击性，这

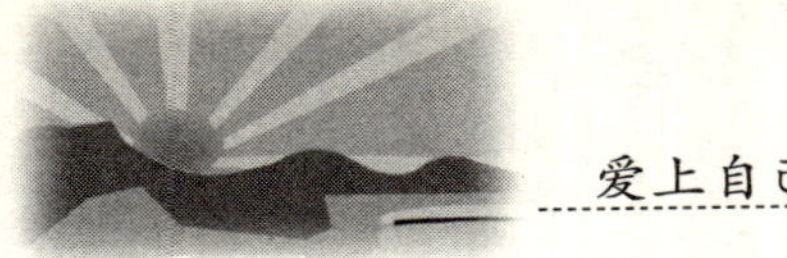

种攻击性可表现为憎恨、蔑视、嫉妒。

一个17岁的女孩在我这里治疗癫痫。她是在来月经后的一段时间开始发作的。医生们当然没有尝试过找出病因，把一切归因于青春期。女孩失去知觉的时间不长，抽搐综合征的表现也不厉害，但这把她和她的父母吓坏了。她试吃过内科医生开的药，但一段时间后就拒绝再吃了。用她的话说："我吃了这些药以后精神发生了一些奇怪的、显然不正常的变化。"

我们着手寻找潜意识的病因，原来这是对父母和男人强烈的敌意。当她是孩子的时候，这一程序"沉默"着，而在性成熟期开始活跃起来。我给她看了两次病，她便不再发作了。

一年半以后她又来找我。

"医生，您看，我一年半没有发作，感觉很好，毕业成绩是'优秀'。可是不久前我觉得我的意识好像短路了。只发生了一次。癫痫完全没有发作。但我觉得紧张，决定马上来找您。"

"也许您可以自己告诉我原因。"我建议，"因为在我们一起治疗的时候您学会了很多东西。"

"是的，我猜到原因是什么了。"女孩缓缓地说，"今年我决定到另一个城市去上大学，而父母坚持让我在他们身边上学，为此我和他们发生了冲突。是的，现在我明白了，我心里又出现了过去的想法。"

在我刚开始行医的时候，有一次我看到一个民间郎中给一个小伙子治疗癫痫。他让小伙子坐在一个圈儿里，念起了一些咒语。小伙子痛苦万状，这位郎中一边围着圈走一边念咒，那情景很有戏剧性。最后郎中停下来，举起双臂，喝道："撒旦，出去！"小伙子撇着嘴，显然是不由自主地呻吟着服从："我出去。"那男子又念起咒语来，并拿着蜡烛绕圈而走。法术结束时他再次喊出同样的话。小伙子又呻吟起来，但声音已经小了。同样的过程又重复了一次。第三次之后小伙子疲惫不堪地倒在地上睡着了。他睡了很长时间，然后回家去了。后来他再没发作。我很佩服这位郎中，心想："真了不起！我也想学这种本领。就像《新约》中耶稣驱赶魔鬼一样！"

我决定再观察这个小伙子一段时间。在半年之内，他的感觉很好，没有发作过。但是有一次他又来了。原来他又开始发作，而且比治疗前更重了。郎中又做了同样的法术，小伙子又好了，但持续的时间已经不长，仅仅一天之后又开始发作。接下去同样的咒语已经不起作用，小伙子的父母只好再去向正统医生求助，虽然他们知道，药物不可能治愈这种病。

这件事之后我明白了，将魔鬼或撒旦从灵魂中驱赶出去是做不到的，应该消除病因。这件事耶稣基督早就告诫过，他说，被赶走的魔鬼会再回来，并且将带回7个更可怕的魔鬼。几年后我已经确信，能量无所谓好坏。任何能量都可以用来为自己和周围人造福。

那么这个小伙子后来怎么样了？我对他进行了几次治疗。我借助顺势疗法的药物和催眠术大大缓解了他的病情。后来我和他失去了联系。后来我研究了他的潜意识程序，明白了他的病因是潜意识对周围世界的强烈敌意。

癫痫经常出现在少年时代，恰巧在性成熟的阶段。性成熟使得某些负面的潜意识程序开始运作，内在的紧张得以不断发展。

不久前，一个母亲带着她15岁的女儿来看病。3年前女孩子在夜里开始发作，伴随着失去意识和抽搐。后来她又一再发作。医生们做出“癫痫”的诊断，给她开了药。

“请问，”我问他的母亲，“小姑娘来月经了吗?”

“她到现在一直没来过，”这位母亲回答说，“B超显示她的子宫很小，发育不良。”

“我现在给你们一套专门的顺势治疗方法。”我说，“你们要严格按照步骤来做。开始的时候情况会变坏，发作可能更厉害更频繁。但随后她会开始来月经，病会消失。伊琳娜，”我转向女孩子说，“妈妈跟你说过什么关于月经、关于性发育的事吗?”

“没有。”她不好意思地回答。

“那么我给你讲，另外妈妈也听一听。”

然后，我好好地给女孩上了关于性发育的一课，讲到女人在这个世界上的功能，做母亲的快乐以及出嫁的事。

一个月以后她们来复诊。

“你们怎么样?”我问道。

“医生，”女孩的妈妈说道，“一切都像您说的那样。开始病情加重了，持续了三天，确切地说，三夜。然后就停止了，一个星期以后就来月经了。现在她感觉很好，一直没发作过。排尿也正常了，水肿也消了。我们想再巩固一下效果。”

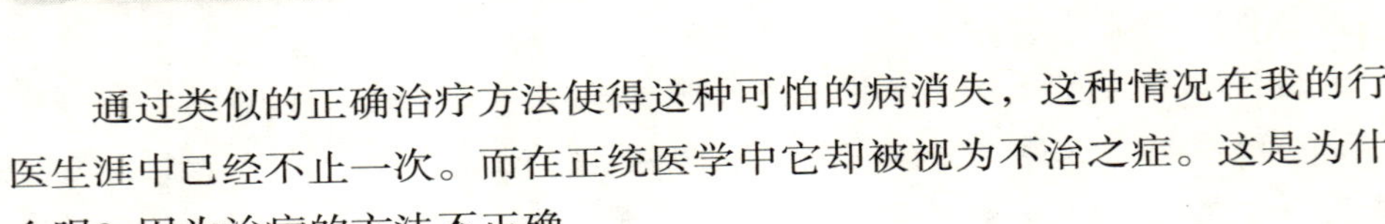

通过类似的正确治疗方法使得这种可怕的病消失，这种情况在我的行医生涯中已经不止一次。而在正统医学中它却被视为不治之症。这是为什么呢？因为治病的方法不正确。

让我们来看看癫痫的基本示意图。如果说人体相当于一个电路，那么在患这种病的情况下大脑皮层中存在着病灶，化学电脉冲无法畅通无阻地穿过它。电荷逐渐积累，在某一时刻会“击穿”整个系统。强大的脉冲冲击着大脑皮层和整个身体，于是就会出现抽搐、失去知觉。

化学药剂不仅压制病灶，还抑制整个大脑皮层，并由此产生出一系列后果。

我研究出了治疗这种疾病的全新方法。为什么要压制病灶呢？必须在大脑皮层建立一些新的直达的往返耦合，那样电脉冲就会绕过这个病灶。渐渐地，大脑的这一区域会彻底恢复，并担负起它的功能。我在几个患者身上试用了这一模式，其效果很理想。

局部神经抽搐和多动症

这两种病常见于儿童。这种行为的原因之一是父母缺乏对自己孩子的无条件的爱。这种孩子父母的潜意识中运行着消灭孩子的程序。过去这表现为，例如，母亲想做人工流产，或者有这个孩子来得不是时候、不想要他的想法。现在这可能表现为认为孩子会妨碍他们实现自我，妨碍他们安排好个人生活等想法。父母之间的怨恨、纠结、憎恨往往是致病的原因。一旦父母改变了自己的行为，一旦他们开始真正地爱自己的孩子，孩子马上就会安静、松弛下来。

我不仅是从诊病的过程中了解到这些病因的。我儿子也曾经有过局部神经抽搐和厉害的痉挛。那段时间我非常专注于工作，对自己的孩子毫无兴趣，对我来说在电脑前坐上一两个小时或读书要比跟儿子交流有意思得多。与此同时，我的家庭生活也出现了一些变化。他母亲的程序也差不多。简而言之，我们两个做父母的专注于在生活中立足，完全忘记了孩子。孩子立刻对爱的缺乏做出了反应。我不得不进行价值重估，改变自己对儿子、对工作、对家庭的态度。于是抽搐消失了，孩子变得安静，因为感受到了父母的爱。有时他还是表现得很亢奋，特别是在学校上课的时候。我继续改造自己，学着在自己的内心将对孩子的爱与对工作的爱，对女人的爱，对人们的爱，对世间万物的爱融为一体，因为我知道我儿子的健康取决于我的意念和情绪。

失眠

失眠的原因是老生常谈——恐惧、不安、思想斗争、忙乱。所有这些都妨碍您放松，无法摆脱白天的操心事。您的潜意识引起失眠是因为指望利用夜里的时间，当周围世界一片寂静的时候，来解决那些使您不安的问题。但是从自己身上拿走时间是愚蠢的。一定要改变解决问题的方法。我认为，可以安心酣睡的最好办法是学会信任，信任自己、他人、生活。常言道："让明天自己为自己操心吧。"

失眠还有一些其他原因。

"医生，"一位妇女对我说，"我失眠已经半年了，请给我想想办法。"

"那么您知道是什么妨碍您睡觉吗？"我问她。

"是的，知道，"她回答，"负罪感在折磨我。我知道，一旦我摆脱了这种感情，就可以安睡了。请帮我做到这一点。"

要获得健康、解乏的睡眠，前提条件是要有积极的生活方式和内心的平衡。

耳朵疾病

耳朵表示倾听的能力。

耳朵的问题表示不希望听到什么或不会倾听别人的意见。

耳朵发炎（耳炎，乳突炎）

这说明不愿意倾听和接受周围人说的话。结果怒气积存在潜意识中而引起发炎。

有一次，我认识的一个已婚女士的母亲来看她。她们生活在不同的城市，很久没见了，母亲只住几天，但是就在这几天中她试图将自己的生活原则贯彻到别人家里：她整天洗洗涮涮，整理房间，挪动东西，不是改变

什么就是对什么表示不满。

我认识的这位女士不想像她母亲那样生活，据她说，在她娘家从来没有父母之间真正的爱，母亲不爱她自己，而父亲经常喝酒。我认识的女士创造了自己的生活原则，她喜欢自己的生活。几天中积存了很多火气以及对母亲唠唠叨叨的反感。结果就在母亲快要离开的时候，她的左耳听不清楚了（耳朵进水引起了一点感染）。在年轻的时候她已经出现过类似的情况。

孩子们常常因为无法或不会表达感情而发生耳病。恐惧妨碍他们理解。当家中吵闹，父母或亲人在吵架，孩子经常对此做出耳朵发炎的反应，以这种方式表达自己的感受并用自己的病给父母发出信号："请注意我！对我来说，家庭的安宁平静和谐很重要。"但是家人是否常常了解这一点呢？

耳聋，耳鸣

这表示非常不喜欢某人某事，不愿意听到、理解、接受别人的观点。固执和骄傲妨碍他们这样做。由于内心积攒了很多对周围世界的敌意，这导致了听力的下降。确实，如果一个人不想听到或理解什么，他因此便将自己与周围世界的声音隔开了，那么潜意识没有别的办法，只好引起耳聋。

您想想，如果总是说："我不想听你说"，那么会怎么样呢？

一个年轻人左耳的听力比右耳差，听力下降是在他服役期间发生的。通过与潜意识交流，发现隐蔽的病因是与父母的冲突。

"您知道，"他对我说，"那时我跟我妻子认识了。她有一个孩子，比我大 7 岁。我们不能经常见面，只是在我放假的日子才有机会。我对她动了情，况且在此之前我对女人一点经验都没有。我写信给父母说，我可能要结婚，可是拿不定主意。结果不得了！我的父母来到驻地找我，用生活中各种反面的例子来劝阻我，还对这个女人说难听的话。我母亲折腾得更厉害。结果他们说得越多，我越不想听。"

耳朵发炎总是说明内心有冲突。您需要倾听自己内心的声音，学会倾听自己，对自己潜意识中互相冲突的部分加以调和。

听神经炎

这种病说明由于听到某个人的话而神经高度紧张。

一个左耳戴助听器的女人坐在我的诊室。3 年前医生作出“听神经炎”的诊断，让她戴助听器。

由于工作的性质，这位女士经常要听到人们的请求和投诉。年底时压了很多工作，尽管她得了流感，还是全部赶着完成了。结果由于患流感时坚持工作没有休息和高度的神经紧张导致了听神经炎。

眼睛疾病

眼睛象征着看清楚过去、现在和未来的能力。

眼病表示不希望看见。您不喜欢您看到的东西或您在生活中不想看到某些东西。您的心中积蓄了像憎恨、愤怒这些充满敌意的情绪，它们造成眼病，因为眼睛是心灵的窗户。

人们经常说：“我不想看见你”，“别让我的眼睛看见你”，“我看不得这一切”……这种人的骄傲和固执妨碍他们看见好的东西。他们不懂得，他们之所以在自己的世界中看到不好的东西，是因为他们是戴着充满敌意的眼镜看世界的。只有一个办法——净化自己的意念，那样世界就会变得更好。您要为自己创造一个自己看着舒服的世界。

一个被诊断为“近视”的年轻女子坐在我的诊室。我们开始治疗。女子在与自己的潜意识接触后，提出一个问题：“我的什么行为、意念、情绪造成了我的病?”

过了一会儿她得到了回答：“看看自己内心。你的心灵里有多少脏东西！你总是谴责人们，而自己鼠目寸光。甚至自己家的窗户你一年才擦一次。看看周围。世界多么美好！人们是多么美好。他们身上你不喜欢的东西只不过反映了你自己的行为。”

接着我们一一弄清楚了这位女子行为中需要改变的地方，制定了改造自己的计划，第一次治疗到此为止。

第二次治疗开始的时候，这位患者说："医生，您知道我做完第一次治疗回家后做了什么吗?"

"您做了什么?"

"我擦了家里所有的窗户，我的确已经一年没有擦了。"

几次治疗过后这位女子的视力明显改善了。我还建议她读一读威廉·贝斯特和他的学生玛格丽特·柯尔贝特合著的《不戴眼镜改善视力》。潜意识治疗与眼睛的锻炼帮助她完全地恢复了视力。

眼部发炎（结膜炎，角膜炎，眼干）

不想看到某种东西以及与此相关的愤怒、憎恨和怨恨导致眼部发炎。负面情绪越强烈，发炎就越厉害。您的攻击性回过头来"打击"您的眼睛。可以举出很多的例子，我想，你们每个人都可以想起自己生活中类似的情况。

有时产生幸灾乐祸或恶念也会导致发炎。什么是诅咒？诅咒就是希望别人遭到不幸。它也会反映在眼睛上。

针眼

出现针眼说明您用恶意的眼光看待生活。您对某人心存愤恨。请改善自己和这个人的关系。人们会说一个人"他的眼睛很凶"，而另一个人"眼睛很善"。我们眼睛的状况取决于我们的意念。

斜视

当一个人用正常的双眼观看时，两个图像会同步地合二为一。而斜视的人会有不同的视角，看到两个不同的图像。他的潜意识不得不选择其中的一个。这就形成了对事物片面的看法。

斜视通常形成于童年，反映父母的某些行为，通常是两个人的行为背道而驰。

我给一个小女孩看过病。当她的父母第一次来找我时，她有很多的病，其中之一就是斜视。现在她的健康状况已经大大改善，斜视实际上已经没有了。这是由于顺势疗法以及父母世界观的改变，不错，这种改变是缓慢的。

开始时孩子父母的意见怎么也无法一致。他们俩总是吵嘴，还跟孩子的爷爷奶奶、姥姥姥爷吵架。于是孩子用自己的病向他们发出了家庭内部不和睦、不美满的信号。

青光眼

得了青光眼眼压会升高，眼球很疼，所以形成直义上的“看着感到痛苦”的情况。这是由于多年来对他人、对命运的怨愤或某种内心痛苦的压迫。您固执地拒绝原谅，结果只能给自己造成痛苦。

我的一个患青光眼的病人是退休人员，我们谈话的时候，他痛苦地说：“医生，我看看人们，看看自己，总感到痛苦。国家到处是贫困，到处是违法乱纪。我们的政府把我们带到了什么样的地步！”

我经常听到对政府的攻击性言论。它们经常出自一些上年纪的人，他们建设了社会主义社会，现在却不得不生活在他们曾经谴责的资本主义制度下。是的，理解和接受这一切并不容易。其实只需要明白一件事，即政府反映的是我和您的集体世界观。也就是我们用自己的集体潜意识建立了它。这意味着，它在现阶段对于我们来说是最好的。我们如何对待政府，它就会如何对待我们。要想生活在一个美好的国家，就不要以批评、谴责和憎恨的方式发射破坏性意念，而是发射出建设性的、善意的思想。请您自己选择。

青光眼向人发出信号，他使自己承受巨大的内心压力。他封闭自己的情感。这时很重要的是要学会表达自己的情绪，给自己的感情找到出口，疏通内心的通道。

彻底松弛，自我催眠，练习内功，调节呼吸，瑜伽等等都对此很有帮助。也有专门针对眼睛的操练。

我想建议您学习用眼睛“呼吸”，想象通过眼睛吸气和呼气。这种特殊的能量呼吸可以很好地清理视力通道。

白内障

为什么白内障通常出现在上年纪的人身上呢？因为他们看不到自己的未来有任何值得高兴的事，他们的未来“雾蒙蒙的”。未来等待我们的是什么呢？老年，疾病，死亡。是的，似乎没有什么值得高兴的事。我们就是如此提前为自己定下了这个年龄痛苦的程序。但我们的老年和我们如何

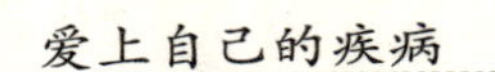

离开这个世界，像一切其他事情一样，只取决于我们自己，取决于我们迎接它们时的意念和情绪。

心血管系统、血液疾病

我们认为心脏象征着快乐生活、与自己及周围世界融洽相处的能力。只要我们的心在跳动，我们就在生活。血是我们心灵的物质象征，血是快乐和生命力，而血管将快乐和力量送达身体的每个细胞。

心脏疼痛，心绞痛

心痛是因为爱没有得到满足：对自己的爱，对亲友的爱，对周围世界的爱，对生命过程本身的爱。患心痛病的人缺少对自己和他人的爱。是多年的怨愤和嫉妒，怜悯和同情，恐惧和愤怒妨碍他们去爱。他们觉得自己很孤独或很怕孤独。他们不懂得是他们自己造成了自己的孤独，以那些陈年的怨恨将自己与他人隔绝起来。很早以前的一些情感方面的问题一直压迫着他们，像“沉重的包袱”或“大石头”那样压在他们的心上，因而缺少爱与欢乐。您简直是扼杀了自己心中的这些美好的感觉。您满心为自己的和别人的问题苦恼，无暇去爱、去感受欢乐。

“医生，我没法不为我的孩子们担心，”一位女患者对我说，“我女儿的丈夫酗酒，儿子和妻子离婚了，我担心孙子们，总想着他们怎么样了，有没有出什么事。我为他们每个人感到心疼。”

“我知道，您完全是希望自己的儿孙好。可难道心疼是帮助他们的最好办法吗?”

“当然不是，”这位妇女回答，“可是我不会用别的办法。”

充满怜悯与同情的人常感到心疼。他们想把别人的痛苦接过来，以此帮助他们（有这样一些说法：“心疼人的人”，“心在流血”，“把……挂在心上”）。他们有很强的愿望想帮助亲近的人、周围的人。但他们采取的方法远不是最好的。同时他们完全忘了自己，漠视自己。这样，心慢慢地对爱与欢乐关上了门，血管渐渐变窄。

怜悯与同情并不是爱。您要慈善，但不要同情。要有一颗亲切、敏感的心，以爱与欢乐去帮助他人。要将对他人的爱和对自己的爱结合起来。重要的是要记住，您只能与他人分享您自己所拥有的东西。如果我有很多好的、光明的感情，那么我就可以将它们与亲近的人分享。

要对世界开放，爱世界，爱人，同时要记得自己，关怀自己，关心自己的兴趣和意图——这是一种了不起的艺术。“要爱自己的亲人，就像爱自己！”还记得这句话吗？

为什么人们经常忘记这条训诫的后半句呢？

一个有着健康意念的人，一个能了解、感悟、接受自己在宇宙中的位置与使命的人，一定会拥有健康和强健的心。

善良的心永远不会痛，
坏心总是沉甸甸的。
恶毁灭了不止一颗心。
要有一颗善良的心，
懂得以德报德。

我发现，心脏不好的人都确信紧张和承受压力是有必要的。他们对周围世界或其中的某些事件、现象抱着否定的看法。事实上，他们把任何情况都看做压力。这是因为他们没有学会对自己的生活负起责任。我把我自己生活中的情况分为两类：愉快的和有益的。愉快的情况就是给我愉快感受的情况，而有益的情况就是可以从中学习某种重要且正面的东西的情况。

我认识一个澡堂服务员，他已经 70 岁，度过了金婚。不久前他跟我讲了自己的经历。

“15 年前我被怀疑心肌梗塞住进了医院，当时我心里很难受，觉得快到头了。可是挺好的，医生们给我治好了。当我出院的时候，一个聪明的医生跟我说：‘如果你想有一颗健康的心脏，就记住：任何时候都不要骂任何人，也不要和任何人吵架。甚至当旁边有人骂人的时候，也要躲得远一点。要找些和善的人相处，自己也要和善。’

“就这样我一直记着他的话。要是有人在无轨电车上吵架，我就下车去坐专线出租。那些退休的邻居老太太开玩笑说：‘谢苗内奇发财了，成

天坐出租。’我想，为了省钱害了健康是不值得的。

“现在我可以在澡堂里连续给3个人服务，而且自我感觉很好。”

一个有心脏病的女患者在交谈中经常说这样的话：“医生，我总是怜悯别人。”“我打‘心里’谴责……”“挂在心上。”“世界那么不公平。”

“挂在心上”，“心疼人的人”，“心上压着块石头”，“心在流血”，“冷酷的心”，“没心没肺”——如果您经常把这样的话挂在嘴边，那么您可能就有患心脏病的倾向，或是心脏已经有些问题。不要再把什么不愉快的事放在心上。要解脱出来，要微笑，舒展，感到自己轻松自在。

心律不齐

现在我讲讲以前医学院的生理课。那时我们用青蛙做实验，把青蛙的心摘下来，放在生理溶液中。如果保持一定的条件，那么心脏可以离开机体跳动随便多久。这是因为心脏有自己的节律启动装置（窦房结）。

但是当心脏在机体内的时候，它还要对某些激素、来自中枢神经系统或植物神经系统的神经脉冲作出反应。当我们生命中一切正常的时候，我们不会想到心脏。

心律不齐直接地反映出您偏离了自己的生命节奏。请倾听自己的心。它可能在提醒您，您把自己绑在了别人的节奏上。您急着去什么地方，奔忙焦躁，焦虑不安的情绪开始控制您和您的感情。

我的一个病人出现了心脏传导阻滞，患这种病的人从窦房结发出的脉冲不是每一次都可以送达心肌，他的心脏每分钟收缩30～55下（正常心率应是60～80下），出现了心脏停止跳动的危险。于是医院建议手术植入一个人工起搏器。

“您看，医生，”病人对我说，“我岁数已经不小了，可是我有个小儿子正在长大。我得让他上完学，让他过好生活。我为此辞去了喜欢的工作去经商。可我受不了这种疯狂的节奏和竞争。此外还有税务稽查部门不断的检查，每个人都得打点。这让我疲惫不堪。”

“不错，”我说，“经商完全是另一种节奏。您的心脏提醒您，应该停下来，不要再担心，要做您感兴趣的事，给您带来快乐的事，让您在精神上也获得满足，您现在做的不是您该做的事。”

“可是从改革开始很多人都改了行。”

“当然，”我表示同意，“经商帮助一些人开发了自己的才能，有些人却只是扑上去追逐金钱，忘了自己的使命，背叛了自己，出卖了自己的心。”

“可是我得养家，”他表示异议，“而我过去的工作挣钱太少。”

“那么，”我说，“您可以选择：您或是按照这种强加给您的、人为的节奏生活，或者换个工作，按照自己正常的节奏生活，跟自己、跟周围世界融洽地相处。此外，”我补充说，“任何工作，如果处理得好，都可以不仅带来精神上的满足，而且也带来物质上的满足。”

动脉粥样硬化

血液中胆固醇的水平升高说明向您输送快乐的通道堵塞了。而致病的首要原因不是食用油腻的食物，因为已经证明，胆固醇如果不能从外部进入，就会开始产生自己内部的（内生的）胆固醇。原因并不像很多人所想的，在于食物，而在于缺少快乐。学会快乐，您的血管就会清洁！新陈代谢是由我们的情绪控制的。

生活中的矛盾和紧张会影响血管，也会引起动脉粥样硬化。我发现，血管硬化的人非常固执，他们固执地不愿发现生活中好的东西，总是坚持认为这个世界很不好，生活很沉重，令人难以忍受。

这种病的出现还有一个重要因素。动脉硬化的多是抱怨记忆力不好的老年人。也就是他们的病帮助他们遗忘，遗忘那些不愉快的旧事。

血液循环问题

如果有血液循环问题，说明您积极地感受和表达情绪的能力遭到了破坏。您纠缠于生活中那些消极的方面。您在所有事情中总是只看到坏的，看不到好的。

高血压

血压反映人积极的程度及其性质，他对各种事件、生活道路上的障碍所持的态度。

我认为，一般来说高血压不是一种病，它是对生活中某些事件的某种反应。

人们如果由于各种恐惧、不信任、不愿意接受这种或那种情况而长期

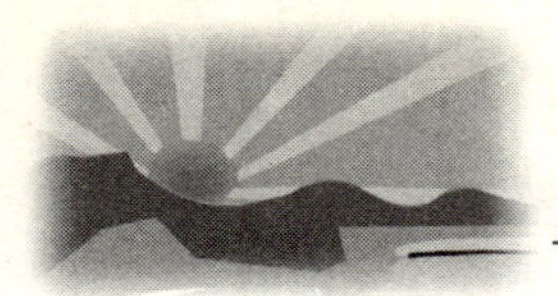

感到内心紧张或矛盾，其血压就会升高。您是在感受着在那个时候无法应付的不快造成的压力。

一位女患者在与自己的潜意识建立联系之后问道：“我的哪些行为和情绪使我的动脉压升高?”

回答立刻就出现了：“你生丈夫的气，对他心怀怨恨。”

“医生，我怎么能不生气呢?”她气愤地说，“他总是批评我，总是对什么都不满意。我穿长裙，他说：‘你怎么打扮得像个老太婆?’我穿短裙，他说：‘你要去哪儿啊? 你已经不是18岁妙龄了。’什么事都是如此。他就是这么烦人。”

“那么现在让我们来想一想，”我向她建议，“您的丈夫这样做是为什么? 他想用这种挑剔来做什么对您有益的事?”

这位妇女想了两分钟以后回答说：“我懂了。他希望我更好看，希望我完美无缺。”

“其实您自己就希望如此!”

“是的。我总是对所有的事都追求完美无缺：在人际交往方面，在服装方面，在外貌方面。”

“您看，您丈夫不过是反映了您对自己的挑剔。请改变对自己的态度，他就不会挑剔您了。您对丈夫作出愉快的反应，这将不仅使您跟他的关系正常起来，还会使您的血压恢复正常。”

大学毕业后我曾在内科实习。有一次查房时，一个患高血压的男人问我：

“医生，您刚毕业，刚学了新知识。请您告诉我，我的病因是什么? 您看我吃了这些药只能管用很短时间，我可不想总是吃药。”

需要说明的是，在我走进病房的时候，这个男子跟他的一个病友正在气冲冲地大发议论，对政府、上司“品头论足”。看到我之后，他们平静了一会儿，但时间不长，没查到他们床的时候，他们继续议论着什么，抱怨生活有多糟糕。当时我正在询问一个新入院的病人的病情，没有仔细听他们的谈话。

“您真的想知道您的病因吗?”我问他。

“当然想了，谁会不想呢?”

“那么您听着，”我平静地对他说，“病是您自己制造的，是因为您总是批评、苛求，弄得自己很不舒服。”

“不对，医生，您说得不对。难道我的血压会因为这些升高吗?”

我没有再跟他争，况且那时我的知识还不太多。那时我只是开始意识到，一个不喝酒，不抽烟，甚至进行体育锻炼的人生病可能是因为有一些思想行为方面的问题，如谴责、批评、憎恨、愤怒等等。

男人患高血压的情况更多，因为他们习惯于压制自己的真情实感，在不动声色的表面之下隐藏着攻击性的意念，这些思想就是内在的重压。

请想一想，是否值得用提高自己血压的方式应付生活中的各种情况?难道您能以此改变什么吗?

只有当您开始改变自己的时候，情况才可能发生切实的改变。

低血压

低血压乃至晕厥说明您正在失去生活的力量。您不相信自己，不相信自己的力量和能力。您尽力逃避有冲突的情况，不想负责任。于是您不可能充分地感受现实。

一个患低血压的病人明显地怀有疲惫厌倦的情绪。对她而言，生活就是一直不断地抗争，而她对抗争已经感到十分厌倦，早就对一切心灰意懒了：“何必呢？反正没用。”

血压低的人必须过一种积极的生活，给自己制订很现实的目标。要为达到这些目标去勇敢地克服障碍。不要逃避生活，逃避冲突，任何“不好的”情况对于您都可以成为积蓄个人力量的源泉。

体育运动、按摩、积极的休息对您也很有益处，总之，您可以从事任何形式的活动，只要使您和周围人的生活充实、有价值就行。

静脉曲张

感到承担过沉重负担和压力的人经常患静脉曲张。这种病出现的原因之一是选择的生活道路不适当。请考虑一下自己的职业是否能让您发挥创造潜力？还是正好相反，阻碍您的发展？如果是后者，请反省一下自己对工作所抱的态度。工作应该不只给您挣钱的机会，而且还有很多其他的东西，首先是创造的快乐，自我实现的可能，帮助别人获得满足。

长时间处于对您来说负面的情境中也会导致静脉曲张，例如陷入绝境

的家庭关系。

一个男人和一个女人结婚已经20多年了。男人酗酒，欺负老婆，打她。她承担着家庭问题的重负，家里早就没有爱和相互理解。这种情况让女人感到难受，但她无论如何也下不了决心迈出决定性的一步。

还有一个重要的原因——对未来的恐惧。这种恐惧妨碍您轻松自由地前进。

一位年轻女子有一段时间来找我妻子按摩。她没有工作，丈夫是个大老板，她并不缺钱。她很好看，唯一让她不安的是双腿的静脉曲张。这位女子经常讲起自己和自己的生活，从她的话里可以看出生病的原因：

“柳德米拉，您知道吗，我常想将来等着我的会是什么，不知为什么，想起这个就害怕，不安。我总觉得我丈夫会出什么事。那时候我怎么办呢?”

血栓

血栓是由于在血管中出现血块而破坏了静脉的血液循环。这种病会限制人的行动，最危险的是血块可能流到心脏、脑部或肺部。这种病的病因很清楚。我们的血是能量的聚集，它总是处于运动中，总是流动的。如果您抱住某种教条或原则拒绝发展，停滞不前，那么血就可能变稠和停滞。

为了防治这种病，应该了解并拓展自己世界观的边界，给自己提这样一个问题：“我生活中的哪个方面必须继续发展?”

闭塞性动脉内膜炎

这种病的原因是对未来怀着强烈的恐惧，以至于造成四肢血管的收缩，进一步发展会导致一条腿或双腿截肢。

一个左腿患闭塞性动脉内膜炎的男子来我这里看病。我们找出了其潜意识的病因。它们是“不相信自己的力量，对未来的恐惧，对家庭物质状况的担心，特别是对女儿未来的担心”。

而这些不安的原因又是他对自己父母，特别是母亲的态度。原来，在他的潜意识中深藏着对父母的怨恨，因为他们不曾给他一个有保障的未来。

“您想想，”他说，“他们工作了一辈子，结果年轻时两手空空，到老还是一样。真憋气，我只好不折不扣地白手起家。”

听着这位患者的话，我再次想到那条训诫：“要尊敬自己的父母。”

贫血

我发现，贫血的人生活中缺少快乐。后来我在文献中发现，血代表快乐。我的猜想得到了证实。

请想一想，您在生活的哪一方面不快乐？工作，金钱，关系……然后解决这些问题。也许是对生活的恐惧，自卑情结或多年前的怨恨妨碍您体验快乐和喜悦。那么您应该摆脱它们。

一个患贫血的女病人这样描述她的生活：

“我好像什么都有：房子，家庭，工作。还需要什么呢?！但是……不，我觉得缺少最重要的东西——没有快乐。’

“既然应有尽有，那么是什么妨碍您快乐呢?”我问她，“也许是缺少某种更重要的东西?”

“是的，正是这样。没有爱。我感觉不到丈夫的爱，我自己可能也不爱他。我也不喜欢我的工作，虽然挣钱不少。”

出血症

如果您患出血症，那么这说明，快乐正从您的生活中流失。在生活的哪个方面正在流失快乐呢？您应该阻止欢乐的流失，摆脱有害的思想情绪。

经常有子宫出血的妇女来找我看病。她们每个人都与男人有着这样或那样的问题。积怨，不信任，憎恨，压抑的愤怒都会把欢乐从生活中排挤出去。

不久前一位患子宫出血的妇女来看病。此外她还被诊断患有“子宫肌瘤”，医生建议她将子宫摘除。

原来，不久前她和丈夫发生了严重的争执。她丈夫企图对她不忠，虽然什么都没有发生，但这位妇女心中留下了对他的强烈怨恨，这种思绪经

常在她的脑子里盘旋。

当我和她对潜意识做了一些工作之后，子宫出血停止了，又过了一段时间，B超显示肌瘤完全消散了。

淋巴系统疾病

淋巴系统与血液的关系很紧密，因此淋巴系统的疾病提醒我们，应当调整生活的方向，去追求最重要的东西——爱与快乐。

淋巴结发炎，单核白细胞增多症

这种病常见于孩子身上。它说明孩子和父母的生活中爱与欢乐正在流失。

我的一个熟人来请我给他儿子看病，孩子患上了单核白细胞增多症。孩子的病因隐藏在父母身上。这位朋友与妻子和母亲的关系很棘手。他的母亲无论如何不能接受儿媳，因为她是一个异族人。而他自己在处理妻子和母亲的关系方面也没有一定之规，于是父母积存下来的怨和气就在孩子的健康上体现出来了。

肺部疾病

肺代表吐纳的能力。肺部问题的发生是由于我们不愿意或是害怕充分地深入生活，“用整个胸膛呼吸”。有什么东西妨碍您从生活中汲取所有最必不可少的东西，向周围世界贡献应该奉献的东西。您的某种意念或情绪“压着胸口”，使您呼吸不畅。肺炎，肺结核，肺癌，肺纤维化等等不过是不愿生活在这个世界上这种隐蔽的潜意识情绪的各种表现。

肺炎

对生活的绝望、厌倦会导致肺炎。情感创伤在我们心中越长越大，无法治愈。

一个肺炎后引起并发症的年轻女子来到我这里看病。

“斯维特兰娜，”我问她，“现在请转向自己的内心，问潜意识一个问题：‘前不久在我生活中发生的什么事使我生病?’”

女子闭眼，过了片刻。

“我知道答案，”她忧心忡忡地回答，“以前我已经有这种猜想了，但现在一切都彻底清楚了。您看，我认为丈夫应该有挣钱养家的本事，因此我一直在找这样一个男人。几个月以前一个这样的男人出现在我的面前，我们开始一起生活，他有一座挺大的房子，有公司，有车。开始一段时间这种富足的生活简直让我发晕了。可是现在我在这座房子里喘不上气来，我们的关系不是正式的关系，我感到自己不是那里的主人。”

“什么妨碍您，让您觉得自己不是主人呢?”

“我感觉，他觉得在我们的关系中占第一位的是金钱，而不是爱情。而我总是试图向他证明正好相反。为此我自己不得不干很多工作，有体面的收入，以示我在物质方面并不依赖他。这叫我感到疲倦，筋疲力尽。”

支气管炎

支气管炎实际上是未表达出来的愤怒和要求的体现。

如果家里气氛紧张，没有安宁与和谐，不断争吵、打架、喊叫，很少有风平浪静的时候，孩子——他们是家庭气氛的灵敏的感应器，会立刻用上呼吸道疾病作出反应。

一个男人带着他5岁的儿子来看病。这个孩子每个月都会发生上呼吸道感染，不是支气管炎就是咳嗽。

“您跟谁住在一起?”

“除了我，我妻子和孩子，还有我母亲。”

“您跟您母亲的关系怎么样？您家里的气氛如何?”

“很不好!”男子回答说，“她总是对什么事都不满意，我现在不工作，而妻子工作，母亲对此不满意。他认为我们教育孩子的方法不对。我们，特别是我，经常和她发生冲突。只有孩子生病的时候才能得到安宁。那时候我们大家都同心协力地围着生病的孩子转。”

“也就是说，孩子的病帮助你们得到哪怕只是短时间的休战?”我

问道。

“看来是这样。您说得完全对，”男子回答，“我从没想到这个。”

“当您学会跟母亲找到共同语言的时候，就不需要生病了。”

“可是难道母亲自己不应该改变吗？”他有些不解。

“应该，”我回答，“但是现在在我面前的是您，而不是您的母亲。您先改变，她就会改。”

“但这很难做到，”男子叹了口气说，“但我尽量努力吧。”

“您一定要努力。”我说，“因为您的孩子的健康取决于您的努力。”

3 个月以后我遇到了这个人的妻子，她是做秘书的，跟我的一个熟人是同事。

“您知道吗，”她说，“自从我丈夫带孩子去您哪儿看过病以后，孩子一次也没生过病，现在家里很和睦很安宁。我太感谢您了。”

咳嗽

咳嗽是因为想对全世界喊叫：“看看我！听我说！”因此要学会表达自己的感情，不要压抑自己的情绪，勇敢地说出您所想的。

在某些情况下咳嗽可以完成独特的阻止功能。如果您谴责他人的行为，表达对别人的不满和批评，那么咳嗽会“帮助”您保持和他人的良好关系，学会只赞扬别人。

塔吉亚娜紧张地工作了一周之后，决定在休息日清清静静地休息一下。星期六的早上塔吉亚娜开始收拾去别墅要带的东西。这时候她丈夫告诉她，有客人要去他们的别墅住两天。

“谢尔盖，你为什么不早告诉我？”

“你也没问过。”丈夫回答。

“可你知道，我不喜欢这些人！”

“我的工作需要跟他们搞好关系。”

谈话到此结束，但是妻子对丈夫没有说出口的意见却憋在心里，一路走一路生气。当他们在别墅见到客人们的时候，每件事都使她生气：客人的样子，谈话的题目，用另一种配料做的羊肉串。她一直在心里谴责客人们。很快她的嗓子开始沙哑。她没有在意，何况女主人的身份要求她要表现得很开心，很好客。塔吉亚娜已经无法控制情绪了，可是又不想跟丈夫闹僵。结果她剧烈地咳嗽起来，于是她凭着病人的特权离开了大家，终于可以一个人“享享清福”了。

呼吸困难

对生活的强烈恐惧和不信任会导致呼吸道的痉挛。

一位男子来看病，他已经好几年周期性地出现呼吸不畅的病症了。

“医生，”他对我说，“过去这个毛病发作得比较少，新年以后开始每天发作几次，还伴随着颤抖，左侧麻木和恐惧。”

在我的帮助下，这位男子与他的潜意识建立了联系，提出这样一个问题：“我的生活中是否有什么事情成为呼吸不畅的原因?”

从他的表情来看，他开始从自己的潜意识那里得到某些信息了，过了一会儿他对我说：

“三年前我做生意，把很大一笔钱投入了一个企业。然后我很快就开始出现这种病状。”

“您那时的哪些意念、感觉、情绪是致病的原因呢?”我问道。

“恐惧和不安!”他回答说，“当时我害怕失去这笔钱。不错，结果对我来说很好。然后我跟家里人一起搬到了克里米亚。有一段时间我感觉很好，完全不犯病了。大概是因为气候不同，情况也不同。在那里我也是做生意。从去年秋天又开始犯病了，而原因还是和钱有关。但是这一次我损失了一大笔钱。”

“这一次您感受到了什么样的感情和情绪呢?”

“一个人在那种情况下还能有什么感觉呢?委屈，气愤，恼怒。在发生这件事以后实际上就每天都要发作了，而从 1 月份以来甚至一天发作好几次。我的熟人们建议我休息一下，可是钱快花光了，我得养家。在莫斯科有人请我工作，可是在这种情况下我怎么去呢?”

“是的，在这种情况下您本来就讨厌做任何工作，更不用说跟钱有关的了。您需要立刻改变对金钱的态度。”

“但是怎么做呢?”

“您看，一个人有住房，有汽车、录像机、电视机、电话以及其他的物质财产，而他却总想得到更多、更多，忘了生活的其他方面。结果他过着一种以挣钱和积累物质财富为目标的生活。但是这不可能，也不应该是生活的目的，因为人不可能把这一切带进坟墓里。”

“您说得对。”他表示同意。

“您想象一个贪吃的人，”我建议说，“对他来说，吃东西不再是简单地为了补充消耗的能量，他将它用于某种其他的目的。如果没有食物，他就会生气，发脾气，不安。机体积累脂肪本来是为了日后的不时之需，但是每增加1公斤多余的体重身体就会变得更沉。结果，最后，被他当做生活目的的东西却给他带来了痛苦和疾病，然后带来死亡。也就是他所拼命追求的东西杀死了他。我们的情况也是如此。您把钱当做了生活的目的，其实应该把金钱当做一种工具。”

“但是我会不会对金钱无所谓了呢？”病人问道，“会不会不努力挣钱了？可是我需要养家。”

“如果一个人把金钱当做一种工具，而不是当做生活的目的来看待，那么上帝会给他可以满足他的意图的数量。金钱会带给您什么愉快的感觉呢？”

“首先是安心，还有稳定感。”

“那么，您对金钱的态度越是坦然，您就可以把越多的金钱吸进自己的生活中来。而当您因为金钱而不安、害怕和生气的时候，不仅会导致金钱的损失，而且会开始影响您的健康。您要明白，造成您的健康问题的原因不是金钱，而是您对金钱的态度。”

“医生，我全明白了。那么我该不该接受莫斯科的工作呢？”

“当然应该同意，因为您需要养家。但在此之前一定要反省一下自己。把您在生活中遇到的所有跟金钱有关的情况重新审视一下，在心里带着新的感情——坦然，感激，快乐——把这些情况多过几遍。为了那些让您在金钱方面受伤害、受委屈、受骗而受损失的情况而默默地感谢上帝、宇宙，感谢自己的潜意识，感谢那些以不道德的行为教会您正确对待金钱的人。现在您在生活中能有多少钱以及您的健康都取决于您世界观改变的速度和程度。在去莫斯科之前您还有时间。”

气喘

一般来说，患气喘病的人从来不哭。这些人强忍住眼泪和哭泣。气喘是被压抑的呜咽，而且它经常来源于某种童年的、与母亲的冲突。例如，孩子希望母亲认可自己的某个行为的愿望最终没能实现。

我发现，患气喘的人是一些对母亲依赖性很强的人。事实上，我在每一例气喘的病例中都找到了这种联系。

气喘是试图表达用其他任何方式都无法表达的东西，说明您把某种情绪压抑在自己的心里，您没有情绪的自我控制机制。

让我们来看看气喘病人在发作时的表现。他无法自主呼吸，他需要某种外来的帮助，他相信自己没有权利独立地呼吸（也就是生活），他有着对外界因素（在童年，这是对父母，经常是对母亲）的强烈依赖。这样的人不能为了自己呼吸，不能享受生活。

孩子得气喘病是表示他害怕生活，有强烈的潜意识的恐惧，不想呆在此时此地。这样的孩子通常会有很强的良知——他们认为什么过错都是自己的。

一位妇女带着她的儿子来找我这个顺势疗法医生看病。这个孩子周期性地发作哮喘病。我采用的顺势疗法治疗效果很好，但并没有根除他的病。

在第一次接诊之后我就暗暗地发现，孩子的病因在他母亲身上。她是那种对孩子的一举一动都要监督的女人。她用自己的这种“关心”完全不让孩子“自由地呼吸”。通过对母亲行为的潜意识程序做进一步的调查，我搞清楚了，是母亲经常的恐惧——对生活、对自己、对孩子的担惊受怕导致了孩子的病。而这种恐惧又是从她母亲——她也什么都怕——那儿传下来的。

在谈话过程中这位妇女不止一次地说出这样的句子：“生活闷死了”，“我飞快地跑去，无法停下喘一口气”。

人们发现，气喘病人在山上或海边的时候病情会得到缓解。因为在山上时，他们会觉得自己比较高，在海边时觉得自己比较干净。这样的自然条件有助于他们应付其内心由于“不干净的”思想造成的污垢。

结核病

忧郁和悲伤，忧愁和苦闷等情绪是造成结核病的首要原因，而这些情绪的出现又是由于在潜意识中多年积累了很多对世界和他人、对生活和命运的敌意，这种敌意使他不能舒心地生活，痛快地呼吸。

这种人不想或不能接受生活。他们过的不是完整充实的生活。医生给结核病人的第一条建议是什么？要呼吸清洁新鲜的空气，要吃好，也就是说，要摄取充分的营养。

“我父亲刚被发现得了空洞性肺结核，”我的一个女病人对我说，“您看这是什么原因?”

“您父亲在生活中是否经常会情绪忧郁并抱怨这个世界不公平?”我问。

“经常。因为我父亲是个很有才能的人，他有很多发明和合理化建议。我经常听他说，跟愚蠢的官员们斗争让他很厌倦。他经常批评政府，批评我们国家的体制，责备别人妨碍他在生活中实现自我价值，为他设置障碍。”

“他的病因就在于此。一方面是对体制的愤怒和憎恨，另一方面是对生活和命运感到不平，不愿意生活在这个他认为不公平的世界上。”

我发现，私有观念很强的人容易患结核病。当他们所强烈依恋的东西被剥夺的时候，他们就会产生不想活的念头。这涉及生命意义的问题。

“请给我出出主意，我该拿我的父母怎么办。”一个女性朋友向我求助，“一年前我结婚去了另一个城市。过了一段时间父亲的肺部发现了阴影，不知是肺癌还是结核病，而母亲的体重则迅速地增加。”

“没有别的原因，”我向她解释，“只是因为你离开娘家以后，你的父母感到感情空虚，因为你是他们生活中唯一的欢乐。你母亲决定用吃东西填补这个空虚，所以身体发福，而你父亲则积攒了对生活和命运的许多抱怨。这种情况是促使他得肺病的原因。”

“是的，你说得对。”朋友表示同意，“父母不相爱，他们不止一次地说，生活在一起只是为了孩子。”

喉咙疾病

喉咙象征着我们保护自己，宣传自己，表达自己想法和感情的能力。喉咙的状况反映我们与他人的关系。如果我们与亲友的关系很好，那么喉咙一定是很健康的。

喉咙这种身体器官集中着我们的创造能量。表达和创造的管道都从这里经过。人的自我表达能力与这一部分紧紧相连。

此外，我们通过喉咙开始接受与吸收的过程。不只是对食物，还有物质、思想、人。因此，如果我们不接受自己生活中的某种东西，马上就会有喉咙方面的反映。

喉咙的问题可能表现为发炎，咽峡炎，口吃，嘶哑，吞咽困难，甲状腺病等。

喉咙痛，咽峡炎，咽炎，喉炎

如果您忍住不说某些粗鲁的话，将它们“咽下去”，把愤怒等情绪压在心里，或不敢说出自己的想法，那么您的喉咙会立刻以发炎作出反应。在这种情况下，病情是一种特殊的障碍，可以避免说出禁忌或不愉快的话语。

嗓子疼的人不可能表达自己的想法、自己的态度，不可能为自己辩护以及要求他们想要的东西。他们在自己的内心造成各种障碍，然后为此痛苦。

“我想说，但不能说。”一个经常喉咙发炎的病人对我宣称。

“为什么不能说？什么妨碍您说出口呢？”我问道。

“我不知道。可能是认为把我想的东西说出口是不体面的。如果我真的说出我心里的一切，那么人们不会正确地理解我。”

“什么叫做‘不会正确地理解’？”我问道，“您害怕让他们看到本来面目？”

“是的，您说得对。”病人回答。从他的表情来看，他过去从未这么想过，只是刚刚恍然大悟。

“好吧，请回忆一下，小孩子想要什么的时候是怎样要求的，他提要求的时候，所有的邻居都能听到。他并不觉得这样不好。他的理性还不受各种习俗的限制。您也应该大声说出所想的一切。您要明白，每个人都是一个与众不同的个体，有着独特的个性，您也一样。人无所谓高低、好坏，每个人都在宇宙中占据一席特殊的位置。您的意见和其他任何人的意见一样有价值。这样慢慢地，您通过观察周围人的反应，就可以找到真实的自己。要让自己的外在与内在协调起来。”

我发现喉咙生病还有一个重要的原因——自卑。所有的自卑综合征一定会通过喉咙反映出来，因为这种人常常骂自己，表达对自己外貌与行为的不满。于是潜意识只好唤起疾病，避免我们伤害自己。当我们骂别人和

批评别人的时候，潜意识也按同样的原则行事。

喉咙发堵

强烈的潜意识恐惧妨碍我们说话，我们的思想和想说的话像“一团东西”一样堵在喉咙。很多感受过强烈恐惧的人都很熟悉这种感觉。

鼻子疾病

鼻子象征自尊，以及对于自己的个性、独特性及价值的认可。

请看这些和鼻子有关的谚语：“鼻子翘得老高”，“嗤之以鼻”。

要更好地了解这个主题，建议您读两本精彩的文学作品——罗斯丹的《西哈诺·德·贝热拉克》和果戈理的《鼻子》。

鼻塞

鼻塞表示不承认自我价值。

有一个男子总是鼻塞，时而是一只鼻孔，时而是另一只鼻孔。我们深入潜意识后发现，其原因是对自己男子汉气概的怀疑。这种怀疑是在学生时代一次与人打架打败后产生的。正是从那时起他开始怀疑自己的男子汉气概，也是从那时鼻子开始出现问题。

鼻炎

从鼻子里流出的是潜意识的眼泪或内心的哭泣。潜意识试图通过这种方式释放出被深深压抑的情感：经常是痛苦和怜悯，对没有实现的计划及理想的绝望和遗憾。

过敏性鼻炎说明一个人完全没法控制情绪。这种情况通常发生在强烈的感情震撼之后。

例如，一个男人在与一位少女关系破裂后出现了过敏性鼻炎。她没有等到他从部队复员，他对此不能释怀。

“这件事以后我对女人全都不抱任何希望了。”他向我承认。

另一个例子是这样的：一位女子在丈夫去世一段时间后开始流鼻涕。

“我到现在也不能相信这件事，”她说，“为什么偏偏发生在他的身上？我现在有丈夫，可我仍然放不下过去。”

有时候鼻炎是一种特殊的求援方式。孩子们常常这样表现他们的无助。他们感觉不到自己的力量和价值。

一对夫妇带着他们9岁的儿子来我这里看病。

“我儿子经常流鼻涕，”父亲说道，“实际上每个月都犯。我们，还有他自己，都被折磨得够呛。”

从后来的谈话中我了解到，这位父亲是个很严厉的人。在教育儿子的过程中，他经常使用暴力和威吓手段。而母亲则怜悯儿子，而且有时觉得自己在与丈夫的关系中也是一个受害者。

腺样增生

这种病常见于孩子，其特点是鼻腔内淋巴组织增生，这种病会影响鼻子呼吸。

其主要原因是家庭内部的摩擦和经常的争吵，时而对这个人，时而对那个人的不满，气愤。父母不会，更确切地说，不想对家庭的某一共同问题达成一致，不能调整好彼此之间以及和孩子的祖父母之间的关系。

孩子潜意识中出现了一种感觉，好像他是不受欢迎的。这种感觉是父母中的一方传达给他的。孩子对于父母生活的动荡和颓唐，对于缺乏自我表达、缺乏对自己价值的承认等等都是很敏感的。在父母的关系中缺少最重要的东西——爱。几年当中，我已经看过几百个有这类问题的孩子，在每一例中都可以看到家庭中爱的缺乏。

“我怀疑我妻子是否爱我，”一个带儿子来看病的男子对我说，“她从不跟我说亲热的话，从不夸奖我。我已经开始吃醋了。”

遇到这种病，一般医生只是建议手术，虽然他们清楚地知道，手术并不是治疗。疾病还是原封不动地存在于体内，腺体将来还会增生。通过实

践我确认，正确地选择顺势疗法的手段，改变家庭的气氛可以迅速完全地将这种病治好。

家庭中一旦形成爱、和睦与宁静的气氛，孩子就可以用鼻子顺畅地呼吸了。

我的一个患者，她的儿子患有腺样增生，已经手术切除。她说出了自己的家庭情况：

“我觉得，我在家里做的事只是打扫、洗衣服、做饭。我跟我丈夫很少见面，我们俩总是要上班，我们在一起的时间全都花在吵架和理顺关系上了。我觉得自己不是个受欢迎的妻子。”

“那么您爱您丈夫吗?”

“不知道。”她有点漠然地回答。

我的另一位患者，她儿子早就出现了增生，她向我讲了她和丈夫的关系。

“我嫁给他的时候，对他没有特别的爱。我知道他会是一个很顾家的人，一个好父亲。”

“那么怎么样?”我问道，“他达到您的期许了吗?”

“是的，他是个很好的人，好丈夫，好父亲。但我对他没有爱。您明白吗?没有那种被描写得那么多的感情，虽然我明白，它应当是生活中第一位的东西。但他不是那种能让我爱的男人。而我又不能破坏家庭去找别的男人。”

“我不建议您这么做。您知道吗，”我说，“问题不在于他是不是那种男人。问题完全在于您，在于您心中所存的爱。您应该发展自己心中的爱，改变对自己，对男人，对周围世界的态度。”

“但我丈夫还会保持原样。”

“谁知道呢。您记得我跟您说过，外部反映内部。您丈夫作为一个男人，反映的正是您这个女人。就是说他是您的反映，只不过是一个异性的映像。不但不需要改变他，而且不能改变。您应该开始改变自己，发展对自己的爱，对宇宙的阳性元素的爱，对周围世界的爱。那样您的丈夫一定会改变。他一定会成为您生活中唯一一个像您在小说中读过的那样的男人。”

流鼻血

您一定记得，血象征着快乐，当您觉得别人不爱您，不承认您的时候，快乐就会从生活中流失。流鼻血是一种用来表达被承认、被爱的需要的独特方法。

有一次我儿子流了鼻血。我于是反躬自问：“儿子流鼻血是在对我的什么行为作出反应?”潜意识的答案马上出现了：“你很少向他表示爱和关心!”的确如此。那段时间我把很多的力量和注意力放在工作和解决个人生活问题上，很少有时间和儿子相处。我修正了自己和儿子的关系，于是流鼻血的情况再也没有出现。

消化器官疾病

任何一个最普通的机体都有所谓的肠道。必要的物质通过它进入，通过代谢把不需要的东西排出。但是与食物一起进入机体的还有关于周围世界的信息。

人的消化器官在系统发育中保存了吸收与食物一起进入的信息的要求。因此我们接收和消化某些来自外部的知识并及时摆脱不需要的问题和情绪的能力将反映在消化器官的健康状况上。

嘴的问题

嘴象征着对新思想、新想法的接收。

请观察一下小婴儿是从哪里开始认识周围世界的。他用味觉来品尝整个宇宙。

嘴的问题反映出不会消化新的思想和想法。

嘴唇和口腔受伤，口腔炎，口疮

口腔疾病说明您对某人抱有偏见。您的潜意识中隐藏着恶毒刻薄的话和指责的言辞，而您的嘴唇把它们挡住了；或是在潜意识中积存了痛苦或愤怒的思想，但没有说出来。

疾病在体内等着，
狂怒将您攫住。
或者，当忧愁笼罩心灵，
它也会随之现身。
当痛苦将你击垮，
正是它爬出来的时候。

口臭

您的“脏的”意念和感情，您的过去已经如此陈旧，以至于“发臭”了。该把某些新的、新鲜的东西引入您的生活了。

一个小伙子用手绢捂着嘴来找我看病。

“医生，”他说，“一年前我的嘴里开始发出不好的味道。我不知道这跟什么有关系。也许是因为鼻咽炎？可是医生给我做了检查，什么都没查出来。可是我觉得那个地方有点不对劲。”

通过与潜意识交流，我弄清楚了问题的原因是一件恰好发生在一年前的不愉快的事。愤怒和报复的欲望已经在小伙子心里憋了一年了。

我说服了他重新审视自己对于过去的态度，并从中吸收正面的教训。

“要改变自己陈腐的思想，它在整个这段时间内一直在妨碍您的生活，代之以新的，新鲜的，只将愉快的感受带入您的世界的思想。”

舌头

我们正是通过舌头来了解味道的。舌头上有味蕾，对酸味、苦味和甜味作出反应。在生活中同样有满足、痛苦、爽快的事情。舌头问题说明我们失去了生活的味道。我们的负面情绪和感情像“厚厚的膜遮盖了”我们感受生活的能力，妨碍我们快乐地咀嚼生活中的任何情形。

胃部疾病

胃是容纳食物的地方，象征着加工、消化和吸收某些思想或情况的能力。因此，当我们的胃出问题的时候，这意味着我们不知道如何认同生活，我们开始害怕某种新的东西，我们无法应对某些事件。

恐惧、忧虑、不安、不快、愤怒等情绪会立刻反映在胃部。

胃溃疡，十二指肠溃疡，胃炎

这经常是对生活中的某种新事物的恐惧。长期的不确定性，失败的预感，害怕接受某种新东西或不会消化吸收它们，这些都会反映在胃部。有胃病的人心中充满着各种大大小小的恐惧，恐惧引起痉挛，痉挛引起疼痛和溃疡。

您认为自己不够好或不够有价值，您认为自己很差，您害怕辜负父母、上司或亲友的期望。您完全不能坦然地接受自己。您不时地努力迎合别人，同时却忘了自己。正如我的一个患十二指肠溃疡的病人对我说的：“我总是在自责。”

患这种病的以男人为多，因为他们的勇气和自尊经常受到沉重的打击。这样的人自尊心是“受伤的”，他们身材消瘦，脾气不好。他们经常需要向某人证明什么：向自己、向亲人、向同事。他们经常需要监督自己和他人。这种人热衷于获得权力，总是想超过别人，同时害怕不能处于高位，害怕来不及按时完成某事。

对这个世界上某种东西的反感和厌恶也会引起溃疡。因为在否定这世界上的某种东西时，您就是在否定您自己的某一部分。另外，愤怒、怨恨、绝望也会导致溃疡。您觉得生活似乎失去了吸引力。许许多多的障碍妨碍您快乐地生活，而所有这些障碍都不在周围世界，而在您自己身上。

“我在工作中不得不跟那些败类打交道，他们让我‘吃不消’。”一个胃部有问题的患者对我说。“我无法忍受他们的虚伪、卑鄙和贪婪。”他接着说。

当他说这话的时候，他似乎处于轻微的催眠状态，而当他从这种状态

走出之后，他不记得自己说过的话。

在这种情况下最好的药是爱和内心的宁静。如果一个人爱自己和周围的世界，尊敬自己和周围世界，他就不会有溃疡。要学会接受自己本来的样子。要学会接受周围世界——因为这是你的世界。

一个朋友的胃炎加重了，我早就提出要帮助他，但他不相信可以用调节潜意识的方法把病治好，他只相信药片。但是后来他疼痛难忍，服药也没什么用，最后终于下定决心来到我家。

我们很快与潜意识建立了联系。原来胃炎反映了他的厌恶、挑剔和各种各样的恐惧等行为模式。

"我痛恨和鄙视这个城市，它的肮脏的街道，它的垃圾。"他说道，用整个身心表达着蔑视，"我憎恨卑鄙、阿谀、粗鲁。对我来说最大的享受就是躺在干净的、浆洗好的被子里，身旁是一个干净美丽的女人，而桌子上摆着好吃的，高品质的食物。我可以永远待在这种环境中。"

在弄清楚了潜意识的积极意图之后，我们建立了新的行为方式。而在我们谈话结束的时候，剧烈的疼痛实际上已经完全消失了。

恶心，呕吐

恶心和呕吐用潜意识的语言表明，生活中有某种东西（或某个人）您不能接受、吃不消，想要摆脱。

您从来没有想过，为什么很多怀孕的妇女会呕吐吗？因为她们不接受自己怀孕和即将生子的状况。

您对某种东西感到强烈的厌恶，无法接受。您的潜意识拒绝接受某种情况。

"他一碰我我就恶心，"我的一位女病人这样说她的丈夫，"特别是当他想跟我同房的时候。我一想到这件事就反胃。"

这位妇女还有溃疡病，经常呕吐。

呕吐的另一种原因是各种各样的恐惧。您要在自己的内心找出这些恐惧并摆脱它们。

要学会轻松地应对生活，接受自己生活中的所有情况，将它们当做积极的经验。要学会习惯于和认同所有新的思想。那样您的胃就会一直很好地工作。

晕船，晕车，晕机

对有些人来说，乘飞机、汽车或乘船伴随着恶心、呕吐和乏力。这种情况的原因首先是潜意识的恐惧。因为不得不离开熟悉、安全的地方，便出现了对未知事物的恐惧。需要对新的感受进行加工和消化，而这并不总是很容易的。

其次，旅行中必须信任开车和开船的人。顺便说一下，您发现这个特点了吗？开车的人不会晕车，因为他们控制局面。也是由于这个原因，在火车上不会晕车，因为火车是按照严格固定的线路运行而不能随便拐弯，另外，有一种意见认为这是最安全的交通工具。

为了解决这个问题，要学会信任。把自己的生命信托给操纵交通工具的人。但先要信任自己，要放松，顺其自然。只管享受那些新的感受，因为您是在自己的世界中旅行，在旅行中您所了解的是自己身上新的东西。当您明白了这一点，所有的恐惧都会消散，好奇心则随之而来。

肝脏疾病

肝主火气、愤怒和暴躁。自从希波克拉底和亚里士多德的时代就分出了四种基本气质：胆汁质、多血质、粘液质和抑郁质。性急的人和好发脾气的人是胆汁质的。

肝和胆有病的人压抑自己对某人的愤怒和火气。开始的时候，被压抑的情绪引起胆囊炎，胆汁积存，胆管堵塞，而随着时间的推移，这些没有表达出来的痛苦感情会以结石的形式沉淀下来。因为人们通常认为表达自己的攻击性情绪是不好的，最好把这些情绪压在心里。

这种人倾向于批评自己和别人。有肝病的人经常有关节病，因为关节是负责将攻击性情绪付诸行动的。而这会引起关节发炎。他们的思想还被痛苦所占据（由此会嘴苦，特别是早上）。但他们的骄傲使他们无法摆脱

过去那些愤怒和痛苦。他们常常抱怨并为自己的挑剔辩护。

胆结石

胆囊中的结石代表积蓄的痛苦和愤怒，以及妨碍您摆脱这些意念的骄傲。结石是几年中积存下来的苦恼、痛苦、诅咒、愤怒和骄傲。而绞痛则代表对周围世界的愤怒、厌恶和不满达到了顶峰。因为我们知道，思想是会物化的，而结石就是所有这些有害思想的物质基础。

一个女病人不久前胆囊绞痛发作，她咬牙切齿地讲到她的侄女：

“您能想象出来吗？她还没满 17 岁，而她却跟我很蛮不讲理，可恨极了。要是可以，我要掐死她。”

“她跟您一起生活吗？”我问道。

“不，她跟奶奶，我婆婆生活。她在我们大学上学，而她的父母在另一个州。她一定是在打她奶奶的算盘，奶奶年纪大了，她为了继承房子而讨好她。可是她什么都不做。我下班之后要到婆婆那里，自己操劳一切。而侄女却只知道玩儿。”

“您希望您的侄女改变自己的行为吗？”我问她。

“当然想。”

“但如果您跟她生气，难道她就会改变吗？”

“我知道她不会改变。但我无法用另外的方式。”

“不能还是不会？”

“更多的是不会。”

“您怎么看，”我问这位妇女，“您的侄女想用她的行为向您表示什么？”

“只能表示她没有教养，还能表示什么？”

“请问，您自己对婆婆的态度怎么样？”

“很正常。我还能怎么对待她呢？她是个有病的老人。”

“可是过去，”我说，“您跟她有过很多冲突。”

“是的，我们经常吵嘴打架。您怎么知道的？”她惊奇地问。

“我还知道，您在心中仍然对婆婆有怨恨。而您现在却不得不去照顾她，但这样做是出于责任感。您像是在‘偿还’自己以前对她的敌意。而您侄女用自己的行为向您表明，您是如何对待婆婆的。因此您不是需要生她的气，而是感谢她。她给您上了很好的一课。”

“是的，医生，您大概是对的。”

病人若有所思地说。

“我想，”我说，“一旦您改变了对婆婆的态度，您跟侄女的关系就会改善。”

现在有很多方法用于对肝和肠进行积极清洁，如饥饿、节食、洗肠。它们确实有效，但它们的有效时间很短，因为病因没有去除。因为洗肠改变不了性格。

我从自己的行医实践中了解到，运用顺势治疗方法，摆脱旧有的思想可以把结石彻底化开，长效地清洁肝和胆囊。我也看到在把潜意识中的攻击性思想清理干净以后，有的人相当大的结石都消失得无影无踪了。

胰腺疾病

胰腺代表生活的“幸福感”，代表快乐和享受生活的能力。

胰腺炎

强烈地讨厌某人某事或某种情况会导致胰腺炎。人在这种情形下感到愤怒和无能为力，他觉得对生活失去了兴趣。

我想起一件事，当时我上完了医学院的五年级，正在医院实习。一个有严重胰腺炎的病人住进了我负责的病房。我开始收集他的病史，得知他是与一个人的关系破裂后几天开始发病的。

“您知道，”他愤怒地说，“我真的想打死他。在他做了这样的事之后，我彻底失去了对人的信心。”

糖尿病

糖尿病分为两类，都是血糖水平提高，但其中一种必须注入胰岛素，因为胰腺细胞不能制造胰岛素，而另一种则只要服用降糖药就可以了。有趣的是，二型糖尿病经常发生在中老年人身上，与动脉粥样硬化现象伴生。正是在将近老年的时候，人们积攒了大量不快的感觉：痛苦，烦恼，

对生活、对他人的怨恨。渐渐地，他们形成了一种潜意识的或有意识的感觉，即生活中没有剩下任何快乐的、“甜的”东西。这种人缺乏快乐，这种感觉非常强烈。

糖尿病患者不能吃甜的东西。他们的机体对他们直接说了这样的话：“除非你把自己的整个生活变成‘甜的’，你才可以得到甜的东西。学会享受生活的同时，也让别人一起享受，接受生活中的任何状况，让自己的生活对于自己和其他人都是愉快的。要努力让这个世界上的一切都给您和周围人带来欢乐和享受。”

我的一个病人血糖指标接近9。药物和节食可以使其指标降低，但降低幅度不大。在她对自己的潜意识进行改造并清理了负面的思想和感受之后，她的血糖水平降至正常且再也没有升高。

糖尿病的可怕之处在于它的并发症：青光眼、白内障、四肢血管硬化，特别是脚部血管硬化变窄，病人正是死于这些并发症。但如果您在本书中看到了所有这些痛苦的原因，那么就会发现一个规律：这些病的主要原因是缺少欢乐。

“但是，医生，生活是这样糟糕、痛苦，我怎么能为生活感到快乐呢？周围人们做的事情那么不像话。”我经常听到我的病人说这样的话。一次，一位上年纪的退休男子坐在我的诊室，说出他对生活、对人们、对政府的不满。

“在这种情况下，”我对他说，“我总是跟人们说，要学会为生活感到欢乐并给别人带来欢乐。自幼人们教我们走路，说话，写字，读书，算术，在学校我们学习数学和物理的各种定律，但人的心灵生活的这些规律却没有人教我们。没有怨恨、没有苛求地接受生活本身——没有人教我们。因此，我们长大时对生活并没有做好准备。因此我们才会生病。”

肠道疾病

肠子代表对新的思想及想法的吸收，以及摆脱所有陈旧的、不需要的东西的能力。

便秘

粪便滞留在肠子里说明不想与陈旧的想法告别。您陷入陈年旧事不能自拔，您相信一切都是有限的，贫乏的，因此下意识地害怕抛弃生活中的某些东西，因为您不相信将来可以弥补这个损失。

您抓住对往事陈旧的、病态的回忆不放。

您可能害怕结束某种已经不能给您带来任何好处的关系，或者害怕失去您不喜欢的工作，或者您不想抛弃已经没有用的东西。

请从家中扔出所有没有用的东西，为新的东西腾出地方。同时大声说："我扔掉旧东西，给新东西腾地方！"

有时便秘反映对金钱的吝啬和贪婪。

我想起一件有趣的事。一个约 30 岁的女子来我这里看病。她从学生时代开始就有严重的便秘，服通便药也不管用。除了特别严重的时候，她很少灌肠。通过潜意识程序设计的方法她摆脱了一个陈旧的、已经无用的观念。在第二天肠子便开始正常工作了。

胀气（腹胀，放屁）

一般来说，腹胀发生在一个人吃了过于"沉重"的食物或很多各种不同的食物之后。

"您知道，医生，"一个病人对我说，"读了您的书以后，我开始认真观察自己，我发现了一个特点。每逢我的生活中发生了很多事情时，特别是发生了那些我很难应对的事情时，我马上会放屁和腹胀。"

摆脱腹胀的最好方法是安心和按部就班。给自己定好目标，积极地作出安排和采取行动。但不要让自己承担过多。不要分散精力，轻松面对生活。

腹泻，结肠炎

在正常的条件下，我们的机体从通过小肠输送来的食物分子中吸收所有需要的有益的东西，其余的东西进入大肠，然后排出体外。

强烈的恐惧和不安一定会反映在肠子上。这样的人感觉这个世界没有

希望，他们由于恐惧没有准备好应对某些事。甚至有那种所谓的“熊病”，或“吓得拉裤子”，就是在某些重要的事情（如学生的考试）之前肠子开始紊乱。

不久前一位女病人来找我，她患有一种很少见的病。她每次要出门的时候，就会开始腹泻。在家的时候感觉很好，但只要她想去什么地方，肚子就开始折腾。她乘小汽车来到我这里，得知我这里有厕所，就马上放心了。

在与潜意识建立联系之后，我们得知这种腹泻的原因是担心她的孩子们。

“您知道，现在这个时候多可怕。”她对我说，“身边有那么多的匪徒和罪犯。我的女儿长得很漂亮，只要她们下课以后在学校有事回来晚些，我就坐立不安。我最好像抱窝的母鸡一样呆在家里，把孩子揽在身边，哪儿也不让她们去，那样我就安心了。”

在借助潜意识编程建立新的行为模式之后，腹泻停止了。而一个月以后，这位病人来复诊，说她的腹泻一次也没有再犯。

肛门、直肠疾病

直肠代表摆脱积累的问题、情绪、怨恨的能力。

痔疮，脓肿，肠瘘，肛裂

肛门和直肠的问题表明您很难摆脱您生活中的某种陈旧无用的东西。“抛掉”的过程很艰难，很痛苦。您对过去的某些事怀着愤恨，愤怒，恐惧，负罪感。您的情感受到不良情绪的压力。您不折不扣地感受着“失去的痛苦”。

我想起了一件有趣的事。一位在我这里治疗的男子每天有多次清理肠子的欲望，可是只能从肛门排放出少量的粘液和屁。他很难忍住上厕所的欲望，因此很受罪，因为他不折不扣地被“拴在马桶上”。

我注意到肛门和肠子的问题与他对很多事抱有成见有关。

应该轻松愉快、没有一丝痛苦地摆脱陈旧的东西。让自己习惯于这样的想法：您的身体丢掉的只是您完全不需要的东西。您在生活中也是一样。离开您的只是妨碍您、阻碍您的自我发展的东西。不要抓住过去的事不放。

有一次，来了一个患直肠炎的女病人。当我们深入潜意识了解病因的时候，得到的回答是："你在一个地方工作太久了。你该找个新的工作，改变家庭关系。"

肾脏疾病

肾代表摆脱可能"危害"您生活的东西的能力。肾是给血液解毒的。

肾炎

批评、谴责、愤怒、怨恨、憎恨，伴随着强烈的绝望、挫折感，这些感情混合在一起会导致肾炎。这样的人觉得他们是永远的失败者，什么都做得不对。他们经常有耻辱感。

对未来、对自己经济状况的恐惧，萎靡和不想生活在这个世界上的情绪常会反映为肾病。

"您的病因是不想生活在这个世界上的意念造成的。"我对一个患肾炎的年轻姑娘说，"您的潜意识中有巨大的自我毁灭程序。"

"您知道，"女孩子说，"当我还是个小姑娘的时候，祖母病了。于是我请求上帝把我生命的一部分拿走给祖母，让我们一起死。还有其他一些类似的情况。但是我为什么会有这种情况呢？"

"您的自我毁灭程序与您的母亲在她怀孕时的行为有关。她很久都不想要孩子，但怀孕后还是妥协了，生了孩子。但不想要孩子——这已经是在心里希望未来的孩子死亡。此外，她对生活怀着很大的怨恨。这一切以强烈的自我毁灭程序的方式传给了您，而这些都反映在您的肾上面。"

一个男子在受了外伤后，右肾和肝发生了病变，周期性地出现疼痛和肝出血。病因是对亲兄弟强烈的怨恨、憎恨和报复心。他甚至曾想打死他。但由于这是他的亲兄弟，所以这种希望他死的程序很快便返回他自己，不折不扣地“打击”了他的右肾和肝。

为了使肾永保健康，必须让自己的意念保持纯洁。要从自己的生活中清除恐惧、愤怒，不要再感到自己是个牺牲品。

肾结石

肾结石是一个人在内心生成并积存多年的攻击性情绪的物化，是没有化解的愤怒、恐惧、绝望与失败感的郁结，是某些事件留下的不愉快的残余。而肾绞痛则是达到顶点的愤怒、厌烦和不满。

“医生，您跟我说的都是胡说八道。不可能从我的思想和情绪中生出石头来。”

一个上年纪的男子正在我这里看病。他是拄着棍子来的，因为右腹股沟的剧烈疼痛使他无法活动自如。一年前他的右肾中发现了一颗大结石。医生建议他手术。

在我们一小时的谈话中他一直让我无法开口。他因为愤怒而咆哮起来。他愤怒地向我证明，生活是多么痛苦，我们的政府多么不好，官员们是一些按时领工资的下流坯，而他却已经3个月没领到工资了，还有他照顾生病的妻子有多难。

在这一天我明白了，不是每个人都准备好了接收新的信息。也许需要从草药和顺势疗法开始治疗，然后再渐渐地绕开意识，输入新的观念。

尿路感染，尿道炎，膀胱炎

对异性的愤怒会导致尿路发炎。

我的一个女病人告诉我，她的膀胱经常发炎。

“您知道，”她说，“只要我的脚一受凉，小便时马上就会很疼，同时卵巢也感到疼痛。”

根据我们的了解，她患慢性膀胱炎是因为丈夫的行为让她愤怒。

“这个我从来没想到，”这位妇女说，“但好像是真的。我一和丈夫吵架就立刻会加重。这个病也是结婚以后得上的。而在此之前我的身体完全没问题。”

我还发现，忧虑和不安也会使尿路疾病加重。

妇科疾病

当一个女人不接受自己的某个方面（外貌，某种行为）的时候，经常会出现妇科病。她不想或不能感到自己是一个真正的、被人爱、受欢迎的女人。这样的女人总是压抑自己的女性特质，拒绝女性的原则本身。

有的女人生病是因为相信一切与性有关的东西都是罪恶的，不洁的。

19 世纪末开始的女权运动一直持续至今。在社会生活中，它给妇女带来了很多成果，但也带来了很多“妇女问题”。因为在这个世界展示作为女性的自己，同时接受男性的能量是很重要的。男性和女性是两极，是一个整体的两半。他们互相吸引是必然的。上帝创造我们这个世界的同时，将其分为阳性与阴性两部分。一旦这两种能量之间的平衡遭到破坏，便会立刻反映在性器官的状况上。

女性性器官的疾病也是否定、逃避男性，或对与异性的关系不满的结果。这样的女性不懂得、不履行自己的责任，因此承担起了男性的功能。如果女性不会给男性以爱和欢乐，那么她很可能有某种性器官方面的问题。

子宫

子宫象征女性创造力的神殿。子宫的状况反映您可以在多大程度上表现作为女性、母亲、妻子的自我。

子宫内膜异位

作为女性，您有种未受到保护的感觉。您总是感到别人会攻击您，男人会对您不利。您不能、也不知道如何实现自己作为妇女的价值。同时您常常责备自己，对男人您也怀有责备、不满、怨恨等情绪。

女性对生活的痛苦和绝望会导致子宫的病变。在这种情况下女性常用别的一些感情代替爱。

一个年纪很轻的女子患子宫内膜异位，她承认：

“您知道，我的丈夫很好。他是个好人，很好的丈夫和父亲，但我不爱他，虽然我知道应该把爱情放在第一位。”

另一位病人患有子宫内膜异位和经常性子宫出血，她干脆地告诉我：

“我不喜欢男人。”

还有一个患这种病的女人在谈话的时候对我说：

“我的丈夫是个很正派的人，但我爱的是另一个人。”

子宫肌瘤

如果您记住了某个男人或您丈夫带给您的痛苦，并真正地“刻在心里”不能原谅，那么要小心了！子宫肿瘤是积累下来的对男性的怨恨和不满，以及过去的怨恨经常在脑子里盘旋的结果。

您认为，您作为女性的尊严经常受到打击。您总是责备作为女性的自己，也总是谴责男人。

经常有些患子宫肿瘤的妇女来找我接受顺势疗法的治疗。现代医学对治疗这种病没有办法，实际上所有患子宫肌瘤的妇女都要做手术。但不是每个女人都愿意失去如此重要的器官，而且手术不是治疗，手术的干预并不能消除病因。

有好几年的时间，我只是运用顺势疗法的手段来治疗这种病，疗效比较满意。在几个病例中达到了彻底消除肿瘤的效果。在另一些病例中肿瘤明显缩小。而当我将对潜意识的改造工作加入治疗，消除了直接的病因之后，所有的治疗速度和效果都大大提高了。

现在，一个40岁的女人坐在我的面前，一年前她被确诊为子宫肌瘤，医生已经不止一次地建议她做手术。她的一个熟人曾在我这里治好了病，她从她那里知道了我，决定试试用顺势疗法来治疗。我给她开了药，给她讲清楚服用方法，她已经要走了，但我又叫住了她。

“请等一下，您还没有说最重要的事。”

“关于什么？”她莫名其妙地问。

“什么关于什么？要知道要治好任何一种病，必须消除病因。您同意我的话吗?"

"是的。"她表示同意,但从她的表情可以看出她并不太明白我想让她做什么。

"您觉得您的病因是什么?"

"我甚至不知道。"她说,"我从没好好想过。"

"那么您对您的病有什么想法,您怎么看待它?"

"嗯,它妨碍我,我想快点摆脱它。"

"您知道,"我说,"我认为,人在生命过程中自己造成了自己的病。"

"我完全同意您的意见。"女病人说。

"但您看看发生了什么,"我说,"您的意识未必想让自己患子宫肿瘤,所以现在这个病妨碍着您。但您的潜意识并不是这样想的。它滋生了这个肿瘤。我相信,它这样做不是为了快点把您赶进坟墓。"

"那么是为了什么呢?"

"也许是为了让您注意到自己是个女人,并改变某些想法和感情。那么我们为什么不直接从潜意识那里了解原因呢?让我们现在就去找生出子宫肿瘤的那部分潜意识,了解是什么方法和感情让它这么做的。"

"不需要找潜意识,"这位妇女说,"我本来就知道。您说话的时候,我已经从心里得到答案了。"

"请告诉我。"

"原因在于我的丈夫。"

"是您的丈夫还是您对他的行为的反应?"

"多半是我的反应。但您说,"她含着眼泪问道,"一个正常的妇女对丈夫酗酒、闹事、欺负她该做出什么反应呢?"

"如您所说,一个'正常的女人'会有一个正常的丈夫。"我回答,"如果丈夫不正常,那么这个认为自己正常的女人就不应该常年忍受丈夫酗酒闹事,积累怨恨,表达不满,而应该转向自己的内心,提出一个符合逻辑的问题:'我忍受这一切是为了什么?而我自己身上的什么东西,我的哪些想法和行为把一个这样的男人引入了我的生活?'"

"但我爱他,"那个女人说,"而他扼杀了我的爱。"

"有的时候人们把一些跟爱没有任何关系的东西叫做爱。此外,您不爱自己。记得《圣经》中是怎么说的吗?'爱亲人如自己'。如自己!另外,您对您父亲的态度怎样?"我问这位病人。

"您知道,他也爱喝酒,对我母亲不好。"

“那么现在，我想，您已经明白了吧？您心中对作为女人的自己以及对男人的思想和感情是在童年形成的，结果将那样的男人引入了您的生活。”

“那我现在怎么办呢？”这位妇女问道。

接下去我们又用了近一个小时来研究病因。我给这位妇女留了“家庭作业”，然后我们就告别了，约定一个月以后见。

一个月以后她来看病。她的情绪、衣着、发式说明她发生了变化。

“您知道，”她高兴地对我说，“下腹部的疼痛完全消失了。我每天早晚各用一个小时的时间反省自己。我要说，我丈夫也在向好的方向改变。一个月没有喝酒，让我们继续治疗吧。”

又过了两个月，她给我打电话说：

“医生，我打电话是要告诉您一个好消息。我昨天去看了妇科医生和肿瘤医生，——他们把我从名单中删掉了。B超显示我的子宫完全健康。”

“祝贺您，”我说，“但也许您还会回到老地方，也许，您在那里为自己留下了什么重要的东西？”

“没有，看您说的，”她回答，“我喜欢自己现在的处境。我跟丈夫的关系也完全不同了。”

宫颈阻塞

宫颈阻塞象征着受伤的女性自尊。您相信您作为一个女人的价值很低。您不能、也不知道如何对待作为女人的自己。

现代医学不是治疗，而是用烧灼冲刷的方法将病赶到身体内部更深的地方。我发现，90%患子宫肿瘤的妇女过去曾有宫颈堵塞并对此进行了烧灼治疗，也就是曾经同疾病的后果斗争。而要真正把病治好，必须去掉病根——改变对自己和对男人的行为和思想。

“我怎能感觉良好呢？”一位不久前由于宫颈堵塞引起大量阴道分泌物的女子抱怨说，“我丈夫总是出差或值班。我带着两个孩子在家，就像常言说的，不见天日。在这种情况下，我怎么能感觉自己是一个女人，而且是一个被爱的女人呢？”

“也就是您确信，”我对她说，“任何一个有两个孩子、丈夫工作的女人，都不能觉得自己是一个被爱的女人？”

“不是的，怎么会？我有一个女朋友，她有三个孩子，丈夫工作很忙，而她正如常言说的“光芒四射，神采飞扬”。但我却看不到自己的出路。”

“那么让我们一起来找这个出路吧。”我提出建议。

“好的。”她表示同意。

外阴发炎，阴道炎，白带

生殖器官象征着女性原则。外阴问题表示对不能处于高位的恐惧，对自己女性特质的恐惧和怀疑。您对男人有潜意识的敌意：怨恨、不满、愤怒、蔑视。外阴和阴道发炎说明您觉得自己是一个受伤的女人。您认为女人总是无力对异性施加影响。

有这样一条规律：自尊心受挫的男人经常会得十二指肠溃疡，而自尊心受挫的女人则外阴发炎。

经常有性器官发炎的妇女来找我看病，这样的妇女在潜意识中有对男人强烈的愤怒和不满。

此时就有一个年轻的女子来我这里看病。她经常有很多奶状白带，有浓重难闻的味道。药物只能带来短暂的缓解。

“您知道，我总是遇到一些不怎么样的男人。”她说。

“什么叫做‘不怎么样的男人’？”我请她说得更清楚些。

“我不知道。我觉得，根本没有什么正派男人。”

“完全没有吗？”我惊讶地问。

“不是完全没有，医生。也许有。只是我还没有遇见过。我跟第一个丈夫离婚了，我不能忍受他的不忠。我的第二个丈夫自己走了。而现在我总是遇到一些‘垃圾’。”

月经不调（月经周期紊乱）

您对女人的身体感到憎恨，否定和反感自己的女性特质。或者对自己的女人气质感到怀疑。

一个年轻女子患月经不调。她的月经不规律而且不健康。我们通过与她的潜意识接触搞清楚了月经周期被破坏的原因。她小时候妈妈常说想要一个男孩，而不是女孩。此外，她觉得家里对弟弟的关注要多得多。

随着时间的推移，她把这些都忘记了，但这些否定性的潜意识定式却反映在她的女人气质上。

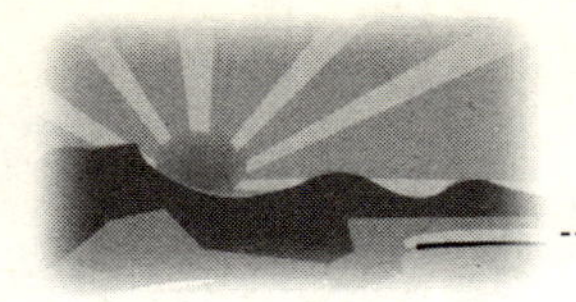

对自身女人气质的怀疑一定与潜意识对男人的敌意有关。女孩子从母亲那里继承这种敌意，而这又会体现在她的性发育方面。

还有一种原因可能导致月经紊乱，这就是与性有关的负罪感和恐惧。您确信，与性有关的一切都是有罪的，不洁的。

不久前我遇到一件很不寻常的事。一个患有子宫肌瘤的妇女来看病，她的月经也很不正常。在那三四天她简直无法活动，而吃药也不管什么用。

为了找到病因，我们找到了她的潜意识。得到的信息是这样的："你前生是个男人，曾经杀女人，"潜意识回答，"现在您将要在今生受苦。"

这位女子开始时吓坏了，但镇静下来以后，她说：

"现在我懂了，为什么我总是喜欢看女人的腿。您知道，医生，穿短裙的女子我一个都不放过。或者电视画面出现穿比基尼的女郎时，我一定会跑去看。但我怎么办呢?"她忧心忡忡地问道，"难道我就要这样一辈子受罪吗?"

我们与潜意识约定，如果她改变对自己、对所有女人和男人的态度，它就不再引起病痛。一个月以后，她的下一次月经就已经正常了。

闭经

闭经表示不想做女人，讨厌自己，讨厌自己的女人气质。

在一个女孩子进入性成熟阶段时，她通常已经知道自己会来月经。她经常和母亲一样，如果母亲月经周期紊乱或痛经，那么，女孩多半也会如此。我发现，有些妇女甚至不知道正常的月经是完全不痛的，乳腺也不会发胀，也没有血块。哪怕您有这些特征之一，那么就要好好想想，是什么妨碍您经期有良好的自我感觉?

去年有一个闭经的女孩子来我这里看病。她已经满 20 岁了，但还没有来月经。父母早就开始担心了。他们真是看了所有的专家，甚至尝试了"国际级"的特异功能者，尝试过各种药，包括激素，但全都没有用。

当我第一次看到这个女孩的时候，我的感觉是她的性发育停滞在 12 ~ 14 岁之间：她根本没有胸，臀部很窄，声音还是童音。其他的一些特征证实了我的推测。我马上开始怀疑，这里有一些隐秘的潜意识原因。的确如此。

在催眠状态下，女孩子想起了她12岁时发生的所有事。在发生这件事之前，妈妈对女儿说，她就要开始来月经了。女孩子很紧张，因为她的母亲痛经非常厉害，必须在床上躺好几天，而且什么止痛药都没有用。她的母亲总是胆战心惊地等着经期的到来。女孩子悄悄地哭了一个星期，求上帝用一切办法让她不要成为女人，而永远做个小女孩。妈妈还总是讲她生孩子时是如何痛苦，而且父亲对母亲又相当粗暴，这些情况更是火上浇油。于是，不知是上帝听到了小女孩的祈祷，还是由于她的愿望太强烈了，总之她的发育从此停止了。

女孩子依然处于被催眠的状态，我接着给她上了两小时的课，讲正常的性发育，讲月经应该是怎样的过程，讲正常的怀孕，讲做母亲的快乐和很多别的东西。

那天他们不得不叫出租车，因为女孩子刚走到外边就来月经了。

过了两个星期她的母亲来看病。她说她自己想试着搞清楚自身病痛的原因，但没有成功。她的问题稍微复杂一些，因为其中包括自我惩罚和负罪感的成分。原来，她年轻的时候做过一件事，潜意识为此以强烈的痛经惩罚了她22年！

过了半年，女孩子又来找我，但已经是带着一个不寻常的请求——让胸部停止发育。半年中间她的变化很大：成了一个太有吸引力的女人。她的胸部的确已经足够大了，我不得不满足她的要求。然后她请我给她催眠，告诉她与男人之间正常健康的关系，家庭，生孩子等问题（在我们没见面的这些日子里，她交了一个男朋友，想结婚，但她已经不指望从母亲和女朋友们那里得到指导了）。

子宫出血

从子宫流出的血象征着失去的欢乐。您应该找到做女人的感觉，让快乐回到自己的生活中。妨碍您这样做的是多年前的怨恨和愤怒，要摆脱这种感觉。

一位长期受到子宫出血困扰的女性来找我。不久前医生还发现她有子宫肌瘤。

其原因如下：几个月之前她怀疑丈夫不忠，跟他大闹一场，想把他赶出家门，但孩子们把父亲留住了。

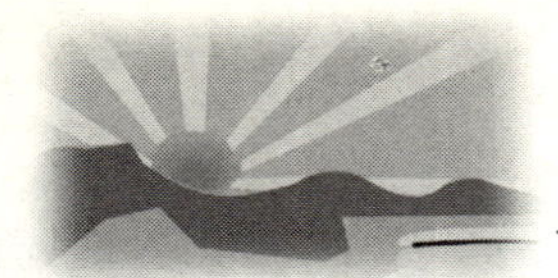

“我把一生都献给他了，”她愤愤地说，“我跟他好的时候还是个姑娘，除了他，我没有过别的男人。而他的行为那么卑鄙。我跟他说，”她继续说道，“你知道吗，班上的男同事都喜欢我，一个内科医生甚至跟我求过婚。他有一座大房子和进口汽车，可我拒绝了他，我说：‘我有家，有丈夫，有孩子’。我丈夫听说我可能跟别人走，”她接着说，“赶忙低三下四地请求原谅，求了一个星期，可是直到现在我也没有原谅他，而且未必能原谅。”

卵巢囊肿和卵巢发炎

卵巢代表女性的创造中心。

卵巢问题是在实现自己的女性特质时遇到的问题，障碍来自对作为女性的自己以及对男人的负面心结。

一个患子宫附件炎和月经周期紊乱的女孩来找我看病。她月经初潮就开始“出故障”。我马上注意到，她的言谈举止有点男子气。

她明明白白地要求我：

“医生，请给我开些能让卵巢开始排卵的药。”

“难道您没吃过药吗？”我问道。

“吃过，吃过激素。吃的时候月经正常，只要一停药，月经就停止了。我不能一辈子靠激素。我腿上的毛已经长得很重了，而头上则相反，开始脱发。但我听说您有专门的草药做的药粒儿。”

“是有。”

“那您就把它给我吧。”

“我准备好了。但您是否准备好按要求治疗？”我问道。

“当然！”她回答，“什么要求？”

“首先您应该成为一个女人。”

“但我已经是女人了，”她感到莫名其妙，“我甚至流产过一次。”

“流产没什么可夸耀的。我指的不是性，而是在心里做个女人。因为您在心里是个小伙子。从小您就不喜欢和女孩子玩，而是喜欢和男孩子玩，穿男式服装。”

女孩子奇怪地看着我。

“医生，您从哪儿知道这些的？”

“我甚至猜到，您正学习从事‘男性’的职业。”

“确实如此。我在技校学习，将来想做修理工。我迷恋机器，喜欢修理所有的机械。您知道，如果能做10年男人，我愿意少活10年。”

性冷淡，无性高潮

性冷淡的原因经常是恐惧，各种各样的恐惧：对生活，对男人，对父亲。

如果父亲很严厉，紧盯着女儿的品行是否端庄，用暴力恫吓女儿，对妓女很蔑视（当然，做这一切是出于好的动机），就会不由自主地使女儿在潜意识中形成对于性的消极态度。

“我的父亲很严厉，”一个无法体验性高潮的年轻女性说，“他总是监视我，担心我失去贞操，有时候到了荒谬的地步。我中学刚毕业就开始跟男孩子约会，如果我多耽搁一会儿，回家比预定的时间晚，他一定会大闹一场，对我百般辱骂，吓唬我说要带我去做妇科检查。”

性冷淡的女人不让自己的生活中有身体上的享受，或不会通过性交获得生命的欢愉。她们的身体和精神之间是失衡的，偏重精神的发育，而身体的发育被否定。促成这种情况的不仅是恐惧，还有诸如相信性是不好的、罪恶的之类的想法。这样的妇女经常为了掩饰自己的麻木不仁将无能的伴侣引入自己的生活。她们尽量用其他的什么来代替性的享受。

一个患性冷淡的女病人在催眠状态下想起了她小时候的一件事。有一次她听见卧室中传来母亲的呻吟声。她觉得既然妈妈呻吟，一定是非常难受，就决定去看看她怎么了。她打开卧室的门，看到父亲把母亲压在床上，抓住她的双臂，“把她弄疼，所以她才会呻吟，可她却无法挣脱”。

“现在我明白了，我对性的这种否定的态度是从哪里来的。”这位女子从催眠状态中醒来以后说，“现在我也明白了，为什么我对父亲和所有的男人有种莫名其妙的讨厌。我一直认为，他们把女人弄疼，让她们痛苦。我现在还想起来，”这位病人接着说，“母亲经常跟父亲说‘别惹我发火’，我为什么把‘发火’这个词跟性生活联系起来。”

对男人以及对一切的不信任会导致性的问题。女人会由于这种不信任出现紧张，因而无法放松和得到快感。

一位妇女在就诊的时候问自己的潜意识："我的哪种行为和思想使得我感受不到性高潮?"

潜意识简单明了地回答："是你对男人和所有人的不信任。"

一般来说，性冷淡的女人生长在父母不太相爱、不太理解的家庭。在这样的家庭中，将男人和女人联系在一起的不是爱，而是像正派、责任感这样的概念。

近年来，电视播了很多故事片（以美国电影居多），这些电影培养男人与女人之间建立在动物本能之上的原始性关系。这样性行为就与人性分开了。女人和男人扮演的是性机器的角色。完全没有爱、灵魂、纯洁这些概念。

男孩女孩看了很多这样的电影后，在寻找幸福和快乐时把这种强加的行为模式用在自己的生活中。这些体验最后往往会带来对生活的绝望、性冷淡和不育。

年轻的时候很少有人知道，肉体的快乐是离不开灵魂的亲近的。心灵的融合唤起身体的欲望，只有爱能给您带来真正的快乐。

妊娠问题

妊娠代表生命过程的开始，并为一个新生命的降临做好准备。重要的是，女人不仅要在怀孕的时候，而且要在受孕前很久就只拥有积极的情绪。

原来，母亲的意念会传到孩子的潜意识行为程序，而后影响他的健康和命运。例如，如果母亲在怀孕的时候曾经想做人工流产，那个孩子就会不健康，他的免疫系统将被削弱，因为母亲的负面意念会开启孩子的自我毁灭程序。

妊娠中毒

有人说，妊娠中毒是文明的产物。的确如此，因为一个非洲部落的未开化的妇女根本不知道什么是妊娠中毒。

如果一个妇女患有妊娠中毒，说明她潜意识中隐隐地不想要孩子。她的机体要排除这个胎儿。

有一个病例，一个妊娠中毒的妇女非常害怕生孩子。原来她母亲生孩子很难，好不容易才保住了生命。而这种恐惧传给了女儿。

在另一个病例中，病人的潜意识中有“怀孕不是时候，应该先完成学业，然后再生孩子”的想法。

在这种情况下，我一定会给那些女子讲，她们的潜意识总会选择最适合怀孕的时候，因此只是需要接受怀孕的事实并信任自己的潜意识，潜意识就会设法让孩子健康地诞生。

流产

流产的人在潜意识中有强烈的恐惧，恐惧生孩子，恐惧未来。这可能是对男人的不信任：“如果他抛弃我怎么办？我就得一个人带孩子了。”或者不相信自己的力量：“现在还不行——以后再说。”感到怀孕和生孩子的时机选择得不对。

正如妊娠中毒的情况一样，流产的妇女潜意识中隐藏着不想生孩子的想法。她的机体排斥胎儿。

一个很年轻的女子来看病。

“医生，”她问我，“请帮我缓解一下压力。”

“出了什么事？”我问她。

“我一个月前失去了孩子，”她强忍着泪水说，“我失去了孩子。我失魂落魄，夜不能寐。我觉得自己有很大的罪过。”

我们一起通过与潜意识的交流来进行治疗。在这个过程中我们找到了导致流产的原因。半年前她认识了一个年轻人，一个月后就跟他有了孩子。年轻人没有做好成家和做父亲的准备，建议她去做人流。女孩子很生气，决定把孩子生下来自己抚养。但在她的想象中，家庭生活的开始根本不是这样的，于是她开始对生孩子的事产生犹疑，而且她的父母也反对她生这个没父亲的孩子。她犹豫了 3 个月，这时要做流产已经太晚了。这时小伙子来找她并向她求婚，但她不能原谅她，没有答应。又过了几个月，

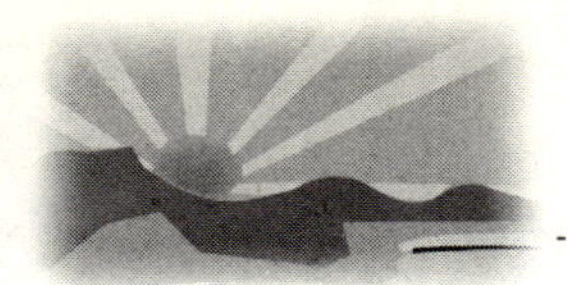

她流产了。

在这件事中，谁是有错的？没有人有错。因为每个人自己创造自己的世界。也就是说，他们中的每个人——女孩和男孩——都需要经历这件事并从中汲取正面的教训。

经过几次治疗，她摆脱了负罪感，学会了对自己的生活负起责任。

不孕

潜意识的一个重要功能是保证在这个世界上出现健康和有生存能力的后代。如果女人不孕，说明她的潜意识中有毁灭未来孩子的灵魂的行为。母亲潜意识中巨大的敌意在孩子的潜意识中会加大很多倍，也就是说，这样的孩子简直就没有生存能力。在不孕的妇女潜意识中运行着消灭孩子的程序。

在所有的宗教中，女人都是与大地，与身体，与繁殖力联系在一起的。男人则是与灵魂、精神，与心灵，与播种联系起来的。在古印度文化中将男人与女人在家庭中的功能与责任进行了清楚的划分。女人最重要的责任之一就是在丈夫的一切创举和事业中帮助他，这要求她恭顺，服从，以及保持纯洁和忠诚。在潜意识中蔑视男人的女人没有孩子，因为那种女人蔑视灵魂。而蔑视和欺侮女人的男人则因为否定大地而身体不好。而且经常阳痿。

所以，潜意识中针对男人和孩子的强烈的敌意会导致不孕。这种攻击性可能不是蔑视，而是对男人的不满、怨愤、嫉妒、憎恨。

不久前一个患子宫肿瘤的妇女来看病。肿瘤的原因是潜意识中对男人强烈的敌意。

“对我来说，最好没有男人。”她对我说。

她也没有孩子，有过两次流产和两次宫外孕，最后只好进行输卵管结扎。

有时不纯洁的念头也会妨碍怀孕。

我认识的一位女性朋友给我讲了一个故事。

“我的一个女朋友与一个男人的关系发生了危机。她决定生一个孩子把他拴住。‘我跟他有了孩子，’她说，‘那么他就不会抛弃我了。责任感不允许他这么做。’‘斯维达，’我跟她说，‘你真是个傻瓜。用孩子留不住任何一个男人。只能破坏你自己和孩子的生活。你最好跟他分手，或是把关系搞好。那样才会一切正常。’

“但她不听我的，决定自行其是。可她还是没能跟他有孩子。她治了很长时间，还去做过疗养。现在我知道原因了。

“几年后他们还是分手了。而半年后她认识另一个男人。他们结了婚，一年后生了个女儿。”

对生命过程的恐惧及违抗，缺乏对未来的信心也可能成为不孕的原因。因为孩子是我们的未来。其实不需要专门获得做父母的经验，家庭中的具体状况、父母之间的关系以及父母与孩子的关系会教您怎么做。

潜意识对孩子的出现没有做好准备的时候很难受孕，不管您理论上多么想要孩子，也不管您把这种愿望表达得多强烈。

只有一个办法——看清自己内心的想法。您也许会在内心深处找到对生孩子及与此相关的责任、限制和负担的恐惧。

有时害怕变丑、失去吸引力，害怕身材及胸部曲线走形，这些担心也成为巨大的障碍。

我想起一个关于著名的时装模特的报导。她很久怀不上孩子，过了很多年，当她终于怀孕的时候，她对丈夫说：

“你还爱我吗？我变得这么胖，这么难看。”

女人生孩子以后会变得没有吸引力——这纯属瞎说。如果一个女人在身体上和精神上都对怀孕有充分的准备，那么当她怀孕时，她的女性机体就会变得非常美。如果在生孩子之前一直注意保持身材，生产以后也可以很快地恢复美好的体态。照顾孩子，培养一个新人会使女人变得更美丽，让她更全面地开发和展示自己。

一个女人一旦做出了价值重估，她就可以受孕，并生出健康的后代。

美国精神病学家M. 艾里克松记述了他行医生涯中的一件事：

我的一个妹妹有13年为怀孕的事痛苦绝望。因为她只把我当做哥哥，所以就没有认真地把我当做医生，其实亲人们之间常常如此。因此她把那些不知什么原因失去父母的新生儿抱回家，在没有找到收养人之前照顾他

们。这件事她做了10年，才终于找我来想办法。

我的回答很简单："你早就想怀孕，但你身上有什么东西没有开动起来。但只要你自己收养一个孩子，感觉他完全是你的，就是说有身体上的亲密接触、亲情、特别的归属感——我简直不知道还可以怎样表达这种感觉，——那么3个月之后你就会怀孕。我妹妹3月份收养了一个孩子，6月就怀孕了。后来她又生了好几个孩子。"

我经常建议没有孩子的伴侣戒除性生活至少一年。在此期间必须反省自己对家庭和孩子的看法，为怀孕生子、教育孩子作好充分的准备。要戒除不良习惯，认真调养身体，清洁机体。但最重要的是要改变自己的世界观。这样做的结果总能实现长久以来的愿望——怀上孩子。

乳腺问题

乳腺代表母亲的关怀、孕育、食物、抚育。

乳腺疾病

这是拒绝让自己得到"食物"，也就是爱、关注、关怀。您总是把自己放在生活中的最后一位。您的原则是"先给亲近的人，然后给自己"，您忘了那条训诫："像爱自己一样爱亲近的人。"

囊肿和硬块

它们代表过度的关心和保护。您对某人表现出太强烈的关心，简直到了压抑自己个性的地步。同时您拒绝关心自己。您最主要的原则是："先人后己"。

对于乳房肿瘤，正统医学只能建议手术，因为它没有压制这种病的办法。但正如您已经知道的，摘除并不是治疗。而摆脱疾病是完全可能的，甚至很简单——我是从行医实践中了解这一点的。只需要改变对自己和周围世界的态度就可以了。

一个女病人对她儿子特别地"关心和担心"，这不仅让她得了乳房肿瘤，而且导致孩子的气喘病越来越厉害。因为她的行为简直不让他自由地生活，也就是自由地呼吸。

还有一位患乳腺肿瘤的病人，当我们跟她的潜意识建立联系以后，发现肿瘤是她对人们过度的关心以及与此相关的怜悯和同情所造成的。她实际上是过着别人的生活，完全不关心自己。谁都可以占据首位，但绝不会是她。

“我没时间管自己。”她说。

她连服了几个月顺势疗法的药，学习首先关心自己，同时也给别人以关心。观察肿瘤随着一次次治疗逐渐变化是很有意思的。开始肿瘤变软，开始松动，然后逐渐缩小，终于有一天完全消失了。

关注的首要对象应该是自己。我记得，第一次看病时，这位妇女无论如何也不能接受这种观点。

“但是要知道首先想到自己是不好的，是自私的。”她说。

“自私是只想自己，只关心自己，而不考虑别人。假如您对别人的生活无动于衷，对别人视而不见，那才是自私。但是当您想着自己并为了他人而改变自己的时候，这是对人表示仁爱的最佳方式。通过改变自己的世界，在心中蓄积爱，您会用爱滋养自己，在自己周围创造一个爱的空间。您给予亲人的不是怜悯，而是爱，这一时刻会到来的。不要再干预别人的生活，通过改变自己，改变自己的世界照样可以改变他的生活。您改善自己的世界，就是对宇宙做贡献。”

乳腺炎

为孩子过度担惊受怕导致乳腺炎，这种担心简直就是神经质的担心。您觉得什么情况都应付不了。

有一位从外地来的患乳腺炎的妇女找我看病。当她进入自己的潜意识去寻找病因时，得到的回答是：“您害怕您照顾不了孩子。”

“当然，”这位妇女同意她的潜意识得出的结论。“怎么能不担心呢？我丈夫整天都忙工作，又没有爷爷奶奶，什么都是我一个人做。没人帮忙，也没人出主意。”

有时年轻的母亲由于不知如何护理乳房也会导致乳腺炎。

柳德米拉生了个男孩，生产过程很顺利。像一般哺乳的母亲一样，第三天奶量开始变大。乳房涨起来，开始发硬发烫。柳德米拉试了表，然后吃惊地看了半天体温计：水银柱超过了42℃的刻度。

“奇怪，”她想，“也许体温计坏了。”她用另外一只温度计又试了一次。这一次水银柱升得更高，接近了温度计的最高点。

“太奇怪了，”她想，“我感觉很好。只是乳房发烫。应该把护士叫来。”

护士很快就来了。当她看到体温计的时候，脸上现出惊恐的表情。

“躺下，”她叫道，“千万不要起床。我现在就叫医生来。”

医生和一位妇科大夫很快赶来，医生马上吩咐护士：

“赶快把安乃近、激素和抗生素拿来。”

而妇科大夫若无其事地看看她的乳房。

“你挤奶了吗?”她问道。

“没有，”柳德米拉回答说，“也没人告诉我要挤奶。”

“哎呀，亲爱的，”妇科大夫平静地说，“这就全明白了。”

妇科大夫开始给她按摩乳房、挤奶。柳德米拉疼得直抽搐，呻吟不止。

“忍着点，亲爱的。”妇科大夫说，“开始很难受，不过过一阵就好了。”

“你真是个‘奶妈’，”医生说，“我妻子生产时，”他继续说，“奶很少。不得不给她买核桃，用奶和茶送下，在舌头下含上捣碎的和兰芹。两天后，她的奶变得多得不得了，够喂半个妇产医院的。”

这时护士把药拿来了。

“来打针吧。”医生说。

“也许不用打针吃药?”柳德米拉问道，“药毕竟是化学制品，对孩子不好。”

“你说什么呀!”医生生气地说，“你看看你的乳房。烫得可以孵小鸡了。体温都超过40°了。”

这时柳德米拉的丈夫走进病房。

“怎么了?”他问。

护士和医生跟她讲病情的时候，妇科大夫还在忙着自己的事——继续挤奶。

柳德米拉的丈夫走过来吻了吻妻子的额头。

“先不要打针，”他说，“她的体温正常。”

“怎么是正常的？”医生和护士异口同声地说，“您看看体温计。”

丈夫认真地看了看温度计，又把手放在妻子的额头上说：

“您可以把它扔了，坏了。医生，您自己摸摸，温度完全正常。”

医生把手放在柳德米拉的额头上。

“莲娜奇卡，”他对护士说，“拿另外一个体温计来。”

“几分钟后，新的体温计显示体温完全正常。

“怪事，”医生说，“不可能两只温度计同时都坏了。”

“我想，”柳德米拉的丈夫说，“温度计完全正常。奶挤出来了，通畅了以后体温降下来了。”

柳德米拉的确感到很舒服，乳腺也变软了。

“那么我现在应该一直这样挤奶吗？”她问妇科大夫。

“只是在最开始，”妇科大夫回答，“乳腺管还没有调整好的时候。以后就会一切正常。你的奶量会跟孩子需要的正好一样。”

妇科大夫说得对。一个星期后柳德米拉就不用再挤奶了。

乳房发育不良

有的时候一些年轻的姑娘来找我，请我用催眠帮她们丰胸。很多时候这是可以做到的。

乳房发育不良通常是由于一个原因——拒绝女性特征。胸部发育不良常常伴随着其他第二性征发育不全。

“医生，您可以用顺势疗法帮助我丰胸吗？”一个姑娘问我。

“可以。如果您将完成我的所有指令。”我回答。

我很快让她沉入很深的催眠状态。我们很快弄清楚，她在童年时代对自己这个未来的女性形成了消极态度。她患痛经，经期常常错后。其他的第二性征也不明显。

在催眠状态下，我给了她关于女性特质、母性、结婚、正常的性发育的新概念，她也建立了自己正确的视觉形象。这一切足以使她的乳房增大一倍。

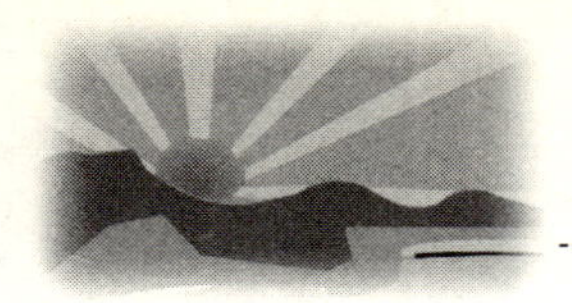

男性疾病

男性疾病是由于男性对自己和对女性的不正确态度。换言之，否定自己的男性气质或怀疑自己的男人会患性器官的疾病。如果男人对异性抱着否定的态度（怨恨、愤怒、不满等等），那么性方面的疾病就是不可避免的。

睾丸，阴茎和前列腺

睾丸、阴茎和前列腺代表男性原则和男性特征。

这些器官的病变反映着对不折不扣地“打击”了他们性器官的妇女积蓄了很多怨恨、气愤、苛求和不满。因此夫妻间、男女间关系的和睦与和谐是双方健康的保证。

一位男子在我这里治疗慢性前列腺炎，几年前他得了淋病，然后又得了前列腺炎。他“出事”的原因是与妻子关系不好，并且不会跟女人相处。这一切都是从对不忠的妻子进行报复的想法开始的，而这种报复的想法反过来害了他。

一般来说，用现代的药物手段很难治愈前列腺炎。医生解释说，这是由于这个器官的特殊构造，而且感染已经深入白血球，药力达不到，只要一着凉或饮酒，病情就会加重。但我对此的解释却不同。因为用抗生素只是把感染压制住并赶进机体深处，而真正的、形而上的病因并没有消除。于是感染便在机体中“打盹”并伺机而动。每当这个男人开始按照旧的行为模式出现消极的想法和行动时，感染就会“苏醒”并活跃起来。而环境因素和酒精会起到启动机制的作用。

要治疗这种病，重要的是消除那些病因——也就是改变自己的世界观，否则无论您用多么厉害的抗生素都无法将它治愈。

经常有些患前列腺瘤的老年男人来找我看病。在病程初期，肿胀增大，压迫尿道，于是出现了排尿问题：尿滴沥、经常起夜、会阴疼痛、排尿痛等等。对这种病正统医学只能建议手术。而我在行医中确认，用顺势疗法的药物和改变潜意识行为模式可以带来很好的疗效。

这里有一个例子。一个患前列腺瘤的老年男人来到我这里看病。将近7年前他出现了最初的症状，而一星期前他不能排尿了。肿瘤变得很大，完全把尿道盖住了。他被急救车送到了医院，已经做了第一次手术——从膀胱通过前腹壁引出一根导管，导管下接一个瓶子，让尿液流到瓶子里。手术的第二阶段会很复杂，而这个人的年龄已经接近70岁了。

他在医院听说了我，于是由女儿陪着来到我这里看病。我们用一个小时的咨询来搞清楚他的病因。女儿的在场帮了很大的忙。

导致他生病的是对已经过世的妻子以及所有女人的怨恨。他在自己的家庭生活中造成了一种使他的男性自尊不断受到打击的情形。我为他开出了顺势疗法药方，给他留了作业，让他重新审视自己的生活，改变对过去许多事的态度。

两星期以后他再来的时候，看起来很幸福。他开始用自然的通道来排尿。又过了一个星期，他的管子也撤了。而两个月之后已经基本上可以自如地排尿了。

我和他一起感到高兴。当你看到工作见成效的时候是特别愉快的。但是我对变化之如此迅速也感到吃惊。因为他的病程长达7年，而不到3个月就治愈了。我跟他说了我的这个想法。

"一般来说治疗腺瘤是很慢的。而您那么快就开始见效了。"

"您知道吗，医生，当我从您这儿离开的时候，已经感到好多了。我开始每天祈祷，为康复感谢上帝，不，已经是为得这个病而感谢上帝。我还做了您让做的所有事。第一个星期我真是一天祈祷几个小时，当开始排尿以后，我知道我所做的全是对的。于是我开始更多地修行，我打定主意坚持下去。"

"就像耶稣基督说的，'只要带着信心祈祷，你们就会得到想得到的一切'。"

"是的，医生，我想，我对自己的信心，对您的信心，对治愈的信心，对您的甜药粒儿的信心带来了现在的结果。"

P. S. 几年后，有一次我在一个剧场里做讲座，下课后一位妇女向我走来。

"医生，您记得我吗？"她问道。

"当然记得，"我立刻认出了她，"五年前您陪父亲来看过病。他现在怎么样?”

“我特意来找您买书并向您表示感谢。我父亲还健在，身体很好。每次提起您都很是感谢。”

如果您对自己的男人气质感到担心，您的性器官就会出问题。内在的恐惧会削弱男人气质。不但不应该否定自己的男人气质和力量，甚至对自己、对自己的决定抱着怀疑态度也是危险的。

我的一个病人是个很年轻的小伙子，他的生活中发生了一些事，使他对自己产生了很大的怀疑。由于这些消极感受，他得了睾丸积水。

性紧张感和性负罪感（因为要求惩罚）也可能成为病因。

有个男子曾几次对妻子不忠，而每次都会为此“得到”越来越多的性器官疾病。

随着年龄的增长，男人的问题会逐渐加重，这是因为他们开始投降。他们相信自己老了，这种想法会使病情加重。

阳痿

性方面的压力、恐惧、紧张、性方面的负罪感会导致性能力下降甚至完全消失。

一个来看病的男子难为情地说：

“医生，您知道，我跟妻子的关系很好，但不久前我认识了一个女人，她请我去她家，我就去了，我们坐了一阵，喝了些酒，可是上床后我的阴茎却不想挺起。不管我怎么做都没有用。为了不丢丑，我当然推说是因为我累了。后来我找到一个神婆，她说我被‘作法’了，还说很可能是我妻子施的法术。”

“这跟您妻子没关系，”我说，“请问，当您跟这个女人回家的时候，有没有负罪感?”

“当然，那还用说，”他回答，“我不仅有负罪感，还担心妻子知道这件事。因为这个女人就住在旁边那个门。”

“正是您的负罪感和恐惧使得您的阴茎不想勃起。它不服从您，用这种方式来救您。它比您聪明得多。”

“那么，”男子的眼睛发亮了，“如果我可以摆脱这种负罪感和恐惧会怎么样呢？那么我还能和这个女人成功吗？”

“怎么，您准备离婚吗？”

“不，瞧您说的。我的家庭很好。我有两个孩子，跟妻子的关系一直很好。只是最近跟她经常吵架，所以才产生了人们所说的‘出轨’想法。”

“可是您的潜意识想保全家庭，所以才引起阳痿，想以此使您改变和妻子的关系。因为您自己说了，您和妻子一切都很好。也许最好在跑去找别的女人、指望在她那里得到最近无法在妻子那里得到的东西之前，理清自己的内心以及与妻子的关系。也许最好倾听一下自己的阴茎，确切地说，自己的内心，然后做出正确的选择？不能无视自己的内心，不然你吃不了兜着走。我不能禁止您或建议您做什么，我没有这个权利。现在您已经知道病因，请您自己选择。”

“我想您是对的。”这个男子表示同意，“首先应该把自己内心整理清楚。”

对女人长期的愤怒、憎恨和怨恨，以及对作为男人的自己的怀疑，对自己行为正确性的怀疑都会大大削弱性能力。

一个男子来我这里看病。两个月之前他开始出现性能力的问题。我们与他的潜意识建立了接触，了解到他的问题出现在他失业之后。

“失业跟失去性能力有什么关系呢？”我问他。

“我明白是怎么回事了！”男子叫道，“我一向认为，现在也认为，男人应该养家。于是当我长期找不到工作，便开始责骂自己：‘我连家都养不了，还算个什么男人？’在这种情况下我就阳痿了。”

“那么您现在打算怎么办？”我问他，“还是责备自己吗？”

“不，过去我喜欢自责，现在我明白了，没必要责骂自己。只需要找到工作。而现在我不知为什么相信不久就能找到工作。”

一个月后，他没有预约，就再次来到我的诊所。

“您想预约复诊吗？”我问他。

“不，医生。我想告诉您，我已经一切正常了。我妻子也请我向您转达特别的谢意，这是一点礼物。”这位男子说着把一包东西放在桌上。“对了，”他补充说，“上次看病后一个星期我就找到工作了，是一份很好的工作，我很喜欢。”

性病

梅毒，淋病，生殖器疱疹，滴虫病，艾滋病

所有这些病的原因都是性方面的放荡，而随之则出现了各种消极的思想感情，如负罪感和希望受到惩罚、嫉妒、各种恐惧和怨恨。很多人的上述感情造成了目前存在的所有引起性病的微生物和病毒。

让我们做一次历史巡礼。在文艺复兴之前教堂对其信徒实行严格的道德监督，严守上帝的第七条戒律，不允许性放荡行为。随着文艺复兴时期的到来发生了性革命，于是出现了梅毒。人们认为梅毒是哥伦布从新大陆带来的，但是实际上梅毒与哥伦布无关，它是人们不洁的意念带来的。是性的欲望和与之相伴的感情造成了这种病，人们将它视为对自己的罪恶的惩罚。

但时间过去了几百年，医学学会了借助于抗生素来压制梅毒和其他的一些性病。是压制，而不是治愈，因为病因并没有消除，而病因就是放荡的行为。

20 世纪 60 年代，毒品伴随着新一次的性革命泛滥，人们变得更加堕落。于是集体潜意识创造了一种新的疾病作为惩罚——艾滋病。现代医学的药物已经无法压制这种由病毒引起的疾病，但科学家们仍然在花费大量的资金研制治疗艾滋病的新药。而我相信，那种药会发明出来的，但要付出多大的代价？会带来什么后果？它将不能治愈疾病，它只能压制疾病，并同时压制整个机体。以后这会带来更严重的疾病。但不能没完没了地这样下去。

包治百病的药早就发明出来了——这就是意念的纯洁！治疗性病和艾滋病的良药就是关系的纯洁。只不过这种药不是人们盼望从医生那里得到的药片，它就在您的心里。

从小教育正确对待男女关系是很重要的。这种教育应该建立在纯洁、贞洁与忠诚的概念基础之上，而在这方面最好的老师就是父母。

在斯拉夫—雅利安人的吠陀文化中男女关系受到崇拜。“神的女儿做家庭联盟中未来的妻子，爱和尊敬未来的丈夫——家族的神和保护者。神

的儿子做家庭联盟中未来的丈夫，爱和尊重未来的妻子——家庭火灶的守护女神和传宗接代者。”在拉达圣母的训诫中就是这样说的。我们的祖先非常看重贞洁和忠诚。

很多人都知道这样一个故事：在卫国战争进行得最激烈的时候，一个德国医生在对被从苏联驱赶到德国的16～20岁的女孩进行检查后，他非常吃惊，决定去找希特勒建议马上同我国（苏联）进行和谈。让他吃惊的事情是，90%的女孩都是处女，他给希特勒写报告说，道德水平这么高的民族是不可战胜的。

一个年轻的男子来找我看病，他说他有梅毒。

“您怎么知道您有梅毒呢?”我问道。

“我的喉咙有种很奇怪的感觉，骨头痛，身上起疹子。”

我给他做了认真的检查，但没有发现任何疾病。我让他去做化验，一个星期后再来。

一个星期后他在约定的时间来了。

“医生，我做了化验，甚至做了两次——全部正常。但我不知为什么相信我得了梅毒，或者可能得梅毒。最近我产生了一种强烈的恐惧，担心会得这种病。身上甚至出现了一些疹子。请您帮我摆脱这种恐惧。”

我们与潜意识建立了联系，搞清楚了原来它想用这种方式来惩罚他的放荡，教会他对女人、对自己的妻子、对家庭正确的态度。

原来，他从少年时代起就过着放浪的生活。一年半前他决定成家，开始新的生活。10个月后他有了一个女儿。而一个月之前他第一次对妻子不忠，然后又一次出轨。于是他出现了对得梅毒的惊恐，甚至出现了那些假想的疹子。

我将他催眠后，同他的潜意识达成协议，它会建立新的行为方式，建立对作为男人的自己、对家庭、对性、对女人的新态度，然后将这种态度付诸实现。

我们结束了治疗，男子离开了，而我继续分析一些类似案例。乍看起来，这个男子的行为可以说是神经质的，或说得客气些，古怪的。但这只是在表面上。实际上，在那种情形下，他的潜意识采用了一种对他最合适的保护方式。因为关于生病的想法确实使他反省了自己的行为。

然后我又想起行医中遇到的另一件趣事。这个故事是一个40岁的男人讲给我的。他来我这里治疗性无能。他年轻的时候很帅，女孩子们简直

是“挂”在他的脖子上。他因此也就过着很随便的生活，和很多女孩约会，但一直“安然无恙”。有一次一个女子邀请他到自己家，他犹豫了一整天，拿不定主意去还是不去。傍晚的时候他内心的声音直截了当并坚决地对他说：“不要去。”此外，就在他出门前一小时，天气忽然变得非常可怕：雨雪交加，狂风大作。但不管是天气还是内心的声音都没能阻止他。他还是去了，就在那个晚上他“染上”了性病，二十年都没有治好，最后导致了性无能。

我相信，我们每个人在生活中都会从潜意识那里获得某种信号或直觉提醒，但我们是不是能够听从呢？

早就应该明白，抗生素不能消除病因。病因隐藏在我们自己身上——隐藏在我们的行为模式中。潜意识用疾病给人上了重要的一课，而药物只能压制疾病，但究竟能压制多久、多深呢？

正因为如此，近来性病有了慢性化的趋势。病原体——滴虫和淋球菌——学会了转化为各种稳定的形态或潜入其他细胞，使抗生素无法达到。于是只要遇到诱因（着凉，饮酒）——疾病就会马上复发。信号发出了，但我们却用药片来压制它。

我想，这是机体特意保持的一种功能，就是在一定的时候提醒潜意识，病因还未消失，这就是所谓出于教育目的的生病。

我从行医实践中了解到，只要人摆脱了有害的感情和意念，开始正确的行为，疾病就会消失得无影无踪，正如它是无中生有的一样。

这里还有一个例子。

我的一个熟人在跟一个姑娘亲近之后在额头上出现了疱疹。

“我跟她上床前，”他跟我说，“已经怀疑她是不是健康了。”

“既然不放心，”我对他说，“就不该开始这种关系。”

“可是我很想！现在怎么办呢？”

“怎么办，那就坐在那里痒痒和生气吧。你想知道你长疱疹的真正原因吗？”我问他。

“当然。”他回答。

“只是先告诉我，你是否有把女人分为好女人和坏女人的习惯？”

“有。”我的朋友回答。

“在你跟这个女孩约会前，心中有没有对女人的怨恨和愤怒？”我问。

“是的，有。”他回答，“在此之前一星期我跟一个女友分手了。那么现在我该怎么办呢?”

“首先，应该感谢上帝和自己的潜意识给了你这个病，因为它教你对女人要心怀善意。”

这位朋友吃惊地看着我，我继续说下去：

“第二，应该感谢这位姑娘带给你疱疹。第三，应该感谢这个病，它给了你一个信号，给你上了一课。必须以新的积极的感情重新审视自己生活中所有让你对女人有负面感受和意念的情况。别忘了把你的母亲也包括在其中，因为她是你生命中的第一个女人。”

“但这需要很长时间。而且这一切很难，很难马上改变我的态度。”

“你可以选择。或是保持过去的想法，把各种性病和‘坏女人’引入自己的生活。或是用新的思想取代旧的，做一个健康的人，与女性保持良好的关系。您选哪一种呢?”

“当然是第二种。”

上述原因也可以导致艾滋病，其他原因还包括强烈的无助和绝望，对人和生活的绝望。这些人相信自己毫无价值，认为这个世界上没人需要他。他们在潜意识中十分厌恶自己。

身体问题

我们的身体是感知身边世界的工具，它直接反映我们的看法和意念。我们自己造成了我们的病，而疾病是我们的身体向我们发出的信号，应该学会倾听和理解这个信号。

我们的身体会对我们的每个意念作出反应。如果我们心怀善念、表现出对身体的爱和关心，身体就会感到健康和舒适，而疾病和痛苦是对破坏性意念的反应。

我们自己为自己选择身体状况。所以对自己的外貌表示不满是愚蠢的甚至危险的。我们的最高理性作出的选择正是对我们现有的身体最有利的。它是最适合我们的生命，最适合完成我们在这个世界上的某些功能的工具。

我们的身体是我们意念的反映。因此如果我们想改变我们的身体，例如使它变苗条变漂亮，那么必须在潜意识中改变我们的意念。更重要的是要接受自己身体和外貌本来的状况，然后再采取行动。

左半身

左半身代表接纳，吸收，阴，女人，母亲。

右半身

右半身代表阳，男性，父亲。

不要忘记人是一个整体。它既有阳，又有阴。男性表现出的是阳的力量，而阴性的力量则隐而不显，女性则相反。在我们祖先的吠陀文化中阳是斯瓦罗格神的体现，其最主要的特点是责任感和独立。男性的力量表现在创造与和谐上，也就是建立秩序和规则。它是积极好动的，好像自然界中的太阳。每个男孩子，年轻小伙子和男人都应该发展自己的某些可以体现斯瓦罗格神特点的性格特征。

阴是拉达女神的体现，其最主要的特点是平和温顺。女性的力量表现在建设生活空间，创造家庭中的温馨。每个小女孩、姑娘和女人都应该发展这些性格特质。

我们的祖先清楚地知道，阴阳力量应该和谐，因为它们是一个整体的两半。

请重新审视自己与父母的关系，因为在孩子的生活中父亲象征着宇宙的阳性特质，而母亲则象征着阴性特质。要摆脱对自己和异性的消极态度和意念。这样，您就可以使自己的生活、身体、身体的左右两部分得到平衡。

肥胖，超重

前面已经说过，某一时刻我们身体的状况是我们当时意念、感情和情绪的反映。如果您体重超标，那么先不要急于寻找特效药。请转向自己的内心——那才是原因所在。不要强制自己和自己的身体。采用饥饿和各种节食疗法把自己搞得很虚弱。当然这可以在一段时间内取得一定的效果。但如果您不从根儿上改变对自己的态度，那么体重还会反弹。

造成肥胖的因素可能是这样一些意念和感情：

恐惧和受保护的要求。胖人经常感到自己得不到保护，而脂肪可以完成保护、缓冲的功能。

我发现胖人很敏感，但因为他们无法克制自己的感情，所以脂肪象征性地帮助他钝化那些不喜欢的情绪和感受。

肥胖是对自己的不满与憎恨的表现之一。您对自己非常不满，经常批评和责骂自己，使得您的身体不得不自卫。

有个非常肥胖的女人来到我的一个朋友的美发店。她憎恨和蔑视肥胖的人。

“这些不像样的大胖子，可怕的大肉褶子，让人看着讨厌。我简直恨他们。”她一看到跟自己相似的人就这么说。

所有超重的人都有一个共同点——不爱自己。

当这样的病人来我这里看病的时候，我会教他们爱自己，接受自己的身体。

很多女性是在生孩子后开始增加体重的。她们把这解释为机体内激素结构的变化，而且医生们也这么说。难道原因真是如此吗？要知道有的女人生过两三个甚至更多的孩子，但还是能保持苗条的身材。当然，生了小孩的女人体内的激素是会发生变化：骨骼中的钙含量有变化，骨盆变宽，鼻子长1毫米，下巴稍稍变大等等。但这些都不是发胖的原因。真正的原因是，女人生了小孩以后变得不太在意自己，所有的注意力都放在孩子身上，而这是个愚蠢的错误。

我认为，女人生小孩以后应该加倍地关爱自己。在怀孕期间她就应该开始这样做了。而且与其说应该关心自己的外表（虽然这是必须的），不如说更应该关注自己的意念、感情、自己的行为。因为孩子的健康完全取决于其父母的意念与情绪是否健康。因此，母亲的爱越多，心情越安宁，孩子就会越健康，因而不眠之夜就会越少。

一位几个月前刚生小孩的妇女来找我看病。她生孩子之后马上开始发胖。我们与她的潜意识接触后，弄清楚了发胖的原因是对自己的否定态度。

“是的，”这位女子表示同意，“确实如此。我总是对自己不满。在生孩子之前就是如此，甚至出嫁前就是如此。我总是在自己身上寻找并且总

能找到某种缺点。”

“我想，”我说，“肥胖使您瞧不起自己。”

“您说得对。”

“发胖还有没有其他的原因?”我请她向潜意识提出这个问题。

“是的，有。”病人从催眠状态中苏醒过来后回答说。她想说什么，但流下了眼泪，平静了一下，才接着说：“生小孩以后，我跟丈夫的关系发生了变化。”她用手绢擦着眼泪说，“他变了。在我们的关系中已经没有爱和快乐。因此我竭力想哪怕从食物中获得满足。”

“可是您自己都不爱自己，却指望丈夫爱您。您的丈夫只是反映了您对自己的态度。一切都很简单！您一旦开始爱自己，就会看到丈夫也就改变了对您的态度。”

接下去我们在潜意识程序中建立了新的行为模式。然后我讲解了正确的饮食，开出了调节新陈代谢的顺势疗法药方。

一个月后她再来时已经完全是另一个样子了：漂亮、苗条、端正。

“医生，您知道吗，我都不认得我丈夫了。我的感觉好像是在度蜜月一样。明天我会把我的女友带来。她也很想减肥。”

爱自己，接受自己是很重要的。如果您对自己不满，那么这种不满一定会有外在的表现。外在反映内在。人们早就发现，当一个人爱自己，注重自我发展的时候，他的身体就会有理想的体重和形态。人在生活中缺少爱与满足感就会试图用食物来替代，因为心灵无法忍受空虚。

积怨和不肯原谅也可能是发胖的原因。人们发现，胖人是很容易生气的。怨恨会促使脂肪分解物沉积。如果您记得本书第一部分的内容，就会知道怨恨是想改变对自己的态度，也就是想爱自己，尊敬自己和珍视自己。在这里，问题还是归结为爱，归结为改变对自己的态度。

我的一个病人是很年轻的女孩子，在看了一个疗程后瘦了4公斤，但随后体重就不再下降了。我们通过与潜意识交流得知，她对父亲及其第二个妻子的怨恨妨碍她继续减肥。她14岁时，父亲与她的母亲离婚，去和另一个女人生活了。女孩子就是在那个时候开始发胖的。

在找到原因以及改变了对父亲及其个人生活的态度之后，女孩子的体重减到了理想的状态。

母亲对孩子健康状况的担忧可能导致发胖，这是因为人们常把健康和质高量足的食物两个概念联系在一起。

我遇到过一个很有趣的情况。一个很胖的女人来看病。她是怀孕时开始发胖的，而生了孩子之后胖得更厉害了。

“医生，”她问我，“请救救我，请帮我改掉暴饮暴食的毛病，我已经开始恨自己了。我不愿意见熟人，怕我的样子会吓着他们。”

这位病人很容易被催眠。我们通过与潜意识交流弄清楚了，原来引起过度食欲的那部分潜意识在关注着她儿子的健康。孩子刚满10岁。当初这位女子刚怀孕的时候，她母亲对她说：“你要想让你的孩子健康，就要好好吃东西。”她怀孕的9个月都是在母亲家度过的，而母亲每天都向她灌输这种思想。顺便说一下，这个女子的母亲自己也非常胖。在整个这件事中最有趣的一点是，这个女子的儿子身体确实很棒，可是她付出的代价有多大！她的潜意识完全不知道其他关心孩子健康的方法！

暴饮暴食往往是实现潜意识积极意图的一种神经质的方法。暴饮暴食者对食物的看法比较特别，与解除身体的饥饿无关。例如，人力图借助食物填补情绪的空虚。在潜意识中建立着一种联系：填充了胃就填充了情绪的空虚，获得了饱满的情绪状态。这可以意味着他与人们是联系在一起的，是一个被爱被尊重的人。在生活中，爱和满足感的缺乏可能导致人把食物作为迅速获得满足感的手段。但因为这是一种自我欺骗，所以机体总是不断地要求更多的食物。

我还想说一点，减肥要靠自己的内在资源，而不要指望神奇的减肥药。如果您指望化学药物的帮助，您就否定了自己内在的力量。获得理想体重的过程首先是自我修养的过程，包括内在和外在两方面的修养。内在修养包括将自己的意念和意图调整到和谐平衡的状态。外在修养指的是清理机体内的垃圾，改变代谢方式，正确合理地饮食，为保持肌肉紧张度进行有规律的健身锻炼。

关节问题

关节代表生活方向的改变和动作的敏捷程度。

关节炎，风湿病

这种病的病因是经常批评自己和别人。有关节病的人总是在所有方面追求完美，希望周围世界也是完美的。而这成为他们的“无法承受的负担”。难道可以用批评和谴责使某事或某人变好吗？能用一种坏东西来战胜另一种坏东西吗？

我发现了这样一个特点：患风湿的人一般会把那些总是批评他们的人引进自己的生活，因为他们自己总是挑剔批评周围的人。记得那条规律吗？“同质相吸”。

在这种人的意念中有很多暴力，但他们自己却对各种形式的暴力抱着极度批判的态度。他们感到对自己和周围世界的爱严重缺乏，他们不爱自己，并感到别人也不爱他们。

这些人对生活的态度表示，生活是沉重的、难以承受的。他们觉得自己的压力过大，但其实正是他们自己把难以承受的负担压在自己身上。

正如一个患有关节病的女病人所说的：

“我受不了被别人压着，我受不了这个。”

为什么患关节炎的经常是上年纪的人？因为他们的思想观念变得“糟朽”、“僵化”，失去柔韧性。

有时关节炎是为阻止愤怒、仇恨的发作而设置的身体障碍。当一个人想打某人或某物的时候，潜意识会用类似的方式来阻止他。

一个患关节炎的妇女来找我看病。她是几年前开始生病的。激素和消炎药暂时缓解了病情，却无法遏制病情的发展。病人自己告诉我，她是在感受到精神负担之后生病的。

“五年前我经受了一次特别严重的应激反应，”她说，“当时我和丈夫住在另一个城市，有一次我的儿子被一群半大孩子暴打了一顿，当他回到家里时，他的样子让人看了很心疼。我丈夫有时打猎，他手上有枪。当时他抓起枪喊着：‘我要打死这帮混蛋！’边喊边向门口跑。可是我拼命抱住他，直到他‘冷静’下来。那件事发生一个星期后，我的关节就开始较劲。”

我们从潜意识那里搞清楚了导致这种精神紧张的行为。弄清楚这种情况的原因，也就自然地弄清了病因之后，这位妇女觉得好多了。我又为她选择了一些顺势疗法的药物作为辅助。过了几个月，已经持续了几年的所有症状都渐渐消失了。

这件事再次使我相信，消除真正的病因有多么重要。

颈部问题

脖子代表灵活性。代表看到旁边和身后发生的事情的能力。颈部的问题（例如肌肉僵硬）表示固执，缺少灵活性，不想看到问题的其他方面。

我的一个女病人每次不同意丈夫的意见时就会歪脖儿。

“他一开始胡说八道，”她说，“我就故意扭过头去，尽量不听他说话。”

另一个妇女只要开始发倔脾气或开始批评别人，马上就会脖子发僵。

背部问题

背部象征着生活的支柱。脊椎病象征着生活支柱的弯曲。

背部的问题和脊椎病反映人的生活中缺少支柱和支撑。您把生活看做沉重的负担，您感到活着就是不断地承受生活的重压。

一位女子来我这里看病，她不久前发生了脊柱骨折。当我们去了解发生这个意外事故的潜意识原因时，她说道：

“您知道，医生，我从我丈夫那里从来得不到支持。”

“支持什么？”我问。

“嗯，您知道，女人总是希望感到一个男人是可以依靠的。可是我却没有这种可以依靠的感觉。我觉得他好像不爱我，只是因为孩子才跟我生活在一起。而且物质方面的支持也没有多少。”

对钱、对物质生活条件的担心经常会引起脊背下部的问题。

不久前我到一个朋友家做客。

“你听我说，”他问我，“我今天一天腰疼，迈不开步。这是什么原因？”

“你有金钱方面的担心。”我说。

“确实！今天早上我划出了一大笔钱，我不知道这笔钱能不能赚回来。”

当患有脊柱骨软骨病的人来看病的时候，经常可以听到他们说这些话：

“我把这一切压在自己肩上。”

“我在生活中担负得过多。”

“这对我来说是无法承受的负担。”

“我觉得我儿子好像骑在我的肩膀上。”

“这是我的‘十字架’，我得背一辈子。”

一个年轻女子后背疼痛难忍，她来到我这里看病。

“医生，我一辈子都在负担所有人和所有的事。我比我丈夫挣得多，因此人们认为我是‘养家的人’和‘挣钱的人’。我还帮助我的父母，我的生活中还有一个‘十字架’，就是我的弟弟——他是个残疾人。我也在照顾他。您不知道我有多累，多想摆脱这些沉重的负担。请帮帮我！让我学会以轻松快乐的心态去关心自己的亲人。”

我认为，我们应该以快乐的心情承担生活中所有突发的变故。要知道只是我们对生活的态度使它成了一种重负。因此，在把别人的问题接过来压在自己肩上之前，先要把自己的生活理清。要给自己的世界观来一次革新：学会看到生活是如何关怀您支持您的。

我亲身感受到，当我对自己的世界负起责任，我的生活就变得轻松多了。那些负罪感、怨恨、批评、谴责的重负都甩掉了。

下肢问题

腿的状况反映我们走路、在生活中前行的状况。

腿疼，腿部问题

这方面的问题反映对未来强烈的恐惧，不想或害怕沿着生活的道路前行。

一个男子发生了下肢脉管疾病。我们搞清楚了其潜意识原因——对孩子们未来的恐惧。

在生活中缺少目标或选择了错误的方向也可能带来腿部问题。

一个病人不久前踝关节韧带严重扭伤，我们进入了他的潜意识，

“你想用这次事故实现什么正面意图?”我们问他的潜意识。

“我关心你的健康。”病人得到了这样一个来自潜意识的答复。

原来，在出事的前一天，这位男子应该和一个公司签一笔大额的交易。他对这笔交易的合法性有所怀疑，但还是决定去签合同。结果，已经走出了家门，他在台阶上绊倒，把脚崴了。这个意外迫使他那一天呆在家里。

“您知道吗，一个星期后这家公司就破产了。”病人说，“但我不知怎么没有把这两件事联系起来，虽然很高兴躲过了这件事。但为什么我的潜意识恰恰选择了这样一种得病的方式来关心我呢?”

“大概是因为用好的方式您领会不到。”

“确实如此。我刚和这些人认识的时候就有一种不好的预感，但我没有注意。”

皮肤疾病

皮肤保护我们的身体。此外，它是一个面积很大的多能感官。

皮肤病

我认为根本没有什么皮肤病，只有内部疾病在皮肤上的外部表现，所以使用药膏是荒唐的甚至有害的。我们把表面现象搪塞过去的同时，也把疾病赶进身体内部。使用外用药不是治疗，而是压制疾病。任何疾病都是一种信号，说明一个人在生活中做出了有害的行为，或者让消极的意念、情绪进入了自己的心灵。而皮肤病则是更明显的信号。

在医学院的组织学课上，未来的医生们学到，在胚胎形成时，神经组织和皮肤是从同一个胚胎层衍生出来的。那么为什么医学至今没有对这一事实加以任何的注意，而继续给所有患皮肤病的人开药膏，乃至激素？

我自己只知道三种可以使用外用药的“皮肤病”（这已经很勉强了），这就是疥疮、疹子和多虱症。但对这些病在使用外用药的同时，必须进行机体和潜意识的深层“清洁”。

皮肤病是陈旧的、深藏的垃圾和脏东西，某种竭力想冲出表面的令人厌恶的东西。在这种情况下，皮肤好像是这些东西要冲破的安全阀。疾病的皮肤表现来自机体想要摆脱的、深深压抑的污染心灵的情绪。这可能是忧虑，恐惧，经常感到担惊受怕，或是对某人的气愤、无法忍受、厌恶以及愤怒，憎恨，怨恨和负罪感。

另一种可能的原因是——您觉得自己得不到保护，因为皮肤执行保护的功能。皮肤病说明您对周围世界健康安宁的感知受到了破坏。

下列几句话可以指出病因：

让人疼痒（受刺激，被激怒）；

手痒痒（想做什么事）；

对某种东西感到痒痒；

我沾上脏东西了。

过敏、荨麻疹

这种病是缺少情绪自控的标志。某些压抑到内心的感情和情绪（如：生气、怨恨、怜悯、愤怒）在不折不扣地污染您的心灵，于是您的潜意识便将它们引了出来。

如果您皮肤过敏，这说明您不能忍受、不能接受生活中的某人或某事，这可能是一些人、某个生活领域或某种处境。引起过敏反应的食物和东西并不是过敏的原因，病因在内不在外。

一个患有荨麻疹的男子来我这里看病。我们弄清楚了他的潜意识病因，原来这是愤怒和怨恨。三天前他在上班时和上司发生冲突，随后他开始出荨麻疹，他怎么也无法控制自己的不良情绪。

我给他讲，他工作中发生冲突的原因隐藏在他自己身上，他不应该怪他的上司，而应该把自己的思想理清楚，改变对工作（顺便说一下，他不喜欢自己的工作）、对自己、对上司的态度。

就在他意识到冲突的原因的第二天，他皮肤上的荨麻疹完全消失了。这名男子不再抹药膏，或用药片压制它。他把它看成一个信号。于是，对于这名男子来说，疾病成了促使他自我完善的好事。

孩子经常过敏，因为孩子与成人不同，还没有学会控制自己的情绪。孩子的过敏是父母行为的反映。

经常有父母带着过敏的孩子来看病。顺势疗法总是能够起到很好的效果。而当我开始把使用药物手段与“清洁”潜意识结合起来以后，效果尤其好。

一位有两个孩子的母亲来看病，她的一个孩子 10 岁，另一个 4 岁。

“医生，请问，”她问我，“为什么老大不过敏，而小的过敏反应非常厉害？任何一种病，甚至感冒，他都会闹得很严重。”

“您怀第一个孩子和怀第二个孩子的时候情绪怎么样？”我问。

“我知道您指的是什么了。”这位女子回答，“确实，怀第一个孩子的时候我内心很安宁，而怀第二个的时候……我母亲坚持让我做流产，可我没听她的。”

“为什么？”

“她说要第二个孩子太早，说我们负担不了他。”

“正是您那个时候和她的关系，还有现在跟她的关系使得您的小儿子过敏。您的消极意念和情绪，您母亲的消极意念现在形成了过敏的背景。”

“但我对她的那种态度还能作出什么反应呢？”这位女子惊奇地问。

“首先，您的母亲只是反应了您自己的害怕和怀疑。第二，她坚持让您做流产，是为了您生活得富足。现在您既有孩子，又有钱。也就是，您母亲在两方面都帮助了您。而您却保留了对她的反感和怨恨。”

“那么我该怎么办？”

“以新的感情和情绪重新审视那时的事情。首先要有爱。一定要原谅母亲，改变对她的态度，感谢她。请记住：‘要尊敬自己的父母。’您应该意识到，您母亲行为的原因隐藏在您自己心里。”

科学家发现了一个有趣的现象，在催眠和麻醉状态下不会过敏。也就是说，在此起首要作用的正是意识。

这种病明确地表示您讨厌这个世界上的什么东西。

如果您过敏，那么这说明您隐藏着某种敌意，把它压在自己心中。所有这些情绪都在寻找向外的出口。

要治愈过敏需要转向自己的内心，诚实勇敢地面对您所逃避的东西。要重新审视自己的态度。不要把世界过滤得干干净净。不要怕生活，要接受它的一切现象。请记住那句金科玉律：“世界上的任何力量都可以用来获益。”

疹子，瘙痒

疹子是经过皮肤发出来的各种怒气。有什么事让您不满，而您隐藏自己的感觉，但所有被掩藏起来的东西还是暴露出来了——您的皮肤泄露了您的情绪。

疹子也可能是负罪感。您的某些举动“玷污”了自己。

一个脸上有银屑病的妇女来我这里看病，其原因是对丈夫的负罪感。

几个月之前她有了外遇，因而“玷污”了自己的忠贞和自己的脸。她一方面想跟他承认一切，另一方面又害怕这么做，而潜意识将她的感情表现了出来。

压抑我们的愿望可能导致瘙痒。记得那个说法吧："很想做这件事，手很痒痒。"或者您有一些不适合自己或不切实际的愿望。

生活中的不满足感可能导致皮肤瘙痒、发红。瘙痒是性欲的潜意识对应物，而搔痒则象征性地取代了能够获得满足的性行为。也就是说您想获得性满足，但这与您的道德观不相吻合。

一个女病人患有外阴瘙痒。她每天躺在床上都一定要搔这个地方。其原因是对夫妻性生活的不满。于是她的潜意识让她有机会注意到作为女性的自己。

孩子出疹子是向父母发出信号，让他们反省自己的行为和彼此的关系。母亲在怀孕期间，甚至怀孕之前一年的任何消极情绪，都可能成为孩子严重疾病的原因。

一个年轻的妈妈抱着个小女孩坐在我的诊室。小女孩皮肤干燥，长满疹子，孩子不断地挠。已经试遍了各种药膏和内服药，但没有用。

我们对潜意识的行为机制进行了测试，得知这种症状出现的原因是母亲在怀孕期间的行为。首先，她开始时不想生孩子，于是就在小女孩的潜意识中启动了自我毁灭的程序。

其次，差不多整个怀孕期间，她一直与丈夫发生冲突。结果一年后他们离婚了。

孩子用自己的病向母亲表明，她必须改变自己的行为。

我给孩子开了顺势疗法的药物，此外，我跟孩子的母亲还专门为了调整她针对孩子和男人的负面思想撰写了一段祈祷文，在一段时间内她必须每天读这段祈祷文，一个月后孩子的疹子就全消了。

皮肤发炎给您发出了信号，告诉您您的生活中缺少安宁和柔情，关怀和爱抚。您必须把这一切给予周围的人。

湿疹，神经性皮炎

湿疹和神经性皮炎表示最强烈的对抗和厌恶。您排斥自己生活中的某人某事，与之无法相容。

一位男子跟妻子生气之后一段时间开始龟头发炎，然后右手出现湿疹。不仅如此，后来发现在他的潜意识中运行着父亲传给他的对女人的毁灭程序，表现为对她们的不信任。所以，他只有改变对女人和作为男人的自己的态度，才能治好病。

一般来说，导致湿疹和神经性皮炎的是心理挫折，也就是沉重的精神负担，此时，强大的攻击性通过皮肤释放出来。

一个患有手部湿疹的男人来找我看病。

“医生，您看看我的手怎么了？我再也受不了了。请给我想想办法。”

他的双手很可怕：布满了脓痂，从痂中不断渗出脓液。他试用了各种药膏和其他各种方法，但一点用也没有。病人痛痒难忍。

他来找我是把我作为一位顺势疗法的医生。但当时我正在研究催眠，于是决定从潜意识了解他的病因。我们很快与潜意识建立了联系。我问道：

“请问，过去是不是有什么事情促使这个病的发展？”

“是的。”处于催眠状态的病人回答。

“请详细地说说这件事。”

“这件事发生在两个月之前，”他开始说，“我早就怀疑我妻子对我不忠。结果有一次发现她和情人在汽车里，我心里产生了非常强烈的怨恨、仇恨和愤怒，当时我真想泼上汽油把车烧了。”

“那么他为什么需要这些湿疹呢？”我问他的潜意识。

“为了阻止他这样做。”男子以潜意识的名义回答。

嫉妒也可以是皮肤病发展的原因。

孩子的湿疹一定与父母的行为有关。以后，当孩子长大了，他就会基于父母过去的意念和自己过去的经历而造成自己的疾病。

一位18岁的女孩来复诊。她从3岁起就有湿疹和神经性皮炎（名称不重要）。在此期间父母总是在患处涂药膏，结果把病赶到身体内部。顺势疗法的第一次课以后她的症状加重了很多，随后开始明显地好转。根据经验我已经知道，如果只用顺势疗法治疗，需要很长时间并需要有很顽强的毅力。

“医生，能不能治疗得快一些?”病人提出这个问题。

“你快些治愈的愿望有多强烈?”我反问。

“我非常想。”她说，“我一定完成您的任何要求。我妈妈跟我说，您会给潜意识中灌输一些东西，病就好了。”

“我不灌输任何东西，”我说，“我只是帮助我的病人意识到真正的病因并将它们消除。但我只是帮助，消除病因要靠病人自己。一切取决于他自己的愿望和努力。要知道人是自己造成了自己的病，所以应该自己消除它。医生不是治病，而是帮助病人恢复健康。”

“我准备好了。请告诉我，我的病因是什么?”

“你对你父亲怎么看?”我看着她的眼睛，问。

“很正常。”她不疼不痒地说，把目光移开。

“请给我解释一下，什么叫做‘正常’?”我问她。

前一天我跟她母亲谈过（她母亲自己也来我这里治病），并弄清楚了母女俩的病因。母亲对女孩的父亲实际上从来没有过一点温情。他经常喝酒，而她跟他生活在一起只是为了孩子。爱早就离开了他们家，只剩下多年的怨恨、愤怒、谴责和蔑视。而近来甚至开始麻木不仁。

“我不过就是尽量不看到他。”女孩说，但她的声音已经变了，“过去有怨恨和蔑视，但现在就是无所谓了。”

“你对我说了，为了把病治好，你什么都愿意做。现在，只有在你心中有了对父亲的爱的时候，你才会有健康的皮肤。”

“这我做不到。”

“为什么?”

“我凭什么爱他呢?”女孩用颤抖的声音说，“从我懂事起他就在欺负我和我母亲，酗酒，不让我们过正常的生活。我应该为此尊敬他吗?”

“不，不是为这个。你应该明白，你妈妈自己选择了这样的男人。你也是自己选择了这样的父亲。”

“我怎么能选择呢?”

“上帝给我们的父母正是我们应该有的。你要超越尘世的逻辑，只是因为他是你的父亲、他给了你生命而爱他，还因为他是对你来说最好的父亲。今后你要只看他身上的好处。对于父母只能爱和尊敬，而不能有怨恨和蔑视。十诫中有一条是‘要尊敬自己的父母’。爱不能也不应该取决于生活中的任何东西和尘世的任何价值。你的母亲既不爱自己，也不爱你父亲。你父亲酗酒正是因为缺乏爱。”

“您怎么知道的?”

“昨天我跟你母亲谈过了。如果你可以在自己心中把爱唤醒，那么你不仅有机会把自己治好，而且能帮助你的父母。当一个人爱的时候，就会在自己身边营造爱的空间，它会对周围人产生强烈的影响。”

我看到女孩的眼睛湿润了，她的表情变柔和了。换一个人可能早就失声痛哭了，可是她忍住了，但她的内心还是开始发生变化了。

“你爱自己吗?”停了片刻后，我问她。

“大概不是很爱。有时候我恨自己。”

于是我们继续谈下去。

在这种情况下，必须在自己身上多下工夫才能治好病。如果孩子已经长大成人，就让他自己配合医生治疗，如果孩子还小，则父母必须作出改变。需要清洁的不是皮肤，而是意念。从内至外的清洁才是治疗的根本。

牛皮癣

强烈的负罪感和自我惩罚的愿望可以导致牛皮癣。

一个患牛皮癣的年轻男子来我这里看病。这个病是一年前得的。我们与他的潜意识建立了联系，他问自己的内心:

“我的什么行为导致了疾病?”

在他提问的时候，他的脸色渐渐地改变了，最后整个脸都成了羞愧的红色。

“医生，我明白原因是什么了。”他说，“我可不可以不跟您说这件事?”

“当然可以。”我回答，“您从自己的潜意识得到的任何信息，您都有权保密。”

“不，我还是说吧。”这位男子下了决心。

于是他告诉我一年前他跟朋友的妻子出轨而背叛了自己的妻子，“玷污”了自己。就是这“双重的”负罪感造成了他的病。有意思的是，他的妻子也有牛皮癣，所以他一看到自己的牛皮癣立刻就会想起自己的妻子而产生负罪感。

我发现，牛皮癣往往出现在导致精神负担加重的事件之后。在那种心理负担很大的情况下，人们会直接扼杀自己的某些感情，如信任感、爱或安全感。

一个男子在被骗损失了一大笔钱之后出现了牛皮癣。

“这件事以后我失去了对人的信任。”他对我说。

一位妇女在她父亲去世后出现了牛皮癣。

“我失去了生活中最爱的人，”她含着眼泪说，“现在我活着还有什么意思?”

我还发现患牛皮癣的人很爱干净。其中有些人简直是有“洁癖”。您是否记得我们在本书第一部分说过，洁癖表示对这个世界上的某种东西抱有强烈的憎恨和蔑视。潜意识中有否定程序在运作，而这会反映在皮肤上。

“我恨这个世界，”一个年轻的男子对我说，他的病程已经很长了。“我恨这些肮脏的街道，我鄙视卑鄙下流的人、心怀嫉妒的人和阿谀奉承的人。对我来说最大的享受就是，”他接着说，“一整天和一个干净的女人躺在浆洗过的干净的被子里，喝点好酒，吃点好东西。”

患牛皮癣的人皮肤的硬化程度超乎寻常，患处的皮肤变粗糙，这是一个明确的信号，说明这个人想与周围世界隔离。

患牛皮癣的人一定要明白，他生活在一个干净、和谐和安全的世界，他不仅是生活在这个世界中，而且是自己创造了这个世界。

白癜风

这种病表现出与世界的一切或世界上的很多事情完全疏远的感情，是一种自我隔绝。您似乎不在自己的圈子里，感到自己不是一个有充分权利的社会成员。

我的一个病人是个年纪很轻的小伙子，他几年前患上了白癜风，身上和脸上出现了白斑。这个小伙子很瘦，很害羞，嗓音很细，像女孩子一

样。他有自卑综合征，这使他疏远了自己的交际圈子。小伙子简直是自我隔离，完全不跟同龄人交往。

我给他开了顺势治疗的药物，因为他还有其他一些并发症，我还和他一起建立了新的行为方式。

在第一次面谈之后，小伙子的一部分白斑就开始缩小，而另一些白斑上面则出现了色素点。

粉刺，痤疮

对自己、对自己外貌的不满是出现粉刺的原因。粉刺通常出现在性成熟期，正是在这一时期少男少女对自己的外貌和吸引力产生了疑问。在这段时间，对自己和自己外貌的任何不满都会立刻反映在脸上。

年轻人为了掩盖自己的“缺点”或哪怕让自己的外貌改善一点要花多少力气呀！借助于这种病他们学习了爱自己的一课，学会了接受自己的本来面目。

一种新的、此前并不了解的能量开始操控年轻人的生活。这种能量要求释放。同时这能量被克制着，被赶向深处。在这段时期成年人的帮助十分重要。我们的祖先有为男孩和女孩而设的专门仪式，帮助他们和谐地进入成长的新阶段。

在性成熟期，皮脂腺开始活跃，如果出现痤疮，皮脂腺就会堵塞、发炎。因此清除意识中所有关于异性以及性的“肮脏的”、“发炎的”意念很重要，要对自己生活中新的东西抱着开放的态度，要平心静气，把性能量当做这个世界上一种自然力。要积极地投入到学习和自我发展中去，培养自己良好的品格和性格。

疖子

疖子是冲出来的火气，长疖子的人内心总是很焦躁。

不久前我去我一个朋友家串门儿，他的妻子右边脸颊上长了一个大疖子。他们对我的模式已经很熟悉了，因此她马上问我：

“请问，这是什么原因？”

“难道你自己不知道吗？最近你跟谁闹气了？”

“跟谁？”她回答，“当然是跟我丈夫。”

长虱子

您让别人在您的头脑和思想中“纠缠”，参与您的思想和生活。

我的一个女病人的孩子长了虱子。她在自己的潜意识中找到了原因：

“您知道，医生，”她补充道，“我有一个习惯，当我说到自己或想到自己的时候，不是用第一人称，而是用第三人称，总是说：‘她想’、‘这对她有什么好处’等等。”

真菌，足癣

我发现，有所谓真菌的人总是很纠结于多年前的痛苦和怨恨。

您那些陈旧落后的想法早就“发霉”了，您不想告别过去，让它左右您的现在，而这妨碍您在生活中轻快地前行。

指甲疾病

指甲代表防卫。

指甲病变

您有无依无靠的感觉，经常担心。您觉得某人或某事威胁着您。您应该注意提高自己的防御力。

“我总是觉得周围人威胁着我。”一个男人对我说，他不久前出现了指甲的问题。

后来搞清楚了，这种恐惧是因为他对许多人抱有蔑视和厌恶的态度。他的指甲染上牛皮癣不是偶然的（参见牛皮癣的原因）。于是他的潜意识通过让指甲出问题来调和毁灭他人的程序。

“医生，”我的一个女病人说，“我想给您看看这里。”

她说着脱下鞋让我看她的指甲。

“您好好看看，”她指着大脚趾的指甲说，“您看，这是原来有毛病的

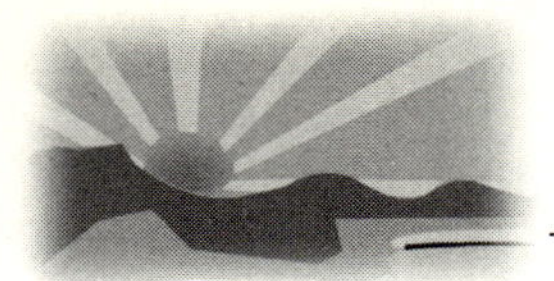

地方。而这里出现了新的健康的指甲。它们中间可以看到一个夹层。指甲长得很慢，而正是在我们一个半月之前第一次见面以后开始长出了健康的指甲。当时我认真地读了您的书，整理了我的很多想法。现在您看看我的头发，”她继续说，显然很满意，她的表情好像在揭开一个秘密，“过去我的头发很不好，脱发很厉害。现在头发变得浓密了，有光泽了。我已经没有头皮屑了，我用我们本地生产的普通的洗发液，而从前我什么洗发液都试过！我买了在电视里做广告的昂贵的进口洗发液，可是看来问题不在这里。我们的一切都来自内部。从您这里，从您的书中，我清楚地知道了这一点。我还在继续进行自我修养，改变我的性格。您知道我还发现了什么吗？我的丈夫也开始改变，我们的关系好多了。”

头发问题

脱发，秃头

导致脱发的原因是恐惧和精神的高度紧张。毛囊萎缩，向头发输送的营养变少，头发就会渐渐枯萎。谢顶的人简直是想要控制一切，他们不相信生命进程。

从一夜白发的现象可以看出巨大的痛苦对头发的影响是如此之大。压力之下心理的极度紧张可以导致迅速脱发。

“医生，”一位女病人对我说，“一个月之前我开始严重地脱发。”

“一个月前您的生活中发生了什么特别的事？”

“我儿子死了。”这位妇女回答。

我想再举一个短期内痊愈的例子。

一位患有严重忧郁症和恐惧症的60岁男子来我这里看过病。

“瓦列里·弗拉基米罗维奇，”三个月后他对我说，“我研究了您的模式并开始把它应用于生活中，我的头发颜色变成了年轻时的正常颜色，也变浓了。我甚至发现这样一个特点：我一开始闹情绪，头发马上开始变白，一旦平静下来，头发颜色就会变深。”

头发是人的生命力的象征。它们很能反映人的内心状况。为什么随着年龄的增长头发会变少？为什么头发会失去光泽？答案只有一个。随着岁月的流逝，人渐渐失去了生命力，把它浪费在那些消极思想和情绪上。怎么办？必须改变对自己、别人和生活的态度，积蓄自己的个人力量。

传染病、炎症

我认为，人们不仅自己造成自己的病，而且创造了所有致病微生物。他们用自己的意念的力量让这些细菌从无到有，无中生有，从纯能量中造出致病微生物。因为只有这些意念和妄想是致命的和致病的。也就是说，是集体潜意识中的紧张和混乱造成了致病病毒和细菌。

机体里的炎症说明我们有“发炎的”意识和意念。其原因可能是强烈的愤怒、怨恨、报复心、恐惧。“发炎的”意念会以脓疮、脓肿、发热的形式出现。

“那么有没有传染这回事呢？”您会问。

细菌和病毒本身一点都不危险。它们只是周围环境的一部分，是自然的一部分，并完成着重要的功能。例如，有些细菌存在于我们的肠道中，促进消化过程。细菌和病毒本身并没有攻击性，但一旦它们落到一个攻击性的环境，它们就变为致病的和有毒的。“肮脏的土地上长出的植物也是肮脏的。”或者如著名的微生物学家路易·巴斯德所说：“微生物没有用，土壤才是一切。”而土壤是我们用意念造就的。善念会使土壤肥沃，攻击性的意念则会污染土壤。

这里有两条路。第一条路是用抗生素来消灭传染病，但实践证明这是一条死胡同，因为微生物会形成对抗生素有耐药性的稳定的菌种。医学不得不制造更强的化学药剂，但这会毒化整个机体。

还有第二条路——摆脱为细菌创造营养环境的攻击性的意念和情绪，同时提高自身的免疫力。您可以自己选择。不需要和微生物斗争，要和它们和谐相处。这个世界上的一切生命都是上帝造来帮助人类的。

如果患了那些常见的传染病，如流感，以及各种一般的感冒，这说明您的生活中同时发生了太多的事情，引起了紧张、混乱、愤怒和惊惶；积累了各种大小冲突，情绪的起伏，恩恩怨怨等等。在这种情况下疾病执行着正面功能——得到关注，逃避某种责任，得到休息，在床上躺上一两天，整理一下思想。

有一次我一个熟人的8岁儿子说：

“爸爸，我学习太累了。最好生病，那就不用去学校了。”

我想，每个人都有过这种想法，而且不只是在小时候。您自己是否也经常请病假？

对自己健康的恐惧，害怕生病，相信统计数字，这些因素简直可以直接致病。这是因为您接受了否定性的社会定位，对周围人的消极情绪作出反应。

请回想一下这种情况是不是经常出现：旁边有人打喷嚏或咳嗽，而您已经开始担心自己要生病了。或者电视里说，某个地方正在闹流感，您已经担心起来，跑去药房买药。在这种时候我总是问自己：

“我是否需要生病？病会给我带来什么好处？我是否需要在床上躺一星期，发烧，嗓子疼，流鼻涕，以此摆脱未解决的问题，逃避现实？”

“不，”我回答自己，“我不需要这个。因为我会解决我生活中的任何问题，因为我自己创造自己的生活。也就是说，我遇到任何情况都可以找到最好的解决办法。如果现在在我的生活中有某个没有解决的问题，那么我就投入我的全部力量来解决它。我请求我的潜意识建立新的意念或行为方式来处理这件棘手的事情。我完完全全地信任自己和宇宙。因此我会很安心，疾病会跟我擦肩而过，我的免疫系统会很好地发挥作用。”

我只是选择做个健康的人，享受生活的乐趣！这就是我的选择。

外伤和不幸事件

其实并没有不幸事件和各种类型的偶然事件。我坚信这一点。不幸事件不是别的，恰恰是潜意识的规律。我们自己为自己造出了这些事故。

我在研究催眠术的时候，研究了几个在不同时间遭遇过事故（工伤、交通事故等等）的人。在所有的案例中，事故的原因都是相似的——负罪感和强烈的愤怒、憎恨和极度的怒气与怨恨。所有这些情绪会启动自我毁灭机制。

我想起一个遭遇事故的男人的经历，他来看病的时候腿骨折了。

“您的腿怎么了？”我问。

“在无轨电车上被车门夹折了。在此之前，我在一个月之内摔断了一次胳膊，另一次摔成了脑震荡。”

“您想让我做什么？”我问道。

“我知道，您会做催眠——是熟人告诉我的。所以我求您，不，我要求您给我的妻子做催眠。我要您在她被催眠的时候从她那里了解真相——她是不是真的和另一个男人睡过。因为一个月前她下班回家晚了整整一小时，我从窗口看到她从一辆车里出来，这是她的一个同事的汽车。”

“您妻子怎么说？”

“她矢口否认。但您自己想想，因为您是男人，”他愤怒地说，“一个女人和男人一个小时呆在车中会干些什么？”

“一般来说，女人和男人在车中可以做很多事：做爱或只是随便聊天。”

“请您给她催眠，了解实情。我要知道真相。”

我当然没有答应他的请求。但我还是让他认识到他自己必须接受我的治疗并摆脱嫉妒。

对某人怀有愤怒、报复的想法以及绝望的感觉会在瞬间导致不幸事件或外伤。我们周围的世界属于我们，因此当我们对别人心怀怒气的时候，我们也就表达了攻击性并启动了自我毁灭程序。因为还没有人能够改变能量守恒定律。当我们对自己心怀怒气，或觉得自己有罪过的时候，当我们简直是在自找惩罚的时候，那么它就会以不幸事件的形式实现。意外事故是负罪感和自我惩罚的外部反映，这是针对自己的怒气。

如果您遇到了这种事，那么不要把自己看做一个不幸的牺牲品。要反省自己的内心，找到造成意外事故的意念或行为。

意外事故有一定的正面意图。

这些正面意图经常是得到别人的关注和同情。我们因为疼痛而呻吟，有时卧床很长时间。别人为我们清理伤口，照顾我们，对我们表达关心。

而导致我们遭到意外事故的暴力倾向则逐渐消失。

疼痛，任何的疼痛，都是负罪感的第一个表现。疼痛可以是身体的也可以是心灵的。罪过总是在寻求惩罚，而惩罚造成疼痛和痛苦。如果有慢性疼痛，就说明总是有负罪感。摆脱了负罪感，疼痛就会消失。疼痛总是意味着您处于牺牲品的地位。

请记住，每个人在任何情形中都会采用最好的行为方式。潜意识的结构是，它总是选择最有效的行为方式。在过去的那个时候，您在那种情况下做出了最好的选择。那么为了您当时所能做的最好的选择而惩罚自己是否值得呢？

过去我说过，负罪感教人不可以做什么，但不教人该怎么做。这是一种危险的感情，它要求惩罚，而惩罚总是与疼痛、怨恨、痛苦、凶恶联系在一起的。

惩罚自己和觉得自己有罪的时候您把自己赶到某个不可逾越的框框中。您限制自己的自由。应该摆脱负罪感，成为自由的人。

碰伤，淤青，烫伤，疼痛，身体创伤，溃疡

这些都是未释放出来的愤怒。它以外伤和疼痛的形式转向您自己。

我认识的一个女人把开水倒在了自己的腿上。我们决定搞清楚其潜意识的原因，原来这是因为她与丈夫吵架了。

“你知道，我跟他生了那么大气，”她说，“我心里又气又恨，好像一锅开水。”

骨折，骨裂

这是对异己力量的反抗，代表无能或无力自卫。您的愤怒和憎恨返回自身，简直是迫使您“折断”您的抵抗或“摧垮”您的信念。

物理学中有一条基本定律：“作用力等于反作用力”。要学会在自己的生活中利用它们。如果您相信只有借助暴力才能匡扶正义，那么您就会自动地对自己的生命施以暴力。

“您知道，医生，”一个不久前遭遇了车祸的病人对我说，“我总觉得生活在压迫我。我总是在反抗生活中的某种状况，总是在斗争。这不——我承受不住了，‘折了’。”

骨折的情况提醒我们，应该整理自己思想的骨架，自己意识的“框架”。您的看法需要坚实的基础，同时需要去掉意识中僵化的思想。必须将行为的柔韧性和思想的坚定性结合起来，因为最强的骨骼是既柔韧又坚强的骨骼。

脱臼，肌腱拉伤

愤怒与气愤，愤怒与反抗，怨恨、报复心，这些是导致脱臼和肌腱拉伤的部分有害情绪。

于是，潜意识可能会阻止一个人爆发怒火或施加暴力。它在想打人的愿望前设置了特殊的障碍。

一个手上长湿疹、肩关节脱臼的年轻女孩来我这里看病。

我们马上与潜意识建立了联系。潜意识表明，湿疹和肩部脱臼的原因都是对父亲的愤怒。

“您知道，医生，的确如此，”处于催眠状态的病人讲道，“我父亲是个酒鬼。他经常喝酒，打我母亲。这种情况已经持续了很长时间。他喝酒喝得厉害以后，我的手上开始长湿疹。有一次他又喝多了，狠揍我母亲。我想打死他。老实说，我早就‘手痒’了。于是我跑到走廊，想拿斧子。可是父亲抓住我的手使劲扭。他把我的手拉脱臼了，我疼得喊起来，所以我又一次没能实现我的意图。”

甲状腺问题

甲状腺象征创造性的自我表达能力。

甲状腺疾病说明您在自我表达方面有问题。

甲状腺肿大

甲状腺肿大说明您在承受很大的压力。确切地说，您自己借助周围的人来压迫自己。您有一种感觉，生活在攻击您。您认为别人总是在侮辱您，并且您不得不忍受这种侮辱。您觉得自己是个牺牲品，一个没出息的

人。生活中有很多东西被强加给您，您感到怨恨和憎恨，并产生了生活被撕裂的感觉。

一个甲状腺肿大的女人对我说："我觉得我被挤到一个走廊里，强迫我顺着它走，没法子拐弯。"

酗酒者的妻子常患甲状腺肿大。在这种情况下没有表达出来的消极意念和情绪、零碎的怨恨及要求"结成一块"堵在嗓子里。但这种情况不仅出现在丈夫酗酒的家庭。

"我丈夫总是为了鸡毛蒜皮般的小事挑刺儿，"一位病人对我说，她的甲状腺中被检查出有好几个结。"一会儿衣服穿得不对，一会儿化妆不好。我被他搞得每走一步都提心吊胆。"

学会关心自己，了解自己的愿望和要求，会公开地把它们表达出来，这些都很重要。最好的药就是做你自己。

有时候孩子也会患甲状腺肿大。在这种情况下疾病既反映出孩子的某些行为，也反映出父母的某些行为。

一个男孩的甲状腺变粗了，被诊断为二、三级肿大。我和他的父母开始寻找病因。孩子的父亲很严厉，他给孩子和妻子都造成了很大压力。

"我希望我儿子能有出息。"他说。

母亲和儿子都觉得自己是牺牲品。孩子不能也不会公开表达自己对父亲的恐惧感。这些感觉积存在喉部，而我们知道，这个区域与自我表达相关。

"我做什么事爸爸都不满意。我已经很怕做事了。"当我跟男孩子单独在一起的时候，他对我说。

我给男孩开了顺势疗法的药物，而父母的任务是：改变彼此的关系及对儿子的关系。一个月以后孩子的甲状腺缩小了一半。

肿瘤、癌症

人们有一种固定的思维模式，即癌症是不治之症。当医生把详细的诊断通知患者或家属的时候，许多人都觉得好像听到了死亡判决书。但不必绝望，正如智者所说的："没有治不好的病，只有治不好的病人。"

两千年前中国著名的医生扁鹊就曾将六种人列为"不可治"，我下面列出其中的五种人：

1. 骄横不讲道理的人。
2. 病人轻视身体而重视钱财。
3. 衣着饮食不适度的人。
4. 形体消瘦不能服药的人。
5. 信巫师不信医术的人。

我确信，只要病人对自己的疾病和健康负起责任，任何病都是可以治愈的。

为治愈疾病首先要做的是——抛弃这种病是不治之症的观念。病之所以被称为"不治之症"，是因为用外部的方法、用正统医学的方法无法治愈，因为这些方法无法消除病因，只是与由此产生的结果作斗争。要治愈疾病就要深入自己的内心。这样，无中生有的疾病就会化为乌有。

一个犹太王得了重病，别人建议他去向上帝求助，他却去找医生求助，结果两年后他死了。

去求助自己的内心，就是求助上帝，因为上帝就在每个人的心中。必须在自己的内心开发出力量与健康的不竭源泉，这是每个人心中都有的。在您内心具有一切必需的资源，您只是要找到通往这些资源的途径。

现在请您想一想，您的哪些有害的意念和情绪导致了疾病。

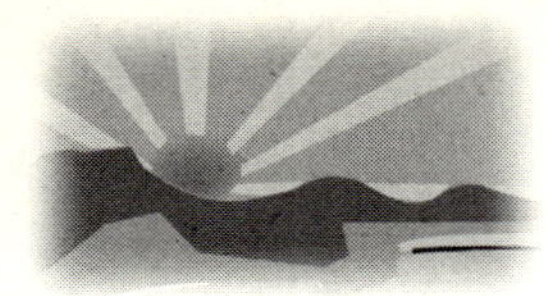

增生、肿瘤、囊肿

它们的产生都是由于您心中长期无法忘记陈年旧事和与之相关的恩恩怨怨。这些东西总是在您的脑际“萦绕”，您放不下它们，在自己身体的某个部分把它们积存下来。我发现，完全摆脱过去的怨恨有助于治愈肿瘤。

我已经在书中讲了很多像子宫囊肿那样的常见病，只要一个女人完全摆脱了对男人的怨恨和愤怒，她的肿瘤症状往往会减清甚至消散。正统医学的医生无法解释这种现象，他们不懂得痊愈机制。其实这很简单，只要怨恨消失了，其身体反映也就消失了。

肿瘤的出现还有另一种原因，就是强化和扩大对世界、对自己、对他人的厌恶。患病的人相信生命不会带来任何益处。

有时增生是内疚的强化和“壮大”。

癌症

这是多年的、隐蔽的怨愤、愤怒、憎恨和报复心，它们简直是在“吞食”身体。这是深层的、潜意识的、未愈合的心灵创伤，这是强烈的、深入心底的与自己、与周围世界的冲突。

我的一个病人对我说：

“医生，您知道，我过去有一个同事，有一次我们在公司喝了点酒，聊了起来。我们为了一条著名的基督训诫争论起来：‘别人打你的左脸，就把右脸伸给他。’我说我总是很快地原谅别人，不在心里存着怨恨。而他则向我说明了他的世界观：‘我认为，’他说，‘应该这样做：如果有人欺负了你，你要把这种怨愤压在心底，直到这个人实力减退。当他变得虚弱以后，就用尽自己最大的力量去报复。’您知道吗，医生，这个人不久前得癌症死了。”

骄傲和由此产生的傲慢，负罪感和惩罚自己及别人的念头，谴责和蔑视，对他人强烈的厌恶都会导致这种病。如果一个人的世界观好像一个癌细胞，他就会在自己的身上造成癌症。

一个正常的细胞是怎么工作的？首先它照顾整个机体，为它执行自己的独特功能。而机体也同样回报它：供给这个细胞所有必需的东西。健康的、正常的细胞“懂得”它的良好状态取决于整个机体的良好状态，因此会把自己的全部力量献给它。对于正常的细胞来说，机体就是上帝，也就是他的生命、良好状态和成长发展的源泉。人的生命也是一样。每个人作为共同机体的一个细胞，对于上帝有自己的使命和责任。他首先应该奉献，而不是索取。因此一个正常人的世界观建立在这样的规则上——为他人和整个世界的幸福与繁荣而进行自我修养，自我发展。

那么癌细胞的表现如何呢？它对整个机体的利益漠不关心，它只关心自己，它不知道从哪里获得所有的营养物质。癌细胞甚至从不觉得自己的行为是在消灭整个机体，而这意味着机体死亡后它自己也将死亡。也就是癌细胞用自己的行为、自己的生命活动在消灭整个机体，包括自己。

但宇宙是一个完整的有机体，我们生活在这个有机体中，它不会允许一个带有癌变世界观的人消灭整个宇宙，所以按照宇宙法则这个人应该被消灭。也就是，人用自己的世界观消灭了自己。

现在具有癌变世界观的人很多。正因为如此，据统计死于恶性肿瘤的人数占第二位。这样的人想消灭他们身处的世界，因为他觉得这个世界不完美。他们蔑视、怨恨、仇恨、报复，以此在意念中毁灭周围的世界和宇宙。有癌变世界观的人完全不明白，周围的世界就是他们的世界。他们受破坏性意念的控制，并因此毁掉自己。我深信，宇宙是和谐、公正和完善的。因为一种强大的法则运行其中：“每个人因自己的信念和思想得到果报。”人应该明白，不完善的不是宇宙，而是他们的世界观，也就是说，不完善的不是世界，而是他们的世界模式。

癌症这种病是可以治愈的。而在这里，单单使用正统的方法（如化疗、放疗和手术干预）是不够的。所有这些都只能延缓疾病的发展，因为没有去掉病因。因为癌症是整个机体的疾病，治疗癌症首先是要摆脱癌变世界观。

我的一个病人治愈了癌症，他如此表述自己的情况：

“医生，我完全成了另一个人，进行了价值重估。如果比较一下我生病前和现在的情况，那简直是天差地别。过去我可能因为任何一件小事发火，例如，如果我在车站等了半天而等不到无轨电车，我简直会气得发疯。现在我却会像大象一样泰然自若。我对自己、对生活、对他人的态度

完全不同了。

疾病的定位，也就是产生疾病的地方，也取决于我们的意念和情绪。

例如，性器官的病患说明您的女性气质或男性气质受到了损伤。

子宫癌说明女人对于男人怨恨得“要死”，她因此痛不欲生。

“医生，我从未感到我是一个真正的女人。”一个患子宫肿瘤的病人对我说：“我丈夫酗酒，对我不忠，总是出差。而我现在的年纪也不小了……更年期已经到了，也就是说，我永远不会感到自己是一个女人了。真够冤的！”

男人心理过程也是一样的，不过他们的怨恨是另一种类型而已。癌症可能侵害他们的睾丸或前列腺，也就是那些负责男性机制的器官。

乳腺癌患者总是把自己放在生活中的最末一位，拒绝关怀和关心自己，然后又因为别人对您不好而怨恨得“要死”。

一位女子很久没有孩子，终于，在结婚几年后，她生了个儿子。这是个盼望已久的孩子，所有的关爱都集中在他的身上。她是一个资深的专家，却放弃了很优越、很有前途的职位，去做一个清洁工，只是为了守着家，守着儿子，因为他经常犯气管—肺动脉疾病，她和丈夫的关系一年不如一年，他开始喝酒，游手好闲。有一次她在与醉酒的丈夫理论时，他照着她的前胸打了一拳。过了一段时间这个部位发现了肿瘤。

她自己和孩子的病，她与丈夫的不良关系都是源于她对自己、对丈夫、对孩子的态度不正确。生孩子以后，她不再用关怀和爱来“滋养”自己，她把自己和自己的世界放在最后一位，不是改变对自己的态度并在心中积蓄爱，而是在心中积下了怨恨、不满与谴责。

这就是为什么我总是向那些年轻的妈妈提出忠告，告诉她们女人生了孩子以后应该加倍关爱自己。因为孩子会潜意识地对母亲的状况作出反应。如果母亲的心中充满爱与安宁，那么她的孩子就会平安健康，母亲也就会有更多的闲暇时间。

应该在您“吸收”和奉献给别人的东西之间达到稳定的平衡。当您在心中积蓄爱，使自己幸福快乐的时候，您也就在帮助别人。只有关怀自己，用爱与欢乐“滋养”自己，您才能拥有可以奉献给周围人的东西。

消化道疾病与吸收、消化过程以及摆脱生活中一切不需之物的能力有关。

“医生，我一直到死前都不能原谅我弟弟，”一个被发现患有胃癌的男子对我说，“他对我做的事是那么下流。我到现在也不明白，为什么一个亲兄弟能那样对我。”

“也就是您在快死了的时候打算原谅他?”我问。

“是的。”

“那么值得为此而死吗?也许现在就可以这么做?”

“我不能。”他回答，“我一想起这种情景，就呕吐不止。”

呼吸系统的疾病说明对生活深深的绝望。

“我一辈子都是为了孩子们而活着。”一个病人对我说，不久前X光片显示他的肺部有阴影。“现在他们都去了其他城市，我的生活没有了意义，我活着干什么呢?”

要治愈癌症需要做些什么呢?

首先，应该对自己的生活，对自己的疾病和健康负起责任来。

其次，必须有强烈的生存愿望。最主要的是确定生活的目的。要好好想想生活的目的和意义。

第三，必须摆脱意识中所有异己的东西。摆脱那些把您引向死亡的消极意念、情绪和性格特点，开始自我修养。

不仅要注意自己的思维方式，还要改变生活方式：饮食、工作、身体的活动。要将那些鲜活、光明和快乐的东西引入自己的生活。

在现代抗癌中心会使用专门的放射显像技术。

现在治愈癌症的资料和例子越来越多，大家都知道作家索尔仁尼琴①，医生诊断他得了癌症，但他战胜了疾病。我认为，是他的创作活动帮他治

① 生于1918年11月12日，卒于2008年8月3日，前苏联流亡作家，苏联解体后回到俄罗斯。

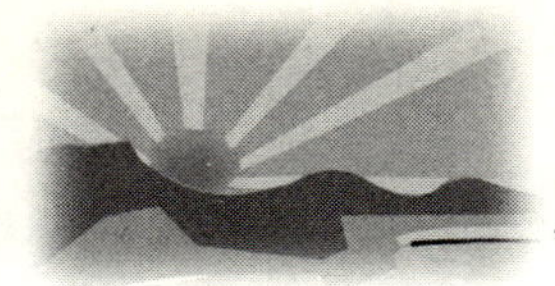

愈了癌症。他在书中释放了那些简直要把他“吃掉”的感情。

还有其他的一些著名的例子。

这里我要引用露易丝·海书中一段描写她患病及治愈疾病的故事。

某天我被发现患有癌症，是妇科癌症，阴道癌。一时间我陷入了极度恐慌之中，但由于我所从事的职业是向别人提供心理咨询，所以我知道精神康复是有效的，这回我获得了一次亲身验证的机会。最后，我自己写了一本书，说明癌症只是积累的怨恨导致的，如果摆脱了怨恨，就可以把它治好。我知道，我自己还不能化解童年时代留下的所有怨恨，从这个角度来说我仍有很多工作要做。

“无法治愈”这个词对我个人只是意味着不能用传统方法，即外部手段治愈的情况，想治愈就要深入内心寻找方法。如果我同意做手术，而完全不去努力改变过去的想法，医生就会不断建议给可怜的露易丝开刀，直到把她“摘”得什么都不剩。如果我去做手术，同时除去那些导致癌症的思想根源，癌症就不会再复发了。

我认为，如果癌症或其他的什么疾病复发，不是因为手术没有切除干净。真正的原因是病人没有对自己的思想进行任何改变，于是重新给自己造出了同样的病，只是患病的位置不同罢了。我同样相信，如果我把自己精神的土壤清理干净，我就不需要做手术。我跟主治医师说，我当时没有钱做手术，于是他也告诉我一件事：我只能活3个月。

我立刻着手工作。我开始阅读大量用非传统手法治病的书籍。我去了好几家保健图书专卖店，买了所有关于癌症的书。我又到图书馆读了所有能找到的关于这种病的书。我对足部反射疗法特别感兴趣，因此打算找一个足疗师。有一次我去参加一个讲座，一般我喜欢坐在前几排，而这次坐在了后面。一位男士朝我走来，坐在我旁边。原来他正是我要找的那个人，一个足疗师。此后他每周来我家三次，对我的康复有很大帮助。

我还清楚地知道，我应该学会比以往更爱自己、尊重自己。我的童年缺少爱，没有人教我如何爱自己。我只是接受了他们对我的态度，包括不断的挑剔、责备，这种态度已经成为我的第二天性。

当我开始在教堂工作以后，我就逐渐意识到赞赏自己的行为有多么重要。但我总是把这件事推迟到明天，就好像你总是说“明天再开始节食”一样。开始时，我很难对着镜子中的自己说：“露易丝，我爱你。我真的爱你。”不管怎样，我决定继续对着镜子练习，渐渐地我发现，在很多情况下，我已经不再像过去那样责备自己了。这都是那些练习在起作用，我发现自己正在进步。

对我来说最困难的是不再怪罪别人。是的，我的童年是痛苦的，饱受侵害和虐待－－在人格上，身体上和性方面。但这是很久以前的事了，完全不能作为我现在这样对待自己的借口。因为我不能宽恕，所以我简直是在用癌细胞吞噬自己的身体。

我为自己找到了一个优秀的精神专家，在他的帮助下开始表达蓄积在心底的愤怒。我击打枕头、狂吼。这在一定程度上清除了我的部分心理垃圾。然后我把父母曾经给我讲述的有关童年的只言片语拼凑起来，勾勒出他们生活的全貌。我开始无限地同情他们、怜悯他们，对他们的怨恨也随之消散。

另外，我还给自己找了一个很好的营养师，他帮助我摆脱了多年来由于吃垃圾食品而蓄积体内的毒素。他为我开出了完全由蔬菜组成的严格的节食菜谱。第一个月我每周灌肠三次。

我没有去做手术，6个月后医生们不得不得出共识并通知我（其实我已经知道）：我的癌细胞完全消失了。现在我从亲身经历中明白了，如果我们自己愿意改变自己的信念、想法并以新的方式行事，很多疾病都可以治愈。

塞翁失马，焉知非福？您无法想象，我的病使我发生了多大的变化：我从自己的经历中学到了很多，我开始以新的眼光看待生活，开始更加珍视那些我生病以前完全不重视的东西……

酒精中毒

人类如果更清醒，本可以取得难以想象的成就。

歌德

酗酒能否治愈？

能，酗酒是可以治愈的。

我可以完全负责任地肯定这一点。我之所以如此确信全凭我多年的行医经验。我找到了这种不仅使病人自己，而且使他周围人深受痛苦的可怕

疾病的病因。这些原因深藏在人的潜意识中。

通过仔细的钻研我发现，对酒精过分依赖的人，其潜意识中有一些行为程序，我称之为“酗酒程序”。它们来自遗传或是在强烈的情绪波动影响下形成的。因此为了治愈酗酒很重要的一点是找到这些程序，对其进行调整，创造引向健康、清醒生活方式的新的行为程序。换言之，为了摆脱有害的旧习，必须建立新的好习惯。

现代干预酗酒的方法（皮下注射氧气，打针，服药片，喝茶，戒酒）只能发挥一时的作用，压制疾病，把它赶到更深的潜意识层。而这种对精神的摧残会酿成苦果（出现应激反应和攻击性，行为怪异，阳痿，抑郁症，外伤）。药物和戒酒只能延缓问题的解决，不能消除这种病的真正病因。而病因潜藏在潜意识中。

不久前一个女人来找我，请我帮助她酗酒的儿子戒酒。在谈话中她的表现有点奇怪。我感到她好像不太清醒。于是我产生了一个想法：“真奇怪，她来请我帮她儿子戒酒，可是她自己却酗酒。”接下来我得知，几年前她曾经用医疗手段治疗过酒精依赖。戒酒后是不再酗酒了，只是把病留在了心里，所以她的样子、举止暴露了她的问题。

“医生，”她如梦方醒地说，“我真高兴我现在不喝了。”

“您要戒多少年?”我问她。

“我下半辈子都戒了。我很满意。只是我儿子却喝了起来。”

这位妇女怎么也不明白，她的病“传给了”儿子。借助医疗手段她把对酒精的依赖压制到自己内心，把病因赶到内心深处的潜意识，但是没有消除病因。而儿子对她的潜意识程序作出了反应。

结果，如果只靠医疗手段戒酒而不想消除内部的、潜意识的病因，一个人就会得其他的病或把问题甩给自己的后代。

几年前的医疗手段起到了一定的作用，但现在需要其他的方法来解决这个问题。

那么有没有办法呢？当然有！现在我可以肯定，治愈这种病的一切资源都隐藏在人自己的内心。只要能找到通往这些资源的途径。

只有在一个人准备对自己的病、对自己负起责任的情况下，酗酒才能治愈（正是治愈，而不是压制），这是我从自己的实践中得出的结论。

首先应该有坚定不移的意志，不惜一切代价摆脱疾患，告别过去，找到自我，成为一个新人，开始新的、清醒的生活。很多事取决于您，而且只取决于您。对自己和医生无限的信任可以带来治疗的奇迹。

我的程序已经帮助成百上千人治愈了精神上和身体上的疾患。

我相信，像酗酒这么严重的问题无法用一次治疗来解决，必须改造自己。

众所周知，酒精是一种毒物，它有害健康。生活中的一切不幸——家庭破裂，失业，精神颓废都是由它引发。关于这个问题人们已经写了很多，说了很多，但人们为什么还是要毒害自己呢?

我不止一次地问自己这个问题。因为我们与酒精作斗争已经好几百年，但却一无所获。

在几年时间内，我一直在寻找解决这个问题的途径。我使用了顺势疗法，草药，祈祷，咒语，自生训练。后来我采取了催眠疗法。所有这些都有很好的效果。但我感到，还缺少某种很重要的，有助于彻底、迅速而有效地解决这个问题的东西。

有一天我忽然恍然大悟。“作用力等于反作用力”。我们从学校的课堂上就已经了解这个基本的物理定律。结果，我们越多地跟他说酒精是种坏东西，我们越是拼命与它斗争，这种坏东西就会变得越积极，和它斗争也就越困难。

我随即开始以另一种方式看待这个问题。我明白了，人为什么会产生对酒精的病态依赖。酗酒是一种心病，而酒精对于有病的心灵是一种独特的“药”。也就是说，并不是首先由于酒精导致了疾病，而是人的心灵先生病了，然后人才会产生对化学麻醉制剂的病态需求，以缓解症状。因此首先要医治有病的心灵，那样对麻醉剂的需求也会自然消失。

请想象一个有心脏病的人，他需要硝酸甘油来消除血管痉挛和缓解症状。这种制剂既不能治病也不能消除病因。但是如果突然不许病人用这种物质会怎么样？病人可能会死掉。因此首先要给这个病人把心脏治好，取消病因，那时候就不需要硝酸甘油了。

酗酒者也是这样。他的心灵有病，它被恐惧和憎恨，嫉妒和怨恨，愤怒和绝望的病毒污染了。而酒精帮助他暂时调节这些破坏性情绪，沉浸在麻醉带来的幻觉中。

当然，酒精不能治疗有病的心灵。它只是暂时地缓解心灵和身体的痛苦。酒精像所有化学制剂一样，有一些对身体和心理都有害的副作用。它分解后产生的有毒物质（酒精代谢物）会积聚在体内，特别是在肝部和脑

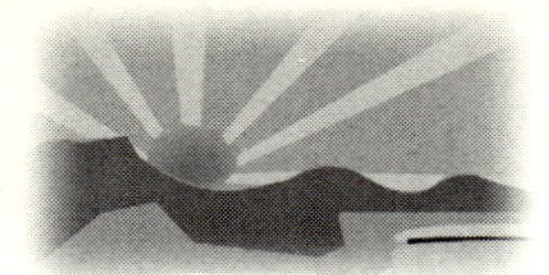

部，起到破坏性作用。

于是，一方面，酒精是一种毒物，另一方面，它帮助病人（哪怕暂时地）缓解痛苦。

酗酒现象之所以能一直持续到现在，是因为有人需要它。他们愿意当它的奴隶，愿意把自己的意志与精力交给它，只为能够有一阵子感到比较安然和自信。那么为虚幻的幸福而付出如此昂贵的代价是否值得？为几分钟“飘飘欲仙”的感觉而牺牲自己宝贵的生命和精力是否值得？

好了，够了！不是要把自己所有的力量用来与可恶的酗酒斗争，而是要把力量用来自我完善和自我发展。人是自然最伟大的作品，被赋予了植物和动物都不具备的东西。这就是自我发展，学习新东西，认识真理的能力。

那么该怎么办呢？

首先，不要再把酒精当成一种坏东西！

如果您有滥用酒精的问题，不要急着骂自己。首先要转向自己的内心，并确定您为何要使用酒精？这给您带来了什么益处？

是的，是的！真是益处！

为了阐述得更清楚，我举几个例子。

酒精是一种可以达到某种情绪状态的可靠的麻醉剂。换言之，每个人使用酒精都有同一个目的——改变自己的情绪状态。

例如，酒精给许多人无拘无束和自由的感觉。有些人在做生意时饮酒，这是一种礼节，是为了更容易签合同。另一些只是为了与他人交往时营造互相信任、无拘无束的气氛。

一个妇女，每次喝了酒，就会成为整个晚会的“灵魂”。她感到自己非常自如洒脱，有说有笑，成为大家关注的焦点。但每次晚会之后她回到家里，情绪总是很糟，可谓“失魂落魄”。

她来找我求助，我们弄清楚了，她对酒精的这种“依赖”行为不过是由于在她的生活中缺少爱与关注。一旦她学会了在生活中获得和表达这些珍贵的情感，酗酒问题就消失了。

酒精可以帮助某些人放松，感到自己与人相识时更加自在，无拘无束。男人们一定记得年轻时为了“壮胆”喝酒，还有为了让女孩子变得更容易接近而劝女孩子们喝酒的事。

一个病人为了和亲近的人更好地交往而喝酒。他是个很害羞的人，酒让他感到跟妻子孩子更为亲近。喝了酒以后他会想跟他们说些亲热的话，为他们做些有益的事情。他感到缺乏爱，不会表达自己的感情，借助酒精，这些缺憾得到了暂时的弥补。医疗手段只能达到一时的效果，因为他对酒精特别依赖的原因没有消除。我们改变了他对作为男人的自己、对妻子、对孩子的态度，消除了几种自卑综合征和负罪感综合征。治疗过程还没结束，他对酒精的依赖就消失了，而后他对酒精的态度已经完全可以由他控制了。

有时人们为了消除体力的紧张，为了放松和休息而喝酒。

很多人为了消除心理的紧张，为了逃避现实和积压的问题而使用酒精，所谓“借酒消愁”。但这是自我欺骗，因为用这种方法不但无法解决问题，还会增加新的问题。问题需要解决，而不是逃避，您无法逃避自己！怎么可以避开现实呢？何况这种现实是我们自己造成的。而既然是我们自己造成的，那就不应该逃避，而要改变。而且应该从自己做起。

此外，酒还可以让情绪高涨，让自己高兴和自信。在生活中拥有满足和快乐以及很好的情绪，难道不是很重要吗？是很重要，但怎样才能获得这些呢？

酒精像毒品一样，让人可以获得满足、快乐，逃避现实，放松，最终“飘了”。但这一切都是一种假象。欢乐是心灵的休息。而在酒精作用下的欢乐和快乐，是在毒品作用下的欢乐。这不能教会我们解决生活中重要的问题，毋宁说正好相反：会增加问题。这样会形成恶性循环。

于是这个人就会成为酒精——这种化学物质的奴隶。酒精操纵了一个人的意志，他为了几分钟的麻醉梦幻要付出多么昂贵的代价！

请把服用酒精的正面意图（功能）列出来。这是治愈的第一步。

现在开始建立其他的方式来达到这些状态，让它们比酒更有效更可靠。有一条黄金规则，“如果您想改掉某种坏习惯，就养成一些新的好习惯”。现在就开始！不要推到以后。赶快停止毒害自己和亲人的生活。

我还想解释一下，什么叫做“新的行为方式”。新的行为方式就是新的意念、感情和情绪，对自己、对亲人、对周围人和周围世界的新态度。这是对生活中各种情况的新看法，对事件作出新的反应。

在此之前我们没有其他选择，我们是麻醉品的奴隶，无法拒绝它。现

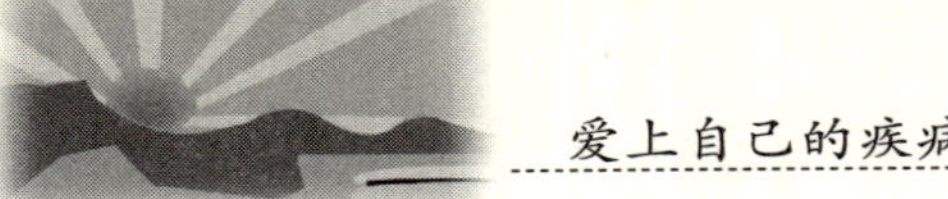

在有了新的选择，有了比酗酒更好的行为方式。有新的好习惯。祝贺自己吧！从此您获得了自由！

我已经说过，酗酒是一种心病。酗酒者是心灵有病的人。我在很长的时间内一直从事对酗酒的治疗，由此得出结论，一个在生活各个方面都很和谐的人绝对不会酗酒。因此说与酒精做斗争是愚蠢而无益的，必须清除心中的攻击性情绪。只有那些在意识和潜意识层有很高的攻击性的人，才会成为酗酒者。所有这些都会造成痛苦和对心灵的折磨。这时酒像麻醉品一样，可以消除痛苦心灵的“痉挛”。但这种“药”只有暂时的效果并且会带来有害的副作用，它会毁掉一个人的健康和他的生活。下面是几个例子：

“我憎恨这些和我一起工作的没有道德的坏蛋。”一个有嗜酒症的男人对我说。在他的潜意识中蓄积着很多的蔑视、愤怒。

我的一个病人自从怀疑妻子出轨之后便开始酗酒。酒精帮助他消解嫉妒的感情。

另一个病人在心中蓄积了很多对生活、对政府、对上司的大大小小的怨恨以后，便要时不时“忘却”几天。

请现在就摆脱那些导致酗酒的负面思想和情绪。谁都不能代替您做这件事。这些负面思想和情绪有：

各种恐惧：对身体受到威胁的恐惧，对未来的恐惧；

负罪感和惩罚自己的强烈意图；

忧虑和苦闷；

孤独感；

怨恨，气愤，蔑视和憎恨；

要求和不满，厌恶、挑剔；

嫉妒；

对自己、生活和周围世界的不满；

绝望；

自卑综合征，对自己没有信心，对自己的男性特质或女性特质的怀疑。

那么，只有摆脱了对自己和周围世界的敌意，才能解决滥用酒精的问题。必须改变自己的世界观，建立新的行为方式，将爱与欢乐引入心中，实现心灵的安宁与和谐。那样对于酒精这种麻醉剂的需要就会消失。因为健康的心灵和健康的身体不需要任何麻醉“药”。

如何摆脱消极的、攻击性的思想和情绪呢？为此必须改变自己的世界观，进行价值重估，别无他途。

让我们来做一些总结。如果一个人有酒精依赖，那么为了彻底治愈必须注意以下几点：

1. 有不可动摇的意志，要不惜一切代价摆脱痛苦的心情，并开始新的健康清醒的生活。

2. 确定您饮酒是为了什么。酒精为您执行哪些有益的功能？

3. 建立并使用新的行为方式，新的好习惯，也就是获得选择的自由。

4. 摆脱对自己和周围世界的否定性、攻击性思想。改变自己的世界观。

吸烟问题

不要喝酒，不要用烟草来损坏你的心脏，你就能像吉江（活到 100 岁）一样长寿。

И. П. 巴甫洛夫

多数吸烟的人是从年轻时代就开始吸的。烟的味道不能说很好闻，也不能说谁会由于吸烟而感觉好些。吸烟后的第一个反应是恶心、头晕和咳嗽。此外，吸烟者还会感到嗓子痛痒、肺部灼烧、呼吸不畅。吸烟者花费金钱换来了哮喘、牙齿和指甲发黄、肺癌和心脏病。每个吸烟者都知道他们会因吸烟得到哪些后果。可是为什么他一而再、再而三地把烟点着？

人们吸烟首先不是为了享受，而是由于与吸烟有关的种种联想。例如，青少年开始吸烟是为了证明自己已经摆脱父母的“控制”而独立，与吸烟的同龄人能够谈得来，不落伍，能够赢得别人的尊重，感到人们需要他们。吸烟还常常会使年轻的女孩子联想到独立和精致的生活。

随着年龄的增长这些标准被其他的标准所取代。成年人开始把吸烟的过程与控制感情的能力，与顺心、舒适的感觉联系到一起。只要一个很简单的动作——点燃一支烟，一个人就可以唤起心中某种珍视的感情。

以下是人在吸烟过程中产生的一些联想：

独立和长大成人的感觉；

融入团体、参与交往、成为团体一员的感觉；

顺心、舒服、安心的感觉，内心平稳的感觉；

控制自己情绪、放松的感觉；

获得思路清晰、精神集中的感觉，整理思想；

有品位的感觉；

男子气的感觉，吸烟意味着你是一个男人；请想一想“万宝路”香烟的广告——一个骑马的英俊牛仔，给人以强壮、不可战胜的感觉；

提高工作能力；

某项工作圆满完成的感觉；

打发时间，给自己找点事，“抽支烟”，休息、放松；

“开始新的一天”，加快节奏；

表现自己的富有和财力（“抽名贵的香烟”）。

对于吸烟您有什么联想呢?

为了戒烟，首先要做的是要让自己与抽烟的过程本身分离开。也就是要意识到这一点：“我是一个利用吸烟过程获得某种重要联想的人。”

现在想一想，是否值得利用这种有害的、毁坏健康的方式？或者，可以创造某种其他的方式?

为自己作出选择吧!

如果您决定采取健康的生活方式，那么就要建构正面意图（也许应该把它记在一张纸上，然后每天检查）：“我很容易摆脱香烟，我会采取健康清醒的生活方式；我有清洁的肺和新鲜畅快的呼吸。我建立有助于轻松摆脱香烟的新的行为方式，新的思想。”

例如，如果您有一种联想：吸烟 = 男子气，那么请想想，您可以用什么其他的方法使自己感到是一个真正的男人。男子气有很多的特征：有意志力，勇于承担责任，有对他人的责任感并履行自己的责任，能够独立决断等等。您可以每天培养自己这些新的男子汉标准中的一种，于是您的潜意识就会得到新的选择，并会选择最有效和最安全的方法。

如果吸烟帮助您找到富足感、舒适感和安宁感，那么必须弄清楚，您生活中的哪些部分使得您不满足、不舒服、不平静，在您解决了自己的内心问题之后，吸烟的要求会自然消失，因为您将学会用其他的方法获得满足和安宁。

现在，当您感到获得某种感觉的选择权在您手中时，您就可以开始戒烟的过程了。您要感谢和宽恕每一支吸过的烟，说：“谢谢你帮我实现我的意图；我正在摆脱依赖性，我怀着爱祝福你，我要把你从我的生活中彻底请走。”如果您真的打算戒烟，那么您会很容易做到这一点。

有时吸名贵的香烟或雪茄可以让人联想到富裕和成就。有一次我在报纸上读了一篇对一名世界富豪所做的访谈。记者问：“您抽什么香烟?”他回答：“我很富有，也很爱自己，爱生命，因此我不需要兴奋剂。按照我的看法，只有有很多问题的人才吸烟。对我自己来说，吸烟与挣‘大钱’的能力是水火不容的。”也许这位亿万富翁的话可以帮助您给自己建立一种新的形象：一个健康、英俊、富有的人，一个不用吸烟就能处理好各种事务、问题的人，一个呼吸着纯净、新鲜空气的人。

还有很重要的一点把所有吸烟者联系在一起：吸烟者都或多或少地否定生活，他们不爱自己和生命过程本身，他们是在用香烟毁掉自己。请开始爱此生的自己和生命过程本身。总有一天，您对自己的爱达到一定程度后，您会很容易地戒掉烟瘾。

儿童疾病

我的一半病人都是孩子。如果孩子已经长大，我就直接给他们治病。每当我看到随着孩子的康复，父母也慢慢发生变化，总是感到很欣慰。给孩子治病更容易更有趣。他们的思想还是自由的，还没有被各种琐碎的日常杂事和各种各样的禁忌所污染，他们很敏感并相信奇迹。如果孩子还很小，我便给父母治疗。一旦父母开始变化，孩子就会开始康复。

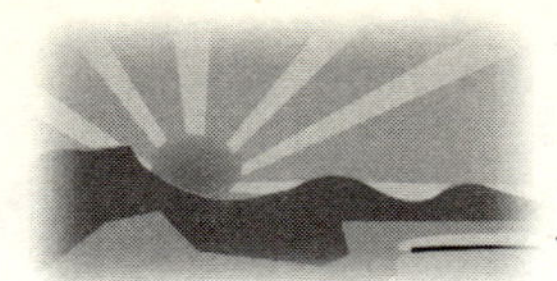

父母与孩子在信息—能量层、在基础层是一体的，这一点已成定论。

成年人经常问我："医生，但孩子怎么会知道我们的关系，我们是瞒着他的。我们当着他的面既不吵嘴也不打架。"

孩子不一定要看见和听到父母之间的争吵。他的潜意识中有关于自己父母，关于他们的感情和意念的全部信息。他知道他们的一切。只是不会用语言来表达自己的感情。所以如果他的父母有什么问题，他就会生病或行为古怪。

很多人听到过那句话："孩子会为父母承担报应。"的确如此。孩子所有的病都反映了他们父母的行为和意念。懂得这一点很重要。父母可以通过改变自己的意念、信念以及行为帮助自己的孩子康复。我总是会马上给父母解释，孩子生病，他们没有任何罪过。我在书中说过，应该把所有疾病看做一种信号，把孩子的病看做给整个家庭发出的信号。

孩子是父母的未来，是他们之间关系的反映。根据孩子的反应可以判断我们成人做事是不是做得全对。孩子生病是给父母的一个信号，表示他们的关系有问题，应该加以改善，同心协力地达到家庭的美满与和谐。孩子的病是向父母发出的自我改造的信号！

当成年人的子女生病的时候，他们是怎么做的？难道他们把疾病当做给自己的信号接收了吗？绝对没有。父母给孩子填进很多药来压制这个信号。对孩子疾病的这种盲目的态度只会使情况更糟，因为疾病根本没有消失，而是在继续破坏孩子脆弱的磁场结构。

孩子自己选择自己的父母。但父母也选择自己的孩子。宇宙总是给一个具体的孩子选择相对最适合他的父母。

孩子反映父母的状况，宇宙的阳性元素与阴性元素在他身上存在并发展着。在孩子的潜意识中有着父母的意念、情绪和感情。父亲代表宇宙中的阳性元素，母亲代表宇宙中的阴性元素。如果这些意念具有攻击性和破坏性，那么孩子便无法将它们结合在一起，因为他不会。于是他或是表现为行为古怪，或是生病。因此父母间的关系如何，他们如何对待自己和周围世界，决定着子女的健康和个人生活。

我举一个例子。一个很小的孩子开始出现癫痫，发病很频繁。医学对此完全无能为力。药物只是使情况更糟。父母去找民间的巫医术士，也只是暂时有效。

孩子第一次看病是父亲陪着来的。

“您是一个很爱嫉妒的人，”我对孩子的父亲说，“而嫉妒携带着潜意识的强力攻击火药。当您与女人的关系面临崩溃时，您不认为这种情况是自己造成的，不是试图改变自己的某种东西，而是感到巨大的敌意。结果您第一次婚姻生的儿子成了吸毒者，而第二次结婚生的这个孩子有癫痫病。孩子的病阻拦了您消灭女人和自己的潜意识程序。”

“那么怎么办呢?”孩子的父亲说。

“只有您摆脱嫉妒，才能治好孩子的病。”

“但怎么做呢?”

“只有开始爱，您才能做到这一点。要爱自己，爱妻子，爱孩子。嫉妒并不是爱，而是不自信的表现。要把妻子当做自己的反映，而不是自己的财产。要重新审视整个生活，重新审视您感到嫉妒与憎恨的情形，审视您对女人心怀怨恨并对自己的男子气产生怀疑的情形。要请求上帝原谅您在这些情形下的攻击性，并为您生活中所有的女人而感谢他，不管她们的行为如何。还有——这很重要——要请求上帝教您、您的儿子以及未来的所有后代学会爱。

还有一个例子，人们送来一个姑娘，她半年前无缘无故地患上了忧郁症，住进精神病院后情况更糟了。

我和她的父亲谈了很长时间。他的潜意识中有很强的毁灭周围世界的程序。这表现为对生活、对命运、对他人的怨恨、愤怒和憎恨。他把这个程序传给了孩子。上学的时候她还相对感觉较好，但毕业后这个潜意识程序开始强劲启动，其表现是不想活下去。

当家里战争不断，父母、亲人之间吵架的时候，孩子的反应经常是耳朵发炎或患气管炎，以此表达自己的感觉并月自己的病向父母发出信号：“请关注我！家里的宁静、和睦、安宁与和谐对我很重要！”但成年人是否总能够懂得这个信号呢?

孩子潜意识中的消极程序经常在怀孕期间就已经扎根了。我总是向父母询问这个时期的情况，甚至问他们怀孕前一年他们的关系出了什么问题。

“怀孕初期您曾想做流产，”我对一位女子说，她带着一个吃奶的孩子来看病，这个孩子不久前出现湿疹。

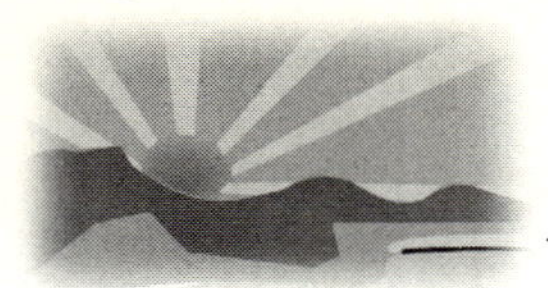

“是的，确实如此。”这位妇女回答，“我觉得怀孕怀得不是时候，但我丈夫和丈夫家的人劝我把孩子生下来。”

“孩子您是生下来了，但在潜意识中留下了想消灭他的想法的痕迹。不想生他——这是对孩子生命的直接威胁。他用生病对此作出了反应。”

“那么我现在该怎么办呢？可以用什么办法帮助他吗？医生说没有治这种病的药，只能调节饮食。”

“药是有的。我可以给您开一些顺势疗法的药物。开始会加重，而后孩子的皮肤会变干净。但最重要的是——您需要‘清洁’。在40天内要祈祷，求上帝原谅您曾经想流产，原谅您不能为自己的孩子创造一个爱的空间。这有助于您消除毁灭他的程序。此外，您要每天表达对自己、对丈夫和孩子的爱。还有，请记住，对丈夫的任何不满或怨恨，家中的任何冲突会马上反映在孩子的健康上面。要在家里创造爱的空间。这样每个人都会好起来。”

孕妇的意念和情绪对于孩子未来的健康状况至关重要。如果思想上认为孩子来的不是时候，害怕生产，嫉妒，怨恨丈夫，与父母冲突——这一切都会传给孩子，在他的潜意识中转化为自我毁灭程序。这样的孩子来到人世的时候免疫系统就比较弱，并且从产院就开始患传染病，医生对此没有办法。病因潜藏在孩子和父母身上。意识到病因并通过忏悔来清洁内心是很重要的，湿疹，过敏，肠炎，葡萄球菌感染，都是父母亲在怀孕期间或随后的消极意念造成的。

有一次有人请我到家里去给几个患恐惧症的孩子治病。后来弄清楚了，孩子母亲自己也有恐惧症，不敢到离家较远的地方，而父亲吸毒。那么到底谁应该治病呢？

这里还有另外一个与恐惧有关的例子。一个女人带着一个年纪很小的女孩来我这里看病。不久前这个孩子开始害怕一个人呆在自己的房间里，怕黑。我和孩子母亲一起找出了孩子潜意识的病因。原来，家中的关系很紧张，这位女子正考虑离婚。但是离婚对于小女孩意味着什么呢？意味着失去父亲。而父亲代表着支撑与保护。母亲刚出现了消极的想法，孩子立刻以恐惧症作出反应，以此向父母表示，她觉得自己不安全。

这位女子刚一打消了离婚的念头，朝着使家庭稳固的方向努力，小女孩的恐惧就消失了。

在治疗酗酒的过程中，父母的行为决定孩子的行为这种现象表现得特别明显。经常有父母来请我帮助他们酗酒的孩子，这些孩子已经长大成人。孩子自己不想治疗，于是我开始给父母看病。我们找到反映着孩子酗酒行为的父母行为的潜意识程序，对其进行调整，于是往往会出现令人吃惊的（但其实是理所当然的）现象——他们的子女不再酗酒。

在本章及前面几章我讲了很多儿童疾病的例子。这样的例子无穷无尽。重要的是我们成年人应该明白一个简单的真理：如果家里充满爱、和睦与和谐的气氛，那么孩子就会完全健康和安宁。而父母在感情上稍一失和，孩子的行为以及健康状况就会发生变化。

不知为何人们有一种成见，以为孩子比成年人傻，成年人应当教孩子。但是我在给孩子治病的过程中发现，他们比成年人知道得多得多。孩子是一个开放的系统，孩子刚一出生，我们成年人就开始将他们“关闭”，强迫他们接受我们的世界观。

最近我开始经常向我 8 岁的儿子征求建议，而他的回答确实每一次都是正确、简单，同时又是极其深刻的。有一次我问他：

“吉马，请你说说，我该做些什么才能成为一个富有的人呢?”

他稍微想了想，很简单地回答：

“需要帮助别人。”

“但我是医生，我已经在帮助人们了。”我说。

“爸爸，你应该不光帮助来找你看病的那些病人，而应该帮助所有的人。最重要的是要爱人们。那样你就会富有了。”

出版后记

对健康长寿的追求是人所共有的。随着现代医学的发展，人类的平均寿命已大大提高，但是疾病仍然是我们生活中一个不时遇到的困扰因素，它影响我们的生活质量，有时甚至成为威胁我们生命的可怕杀手。人类一直力求摆脱疾病的阴影，但还远远没有达到理想的效果。

其实对疾病的认识与对人自身的认识是分不开的。疾病与情绪相关，已经为医学科学所证实。越来越多的普通人也已将维护精神的平衡，保持内心的安泰看做抵御疾病的第一道屏障。不过，精神因素在多大程度上，通过什么方式影响人们的健康，这还是一个远远没有找到终极答案的课题。本书从潜意识的角度探讨疾病的成因以及治疗的方法，其论点及结论无论如何不能算是终极真理，其论证过程也绝非无懈可击，最容易引起非议之处在于将某些观念推向极端，有简单化、绝对化之嫌，似乎带有一定的夸张成分或先入之见，令人不能完全信服。但我们应当考虑到，探索是一个复杂、困难的过程，不同的人选择不同的途径，在这个过程中错误、分歧、争论都是在所难免的，这很自然，也很正常。

本书最主要的价值，在于它给我们一个重要的提醒，即幸福是一种综合的感觉，健康的身体与健康的精神密切相关，对于幸福感来说，二者是缺一不可的。疾病只是我们生活中积存的各种问题的一种最表象的反映。要摆脱疾病，必须清理内心的垃圾，建立健康的人生观，梳理人际关系，建立内心平衡，总之，纠正生活中的偏差，重建人生。这也许是一种太理想的状态，但是这种思想中提倡的自省、向善的方向对于我们改善人生、预防疾病、提高幸福感无疑是有帮助的。